Couvertures supérieure et inférieure manquantes

ŒUVRES COMPLÈTES

D'ALPHONSE KARR

SOUS LES TILLEULS

CALMANN LÉVY, ÉDITEUR

ŒUVRES COMPLÈTES
D'ALPHONSE KARR
Format grand in-18.

A BAS LES MASQUES!...	1 vol.	LA MAISON CLOSE....	1 vol.
A L'ENCRE VERTE....	1 —	MENUS PROPOS.......	1 —
AGATHE ET CÉCILE...	1 —	MIDI A QUATORZE HEURES.	1 —
L'ART D'ÊTRE MALHEUREUX.	1 —	NOTES DE VOYAGE D'UN CA-	
AU SOLEIL........	1 —	SANIER........	1 —
BOURDONNEMENTS.....	1 —	ON DEMANDE UN TYRAN..	1 —
LES CAILLOUX BLANCS DU		LA PÊCHE EN EAU DOUCE	
PETIT POUCET.....	1 —	ET EN EAU SALÉE...	1 —
LE CHEMIN LE PLUS COURT.	1 —	PENDANT LA PLUIE....	1 —
CLOTILDE.........	1 —	LA PÉNÉLOPE NORMANDE.	1 —
CLOVIS GOSSELIN......	1 —	PLUS ÇA CHANGE....	1 —
CONTES ET NOUVELLES..	1 —	..... PLUS C'EST LA MÊME	
LE CREDO DU JARDINIER.	1 —	CHOSE........	1 —
LES DENTS DU DRAGON..	1 —	UNE POIGNÉE DE VÉRITÉS.	1 —
DE LOIN ET DE PRÈS...	1 —	LES POINTS SUR LES I...	1 —
DIEU ET DIABLE......	1 —	POUR NE PAS ÊTRE TREIZE.	1 —
ENCORE LES FEMMES...	1 —	PROMENADES AU BORD DE	
EN FUMANT.......	1 —	LA MER.......	1 —
L'ESPRIT D'ALPHONSE KARR	1 —	PROMENADES AUTOUR DE	
FA DIÈSE.........	1 —	MON JARDIN......	1 —
LA FAMILLE ALAIN....	1 —	LA PROMENADE DES AN-	
LES FEMMES.......	1 —	GLAIS.........	1 —
FEU BRESSIER......	1 —	LA QUEUE D'OR.....	1 —
LES FLEURS.......	1 —	RAOUL.........	1 —
LES GAIETÉS ROMAINES..	1 —	ROSES NOIRES ET ROSES	
GENEVIÈVE........	1 —	BLEUES........	1 —
LES GUÊPES.......	6 —	LES SOIRÉES DE SAINTE-	
GRAINS DE BON SENS..	1 —	ADRESSE.......	1 —
UNE HEURE TROP TARD..	1 —	SOUS LES ORANGERS...	1 —
HISTOIRE DE ROSE ET DE		SOUS LES POMMIERS....	1 —
JEAN DUCHEMIN.....	1 —	SOUS LES TILLEULS....	1 —
HORTENSE........	1 —	SUR LA PLAGE......	1 —
LETTRES ÉCRITES DE MON		TROIS CENTS PAGES....	1 —
JARDIN.........	1 —	VOYAGE AUTOUR DE MON	
LE LIVRE DE BORD....	1 —	JARDIN.........	1 —

SOUS LES TILLEULS

PAR

ALPHONSE KARR

NOUVELLE ÉDITION

PARIS
CALMANN LÉVY, ÉDITEUR
ANCIENNE MAISON MICHEL LÉVY FRÈRES
3, RUE AUBER, 3
—
1882
Droits de reproduction et de traduction réservés

A

JEANNE BOUYER

SOUS LES TILLEULS

I

MAGDELEINE A SUZANNE

11 avril.

Ta lettre m'a fait un grand plaisir, ma chère Suzanne; tes récits et tes descriptions ont pour moi toute la pompe et tout le charme de la féerie; ces riches parures, ces fêtes magnifiques dont tu me parles ont rempli mes rêves pendant deux nuits; pour moi, je ne sais que dire en retour : il n'y a rien ici de pareil, et je n'ai rien à t'apprendre, sinon que les pruniers sont en fleur et que le vent tiède du printemps apporte dans ma chambre, au moment où je t'écris, l'odeur des premières violettes et des premières grappes de lilas.

Je te remercie de la belle écharpe que tu m'as envoyée, il se passera probablement bien du temps avant que je la mette, non que je vive comme une recluse et comme une religieuse, ainsi que me semble le craindre ton amitié, mais le peu d'amis que voit mon père ne sont pas riches, et il ne voudrait pas que ma parure effaçât celles de leurs filles dans nos réunions du dimanche.

Mon père a loué la petite chambre que nous n'occupions pas en haut de notre maison; celui qui l'habite est un très-jeune homme, peu communicatif, sombre et sauvage. Quand je descends au jardin le matin, je l'y trouve toujours avec un livre qu'il ne lit presque jamais, car il a continuellement les yeux fixés sur la terre, et j'ai remarqué que son livre est toujours le même. Néanmoins je ne le crois ni triste ni malheureux ; il y a sur ses traits une sérénité et un calme extraordinaires : aussitôt qu'il me voit, il me salue et s'enfonce sous les arbres ou remonte dans sa petite chambre.

Comme je prévois les questions que tu me feras à ce sujet, et que je sais tout ce qui nous intéresse, nous autres filles, je te dirai qu'il n'est pas beau, qu'il y a même dans son aspect quelque chose d'inculte et de repoussant ; ses vêtements, propres et bien faits, sont mis et arrangés avec une extrême négligence. L'autre soir, ma fenêtre était restée ouverte, et je l'ai entendu chanter : sa voix n'est pas désagréable et a une grande expression ; mais il chante mal et sans aucun art. Mon père dit qu'il est très-savant, c'est tout ce que je puis t'apprendre ; je ne lui ai jamais parlé, et ni lui ni moi n'en cherchons les occasions, et il est probable que nous n'aurons jamais de relations plus étendues.

Mon père est en ce moment fort occupé ; il fait avec un voisin un échange d'oignons de tulipes, et il craint que la saison ne soit trop avancée pour les replanter.

Adieu, ma bonne Suzanne ; embrasse pour moi ta mère et ton père, et reçois l'assurance de ma bien tendre amitié.

MAGDELEINE.

P.-S. — Je m'aperçois que plus de la moitié de ma lettre est remplie par un étranger qui ne nous intéresse ni l'une ni l'autre ; accuses-en la monotonie de notre vie dans une petite ville sans société et sans distractions.

II

MAGDELEINE A SUZANNE

15 avril.

Je t'écris, ma bonne Suzanne, et je n'ai rien à t'apprendre ni à te dire ; ainsi tu es bien libre de déchirer ou de brûler ma lettre sans la lire. Je t'écris parce que je suis triste et ennuyée sans en savoir la cause, parce que tu es la seule que je puisse impunément fatiguer de mon bavardage.

Le temps est magnifique. Le soleil prend de la force, tout germe et se développe; la sève, longtemps emprisonnée dans les rameaux, jaillit en feuillage d'un vert tendre; l'air tiède pénètre le corps et lui donne une langueur mêlée de plaisir et de peine. Depuis quelques jours, il m'est impossible de rester en place; je vais du jardin à la maison et de la maison au jardin; je m'assieds avec un livre à la main, et bientôt mon livre tombe. Je respire l'odeur du jeune feuillage; je m'enivre de l'air printanier qui caresse mes cheveux, et je tombe dans une rêverie profonde, dans une taciturne contemplation. Des heures entières mes yeux restent fixés sur un brin d'herbe qui brille au soleil comme une émeraude, et je sens dans le cœur ce malaise qui fatigue l'estomac quand on n'a pas dîné, pour aller plus tôt à un bal ou à une fête, une sorte de vide douloureux; puis de grosses larmes roulent dans mes yeux, et je me soulage en pleurant de tout mon cœur. Et je te le jure, ma bonne Suzanne, je n'ai aucun chagrin; mon père m'adore et n'est heureux que de mon bonheur : il met tous ses soins à prévenir mes moindres désirs, et, malgré son amour pour ses tulipes et ses jacinthes, et toutes les plantes de son jardin, il les néglige souvent pour me procurer un plaisir ou une distraction. Te souvient-il, ma bonne Suzanne, du temps que nous avons passé ici ensemble, de ma folle gaieté et de mon insouciance? Je ne sais plus où est tout cela; tout autour de moi semble prendre une nouvelle vie, tout se pare de vêtements de fête; ainsi que dit Gœthe :

> Comme en un jour d'hymen la nature est parée;
>   La lisière de la forêt
> De beaux genêts fleuris brille toute dorée
>   Aux rayons du soleil de mai,
>   Et la brise rafraîchissante
> S'embaume en se jouant dans les lilas tremblants,
> Ou sème sur la terre une neige odorante
>   En balançant les cerisiers tout blancs.

Et moi seule, je suis triste, et il y a comme un crêpe funèbre sur mes pensées. Les oiseaux se cherchent et se rassemblent sous le feuillage des tilleuls. Le printemps, dit-on, est la saison de l'amour et dispose l'âme aux douces impressions; et moi, je n'aspire qu'à être seule; et, quand je suis seule, je pleure sans qu'aucune cause puisse justifier mes larmes; et, oserai-je te l'avouer ! je ressens à pleurer un plaisir nouveau pour moi. Tu me trouves bien folle, n'est-ce pas ? j'en suis plus surprise et plus effrayée que toi. Quand je regarde autour de moi, je ne vois que des raisons de rendre grâce à Dieu de tout le bonheur qu'il fait pour moi chaque jour, et je me trouve bien ingrate envers lui et bien indigne de ses bontés.

Adieu, ma Suzanne.

III

EDWARD A STEPHEN

Quoique tu n'aies pas eu assez de confiance en mon amitié pour me faire part de tes projets de fuite et du lieu de ta retraite, et que tu aies eu l'injustice de me traiter à l'égal de tes parents, je t'écris parce que je suis plus prévoyant que toi.

Nous avons été élevés ensemble et nous avons grandi, moi, comme un lierre capricieux, toi, comme un haut peuplier ; tu ne vois en moi qu'un camarade d'enfance, et tu me fuis comme on fuit un insecte au bourdonnement incommode. Tu crains que mes paroles sèches, que mon esprit positif ne flétrissent comme un vent malfaisant les rêves célestes de ton imagination.

J'admire ta vie idéale et poétique comme j'admire les poésies des anciens bardes, comme les rêveries des sombres et méditatifs écrivains de notre pays. Mais, vois-tu, mon cher Stephen, ce sont de belles et brillantes fleurs qui se faneront quand finira le printemps de ta vie. Alors, tu te rapprocheras de moi, nos deux langages se ressembleront, et ma voix n'offensera plus ton oreille.

Aujourd'hui, tu me fuis et tu as raison, nous ne pouvons encore marcher sur le même chemin ; l'air dans lequel je vis te tuerait. Je n'aimerais pas te voir rire de pitié et de mépris de ce qui fait mon bonheur ; nous pourrions nous haïr, et pourtant nous sommes faits pour nous aimer. Il y a dans nos deux natures quelque chose qui me semble s'emboîter et s'adapter assez bien ; les angles sortants de nos caractères coïncident. Il faut nous réserver pour plus tard une bonne et franche amitié. Nous nous rapprocherons quand le vent du nord aura rendu plus flexible la tige du peuplier, et quand, après avoir vu s'effeuiller tes illusions, tu sentiras le besoin de te rattacher à ce qu'il y a dans la vie de prosaïque; quand tu descendras du ciel où tu demeures, que tu seras assez près de la terre pour que nos mains puissent se toucher.

Jusque-là, tenons-nous loin l'un de l'autre; j'y consens : nous nous choquerions trop souvent. Mais pourquoi ne nous ferions-nous pas de loin des signaux d'amitié? Pourquoi voudrais-tu me défendre de m'intéresser au bien et au mal qui t'arrivent?

Ta famille se plaint beaucoup de toi; il est, en effet, assez extraordinaire d'être parti avec l'argent à peine nécessaire à ton voyage, sous prétexte d'aller finir tes études à Gœttingue, et d'être disparu sans donner de tes nouvelles depuis deux mois. Il faut que tu aies un grand éloignement pour la fille que l'on te destine; et cependant, s'il était permis de te faire une observation, je te dirais que ton père, n'ayant qu'une pension viagère, n'a absolument rien à te laisser à sa mort, et que ce mariage te mettrait en possession d'une belle fortune, qui est la véritable source de l'indépendance dont tu es amoureux.

Adieu; j'espère que tu daigneras remarquer avec quel soin j'ai évité dans ma lettre tout éclat de gaieté bruyante, toute atteinte à la poésie, toute irrévérence envers tes chimères, afin que cette épître trouve grâce devant toi, et que tu ne la reçoives pas comme un hôte incommode, ainsi qu'il t'arrivait parfois de faire envers moi.

Charge-moi de tes commissions.

Ton frère est mon compagnon de plaisirs, nous parlons quelquefois de toi. Il paraît t'aimer beaucoup.

IV

Oh! dites-moi que je ne dors pas!
KLOPSTOCK.

Il est tard, et je suis dans ma chambre auprès du feu, sans pouvoir dormir. La lettre d'Edward m'a fait faire des réflexions. Est-ce que réellement je verrais s'éteindre la poésie de mon âme? Est-ce que je verrais jaunir et tomber une à une, feuille à feuille, toutes mes belles croyances? Oh! non, non, le Dieu qui m'a créé n'a pas voulu faire une amère dérision; il n'a pas mis en mon cœur le désir et l'espérance pour les froisser et les broyer par de tristes désappointements; il n'a pas donné à mon esprit des ailes qui l'enlèvent sur les nuages rosés du matin, pour le faire ensuite retomber lourdement sur la terre; le bonheur que j'ai pressenti n'est pas un songe : une âme qui cherche mon âme, une femme pour compléter ma vie, un amour qui me donne cette moitié de moi-même dont je sens si cruellement l'absence, qui remplisse ce vide douloureux de mon cœur.

Tout dans la nature est plus grand que notre imagination : jamais mon esprit n'avait pu se faire une idée bien juste d'une haute montagne; et, quoique nos poëtes aient si souvent parlé du lever du soleil, la première fois que j'ai assisté à ce sublime spectacle, j'ai senti combien mon imagination était restée au-dessous de la réalité. Les rêves de l'imagination ne sont qu'un reflet pâle des œuvres de Dieu. Faut-il croire que, par un triste privilége, notre esprit ait sous un seul rapport une puissance de création plus grande que celle de Dieu, qu'il ait la force d'imaginer un bonheur que le Créateur n'a pas pu faire pour nous?

Non, non, ce bonheur dont je sens le besoin, Dieu l'a fait pour moi, comme il m'a fait le soleil qui vivifie, et l'ombre des arbres, et le vent parfumé qui fait frémir les feuilles.

Si Edward a raison, fasse le ciel que je ne vive pas plus longtemps que mes croyances : que je n'aie pas à porter le deuil de mon âme, et qu'après avoir senti ma tête dans les nuages, caressée par l'haleine des anges, je ne me voie pas rapetissant et rampant sur la terre comme un froid reptile!

En tout cas, je le saurai, et je ne me survivrai pas à moi-même : souvent j'écrirai mes impressions, et je les comparerai. Le jour où je serai convaincu que ce que j'ai dans le cœur est une brillante bulle de savon qui s'écrase et se dissout; que mon bonheur m'échappera comme l'eau à travers les doigts serrés pour la retenir, je m'en irai de la vie, et j'irai demander à Dieu dans le ciel ce qu'il m'avait promis sur la terre, car Dieu est un bon père, et chacun de nos besoins renferme une promesse de le satisfaire.

V

OÙ L'ON APPREND COMBIEN IL Y A DE VARIÉTÉS DE JACINTHES

Ce matin, je suis descendu au jardin; le ciel était bleu et il faisait du soleil; j'y ai trouvé M. Müller. Je le saluai en silence; il me rendit mon salut et resta debout, appuyé sur sa bêche, les yeux fixés sur moi et paraissant attendre que je lui adressasse la parole. J'étais un peu embarrassé, je ne savais que lui dire; comme j'hésitais, il me parla le premier et me dit :

— Un beau soleil, monsieur!

— Oui, dis-je, un beau soleil.

Et, comme je pensai qu'en échange d'une observation, quelque oiseuse et insignifiante qu'elle fût, je lui devais une observation, j'ajoutai :

— Et un beau ciel.

— Oh! oh! me dit M. Müller, les nuits sont encore fraîches, et je crains les gelées.

J'aurais voulu partir et m'enfoncer sous l'allée de tilleuls; mais il restait appuyé sur sa bêche. Une conversation était inévitable. Je me résignai et fis une corne à la page de mon livre. C'était à mon tour de parler, et je cherchais dans ma tête quel sujet de conversation je pouvais entamer. Il m'advint à l'esprit qu'il serait convenable que je lui demandasse des nouvelles de sa fille; mais, je ne sais pourquoi, au moment d'ouvrir la bouche, j'hésitai. Je pensai d'abord qu'un intérêt trop marqué pour une jeune fille pouvait inquiéter le père; puis, qu'il y aurait de l'affectation à n'en pas parler; et, comme je m'y décidais, je songeai que mon hésitation pouvait avoir été remarquée; et je me sentis rougir, et je ne dis rien.

M. Müller reprit sa phrase :

— Je crains les gelées, et, avant le lever du soleil, vous n'eussiez pu rester dans le jardin la tête nue.

Je souris.

— Vous êtes jeune, me dit-il, et je suis vieux. J'ai tort de mesurer votre force à la mienne; c'est un défaut commun chez les vieillards; vous pouvez braver le froid, mais, moi, j'ai besoin de soleil. Quand j'avais votre âge, je faisais comme vous; jamais un vent du nord, quelque piquant qu'il fût, ne m'a empêché d'aller herboriser sur les montagnes; jamais les brumes froides de l'hiver ne m'ont fait retarder une partie de chasse dans la forêt; j'aime à voir les jeunes gens marcher et courir dans la neige. Vous avez pu voir ma petite Magdeleine elle-même venir au jardin par des jours bien froids : j'exige seulement qu'elle soit bien vêtue. Cette pauvre enfant doit voir avec peine le soleil à travers les vitres; il nous est venu un cousin auquel il lui faut tenir compagnie, et je gage qu'elle le maudit de tout son cœur : c'est pourtant un beau et spirituel garçon.

A ces paroles, je sentis un frisson courir sur tout mon corps.

La porte du jardin s'ouvrit; Magdeleine entra, suivie d'un grand jeune homme blond; la voix de Magdeleine était gaie et affectueuse. Je ne sais pourquoi, pour éviter de la saluer, je feignis de ne l'avoir pas aperçue, et je me baissai pour regarder une jacinthe.

— C'est la jacinthe de Hollande, me dit M. Müller; cet oignon me vient d'un homme auquel j'eus le bonheur de rendre un grand service, et de temps à autre il m'envoie quelques cadeaux en souvenir. C'est une histoire assez curieuse. J'avais alors trente ans, c'était l'hiver, le jour commençait à baisser....

Magdeleine arriva près de nous; je saluai froidement et en parcourant d'un regard sec toute la personne du cousin. — Eh bien, Schmidt, dit M. Müller, restes-tu à dîner avec nous? — Oui, mon oncle. — C'est bien. Magdeleine, as-tu parlé à Geneviève? — Non, mon père, mais je vais y aller. — Non, tiens compagnie à Schmidt, je me charge de commander le dîner. Monsieur, me dit-il à moi, je vous raconterai mon histoire quelque autre jour.

Magdeleine et son cousin restaient devant moi, ils attendaient par politesse quel parti j'allais prendre; mais je n'étais pas d'humeur à me mêler à une conversation, je m'inclinai et m'éloignai en faisant semblant de lire; mais j'étais occupé de définir ce qui se passait en moi.

Il me semblait que j'avais sujet de me plaindre de Magdeleine et mon aspect était sérieux et même sévère. Le cousin me choquait; il y avait en lui un air d'impertinence et de fatuité. J'aurais donné tout au monde pour qu'un prétexte suffisant me permît de lui chercher querelle, d'autant qu'en s'éloignant il dit à Magdeleine quelques mots qui la firent rire très-fort. J'imaginai qu'il se moquait de moi; je me sentis pâlir, et je retenais mon haleine pour tâcher de saisir quelques mots; mais nous marchions dans une direction opposée, et il me fut impossible de rien entendre.

— Suis-je fou? me demandai-je; ce jeune homme m'a-t-il insulté en quelque chose et ne peut-il faire une plaisanterie sans que je m'en croie le sujet? Et, en tout cas, pourquoi ai-je salué mademoiselle Müller plus sèchement que de coutume? Allons!

Et je fis un mouvement comme un homme qui rejette au loin une idée qui le gêne.

— Ouf! dit Müller, qui était revenu et qui, sans que je m'en aperçusse, avait repris son occupation, vous avez failli mettre le pied sur une jacinthe qu'il n'aurait pas été en votre pouvoir de remplacer : c'est la jacinthe bleue polyanthe. Outre celle-ci, je n'en connais que deux autres, l'une à Amsterdam, chez l'ami dont je vous ai parlé, et l'autre chez un fleuriste français à Chinon, en Touraine. Si vous saviez que de soins me coûte cette jacinthe! si vous me voyiez placer l'oignon juste à un demi-pied en terre, mettre dessous de la terre maigre pour l'empêcher de pourrir, et de la terre grasse dessus pour lui donner de la nourriture! si vous me voyiez écarter d'elle tout ce qui peut intercepter les rayons du soleil, vous seriez effrayé de votre distraction! Monsieur, c'est une bien belle fleur que la jacinthe; aussi le savant Petrus Hoffpenger prétend-il que son nom vient du grec ια et πύνθος, c'est-à-dire *fleur par excellence;* mais je soutiens, malgré son autorité, que le nom de la jacinthe est formé de ια et de Κύνθιος, c'est à-dire *violette d'Apollon.*

A ce moment je regardais le cousin, qui tenait dans sa main la main de Magdeleine; je fis un mouvement pour tirer M. Müller de sa rêverie, et lui faire voir ce qui se passait; mais il me dit :

— Qu'en pensez-vous, vous qui êtes helléniste?

Je me fis répéter ce qu'avait dit M. Müller, et, comme je ne donnais pas d'avis, il continua :

— L'avis de Petrus Hoffpenger s'appuie sur l'esprit qui se trouve sur l'*i* dans le premier sens et se rapporte à la lettre *h*, qui commence en français le nom de la *hyacinthe.* Cependant je ne crois pas me tromper, j'ai lu tout ce qu'on a écrit sur les jacinthes, depuis la jacinthe de Constantinople jusqu'à la jacinthe incarnate de Flandre... Enfants, cria M. Müller, allons dîner!

Ils se dirigèrent ensemble vers la maison, et je sortis, comme de coutume, pour aller manger à mon hôtellerie; mais j'étais agité, je ne mangeai pas et je passai le temps à me promener dans la campagne.

VI

ANXIÉTÉ

L'herbe que ses pieds ont touchée,
Dont la pointe encore penchée
Semble avoir conservé l'empreinte de ses pas.

SCHILLER.

J'ai marché depuis le dîner; je rentre harassé, il n'est que huit heures; en montant à ma chambre, à travers une mince cloison, j'ai entendu de la musique, deux voix réunies. Elle et lui!

J'ai appliqué mon oreille à la cloison; ce qu'ils chantaient, c'était une joyeuse chanson. Il m'a semblé que, s'ils avaient chanté un air plus tendre, j'en aurais ressenti un mal affreux.

O mon Dieu! que se passe-t-il donc en moi? Mon cœur est serré comme si j'allais pleurer. Je sens contre mademoiselle Müller des mouvements de haine; il me semble que ce cousin, ce Schmidt aux cheveux blonds, me vole un bien qui m'appartient, que le regard et la voix de Magdeleine sont à moi, qu'elle est coupable envers moi!

Que fait-elle cependant? Elle reçoit bien et convenablement un parent, un ami d'enfance! Et moi, étranger, inconnu, qu'ai-je droit d'exiger? Rien, que de la politesse. Et qui me l'a refusée? Mais j'ai vu sa main dans celle de Schmidt; elle ne la retirait pas; et, quand mon regard s'est fixé sur elle comme pour l'interroger, elle a détourné les yeux, elle n'a pas osé le soutenir.

Pourquoi? Pauvre fou que je suis! m'avait-elle promis quelque chose? Est-elle ma femme ou ma fiancée? M'aime-t-elle ou m'a-t-elle dit qu'elle m'aimait?

Et pourquoi m'aimerait-elle? Lui ai-je dit que je l'aimais? Et l'aimai-je, moi qui, jusqu'à ce jour, l'ai regardée comme on regarde une belle fleur, comme on regarde une fauvette qui sautille harmonieuse sous la feuillée verte?

Cependant, quand ce Schmidt lui a pressé la main, il m'a

semblé qu'on m'arrachait violemment quelque chose du cœur; quand elle riait avec lui, qu'une joie douce et sereine brillait sur son front et dans ses yeux, j'ai senti qu'elle n'avait pas le droit de prendre un bonheur qui ne vient pas de moi.

C'est une fièvre, une fièvre qui sera passée demain : heureusement qu'on n'a rien vu; on en aurait ri... Magdeleine rire de moi! C'est une fièvre, il faut dormir; non, j'ai besoin d'air, je vais retourner au jardin...

Qu'y viens-je faire? Il me semble qu'il reste quelque chose d'elle dans ce feuillage qui a répandu de l'ombre sur sa tête, dans ce gazon sur lequel elle a marché.

La porte se ferme; c'est M. Schmidt qui sort, Geneviève l'éclaire; j'ai un poids énorme de moins sur la poitrine. A travers les vitres, je vois une lumière qui passe; c'est elle qui la porte : oui, la lumière brille à travers les rideaux de sa chambre.

Elle se couche, elle va dormir calme et paisible quand mon sang brûle dans mes veines. La lumière est éteinte, je ne vois plus que la faible lueur d'une veilleuse.

J'ai bien besoin de repos, et je ne puis rester un instant à la même place; je vais remonter dans ma chambre; j'envoie de la main un baiser vers sa chambre. Où va-t-il? il m'a semblé que mes lèvres touchaient son front si blanc, si pur. Non, non, c'est la fièvre...

Je suis dans ma chambre, sur mon lit. Enfant! j'ai fait du bruit en montant pour qu'elle m'entendît, pour qu'elle fût forcée de penser à moi, pour que cette idée fût la dernière en fermant les yeux : « Voilà M. Stephen qui monte chez lui. »

VII

EDWARD A STEPHEN

J'attends toujours une réponse, et, quelle que soit ton obstination à garder le silence, je ne me découragerai pas; je t'écrirai toutes les semaines, tous les jours, et d'ailleurs, comme il n'y a entre nous que dix lieues, un de ces matins je monterai à cheval et tu me verras prendre d'assaut ta retraite.

Personne ici, excepté moi, ne te défend; on te blâme d'avoir ainsi quitté ta famille, d'avoir renoncé à un mariage avantageux sous le rapport de la fortune, honorable sous celui des convenances, et très-désirable eu égard à la jeune fille, qui est belle et spirituelle ; je te jure qu'à ta place je m'en serais parfaitement accommodé. A propos de mariage, le mien est rompu d'hier, et voici comment :

Hier soir, j'étais chez la mère de Maria, seul avec elles deux, et nous causions des préparatifs de notre mariage, et de ces menus détails qui rapprochent si bien les distances du temps. Maria parla de sa parure. Elle voulait une robe de satin blanc, j'étais d'un avis contraire : elle n'a pas le teint assez blanc pour supporter l'éclat du satin ; néanmoins, je cédai. — Et vous? me dit-elle. — Moi? dis-je : oh! ma toilette est de peu d'importance ; je serai mis comme tous les mariés, un costume habillé. — Oui, dit Maria, vous aurez un pantalon collant. — Ma chère Maria, dis-je, je vous demande grâce pour le pantalon collant. — Non, non, dit-elle, je ne veux pas que vous ayez l'air négligé. — Mais, Maria, dis-je, voulez-vous que les enfants me jettent des pierres à la sortie de l'église? Laissez-moi déguiser l'exiguïté de mes jambes sous le pantalon large. — Au moins, repartit-elle, vous laisserez sortir de la cravate les pointes du col de votre chemise. — Quel enfantillage! dis-je. — Oh! s'écriat-elle, c'est que ce n'est pas votre usage, et Sophie faisait l'autre jour la remarque que cela va fort mal, et j'ai annoncé que je vous ferais perdre cette habitude.

Je me trouvai un peu impatienté que mademoiselle Sophie se mêlât de mes affaires et que ma fiancée fît déjà parade de son pouvoir sur mon esprit. — Allons, dis-je, n'en parlons plus. — Si, au contraire, parlons-en, dit-elle. — Pourquoi? — Parce qu'il faut que vous me le promettiez. — Maria, n'avons-nous pas à parler de choses plus intéressantes? — Nous en parlerons après : répondez-moi. — Quelle futilité! — Quel entêtement! — Eh bien, je vous réponds. — A la bonne heure. — Je resterai comme je suis. — Vous plaisantez, sans doute? — Non. — Vous montrez un fort joli caractère! — Je me montre tel que je suis, et ce n'est pas par de pareilles niaiseries que je veux vous montrer mon amour. — Cela m'apprend à quoi je dois m'attendre quand je serai votre femme. — Allons, dit la mère, Edward, un peu de complaisance.

Je fis un geste d'impatience.

— Tenez, dit Maria, le voilà en colère contre moi, et il dit qu'il m'aime; voyez comme il a l'air méchant, et cela parce que je veux l'empêcher d'être ridicule ! — Maria, c'est me dire que je l'ai été jusqu'à ce jour. — Prenez-le comme vous voudrez, mais il est inouï qu'un promis soit aussi peu complaisant. — Mais, si ce qui vous paraît bien me paraissait ridicule, à moi ! — Tenez, vous n'avez pas le sens commun. — Maria, ne nous querellons pas pour si peu de chose : je ne me mêlerai pas de vos ajustements, ne vous occupez pas des miens, et que ce sujet soit fini, dis-je sévèrement. — Mon gendre, dit la mère, je suis contrainte de vous blâmer.

J'étais horriblement contrarié de cette petitesse d'esprit, et de ce caprice, et de cette prétention à la domination.

— Morbleu ! madame, dis-je à la mère, mêlez-vous de vos affaires !

— Vous êtes un impertinent ! dit-elle. — Et vous, deux sottes créatures, dis-je. Et je pris mes gants, ma canne et mon chapeau. — Edward, dit la mère, songez à ce que vous allez faire.

J'hésitai ; mais Maria dit :

— Laissez-le libre.

Je partis, et ce matin j'ai reçu une lettre qui m'interdit la maison.

Ce mariage était loin d'être aussi avantageux que le tien, et je ne le regrette pas; d'ailleurs, la fortune de mon oncle me suffira.

Ton frère t'écrit quelques mots, il veut te faire part d'une résolution qu'il a prise.

VIII

EUGÈNE A STEPHEN

Nous as-tu donc oubliés, frère, ou as-tu de si grands chagrins que tu ne puisses les confier à tes meilleurs amis ?

Notre père te blâme beaucoup de ne pas suivre avec plus de persévérance la carrière qui t'est ouverte et de ne pas continuer tes cours à l'Université, comme le désire toute notre famille, pour devenir professeur : c'est un moyen d'obtenir de bonnes places bien rétribuées. On dit que tu as une sotte manie de faire des vers et d'écrire, que cela ne mène à rien qu'à mourir de faim; mais que ton maudit orgueil ne veut entendre aucun conseil, etc.

Pour le moment, on n'est guère plus content de moi ; je me suis engagé, je suis soldat ; j'ai cédé à une passion violente pour l'état militaire, à cet instinct qui, au bruit des fanfares des trompettes, me fait porter la main au côté pour y chercher un sabre, et me fait bondir le cœur au pas des chevaux.

Je suis soldat ; il a fallu bien du temps et bien des prières pour obtenir le consentement de mon père ; il m'a fallu essuyer bien des reproches et des sermons ; mais enfin tout est fini.

Si tu me voyais, frère, notre uniforme est magnifique.

Et j'ai le plus beau cheval de l'escadron, un beau cheval bai, dont le poil est doux et luisant comme les cheveux d'une fille ; ses jambes grêles et nerveuses semblent appartenir à un cheval arabe, et son encolure à un andalou. Sitôt que sonne la trompette, tu l'entendrais hennir et piaffer ; ses pieds frappent la terre et ses larges naseaux aspirent et cherchent l'odeur de la poudre. Il bondit sous moi et s'indigne de la main qui l'empêche d'aller en avant.

Mon père, qui voulait s'opposer à mon engagement, trouve que l'uniforme me va fort bien et se plaît à sortir avec moi dans les rues de la ville.

De plus, on parle de guerre, mon bon Stephen, et demain nous nous mettons en route pour la frontière. Depuis que la nouvelle de notre départ est arrivée, ce ne sont que dîners d'adieu dans notre famille. On me choie, on me caresse à me donner presque des regrets de mon départ. Nous allons nous battre, frère ; on a aiguisé nos sabres et mis en état nos pistolets. Tu ne saurais t'imaginer avec quelle impatience j'appelle la première bataille ; mes camarades iront bien vite si je ne suis pas en avant et si je ne porte pas aux ennemis le premier coup de sabre.

Je me trouve bien heureux de l'éducation que j'ai reçue ; je n'ai eu besoin d'apprendre ni à monter à cheval ni à manier le sabre. Engagé depuis huit jours, je marche avec les vieux soldats, tandis que cent de mes camarades sont forcés de rester en arrière.

Ne t'embrasserai-je pas avant de partir, Stephen ? Cela me porterait bonheur.

IX

FAUTE CONTRE LES USAGES

Vers le milieu de la journée, Stephen descendit au jardin. Il y trouva M. Müller. M. Müller commençait à lui montrer une sorte d'affection; en l'abordant et en le quittant, il lui serrait cordialement la main, et, avec une franchise amicale, il n'hésitait pas à lui dire, quand l'occasion s'en présentait :

— Monsieur Stephen, donnez-moi une serpette qui est auprès de vous. Monsieur Stephen, maintenez un peu cet espalier. Monsieur Stephen, faites-moi donc le plaisir de m'aider à rentrer mes orangers. Le ciel est bien jaune au couchant; nous aurons cette nuit un vent frais.

Et Stephen l'aidait de son mieux. Plus d'une fois même il tirait de l'eau quand M. Müller arrosait.

M. Müller, quand Stephen descendit au jardin, du plus loin qu'il le vit, lui cria :

— Vous êtes plus grand que moi, monsieur Stephen; venez donc abattre ce nid de chenilles... Vive-Dieu! dit-il quand l'opération fut faite, il y en avait plus de mille qui se seraient répandues sur l'arbre et en auraient rongé et disséqué les feuilles; et, remarquez que ce tilleul, avec celui qui est en face et les deux qui commencent l'allée, est beaucoup plus beau que les autres; c'est le tilleul de l'Amérique septentrionale. Hoffpenger l'appelle *tilia argentea*, à cause que ses feuilles sont cotonneuses et blanches comme de l'argent par-dessous. Ses fleurs ne paraissent qu'au mois d'août, mais sont beaucoup plus odorantes que celles de toutes les autres variétés, telles que *tilia rubra, tilia pubescens, tilia lacinata, tilia mycrophylla*, etc., etc. La plupart des canaux en Hollande sont bordés de tilleuls des deux côtés; le tilleul de Hollande a le feuillage plus étroit et plus sombre; vous en voyez un à droite, le quatrième.

— C'est un bel arbre, dit Stephen, il donne beaucoup d'ombre et répand un suave parfum.

— Oui, au mois de juin; son écorce sert à faire des cables, et son bois est le meilleur qui entre dans la composition de la poudre. Le mot *tilia* paraît venir du grec πτολον, plume, parce que le tilleul porte ses fleurs sur des languettes qui ressemblent assez à des plumes.

— Πτολον, murmura machinalement Stephen.

Mais M. Müller, dans sa précipitation, crut entendre un autre mot; il parut surpris, resta quelques instants dans une sorte d'indécision, et dit :

— Je crois que vous avez raison; c'est singulier que cette idée ne me soit jamais venue.

Stephen ignorait complétement avoir eu une idée; il prêta l'oreille et tâcha de démêler ce qui pouvait avoir donné lieu à cette supposition.

— En effet, dit M. Müller, l'étymologie *telum* est parfaitement juste; car les anciens faisaient des flèches et des javelots avec le bois de tilleul, de même qu'ils se servaient de l'écorce intérieure pour faire une sorte de papyrus, et j'ai chez moi un manuscrit écrit de cette manière il y a peut-être onze cents ans. Jeune homme vous avez une grande aptitude pour la science et je vous dois la véritable origine du mot *tilia; telum*, c'est bien clair. Si vous voulez me faire l'honneur de venir ce soir boire avec moi un pot de bière et fumer une pipe, je vous montrerai mon manuscrit, et je vous raconterai l'histoire que je vous ai commencée.

Stephen tarda quelques secondes à répondre, non qu'il hésitât à accepter l'invitation, mais il sentait que sa voix devait être tremblante. Quand il fut un peu remis, il remercia M. Müller et lui promit d'être chez lui à sept heures.

A peine Stephen était seul, à peine il commençait à mettre de l'ordre dans ses idées, qui se pressaient confuses dans sa tête (car pour la première fois il allait parler à Magdeleine, pour la première fois il était admis dans la maison de M. Müller), qu'on lui donna la lettre d'Edward. Il la lut rapidement et passa à celle de son frère. En la lisant, il pâlit, monta rapidement dans sa chambre, mit de gros souliers, des guêtres, un pantalon de toile, en moins de temps qu'il n'en faut pour le dire, et, un gros bâton à la main, il sortit de la maison et se mit en route.

A ce moment, M. Müller disait à sa fille :

— Notre voisin vient ce soir, Magdeleine; tu nous feras un peu de musique, n'est-ce pas? Il faut bien le traiter; c'est un jeune homme tranquille, modeste et fort instruit, et qui, il n'y a qu'un instant, sans affectation, a laissé tomber, comme s'il ne l'eût pas fait exprès, une étymologie qui a échappé aux hommes les plus savants ; car plus j'y pense, plus je vois clairement que *tilia* vient sans contredit de *telum*.

Et, comme il disait ceci, il regarda par la fenêtre et aperçut Stephen qui s'éloignait à pas précipités.

— Magdeleine, dit-il, est-ce que ce n'est pas lui qui s'en va là-bas ?

Magdeleine répondit affirmativement.

— C'est singulier, dit le père ; par la route qu'il prend, il n'y a pas d'endroit habité plus près que huit ou dix lieues.

Et tous deux furent véhémentement étonnés.

Et, comme l'heure avançait, ils dînèrent silencieusement. M. Müller rompait quelquefois le silence pour faire une hypothèse sur la disparition de Stephen. Quand l'horloge de l'église sonna huit heures, M. Müller alluma sa pipe, et Magdeleine se mit à prendre un ouvrage d'aiguille et ne dit pas un mot de toute la soirée ; seulement, elle montra de l'impatience chaque fois que tomba son peloton de fil ou son dé à coudre, et se coucha plus tôt que de coutume, sous prétexte d'une affreuse migraine. Retirée dans sa chambre, la jeune fille écrivit à Suzanne ; mais, la lettre faite, elle la brûla.

X

COMMENT STEPHEN RENTRA EN GRACE AUPRÈS DE M. MULLER ET DE SA FILLE

> Nous reviendrons avec une épaulette,
> Nous reviendons peut-être avec la croix ;
> Un coup de sabre ornera notre tête :
> C'est un bandeau plus beau que ceux des rois.
>
> (*Chanson de caserne.*)

Le lendemain au soir, comme, à la lueur de la lampe, Magdeleine lisait, et que M. Müller fumait sa pipe sans rien dire, le vent commençait à siffler aigu et à faire ployer les arbres et trembler les vitres. M. Müller se frotta les mains :

— Il n'y a pas de mal, il va tomber une bonne pluie, et tout n'en ira que mieux ; la terre est sèche, et d'ailleurs la pluie du printemps est féconde et salutaire comme une bénédiction du ciel.

— Oui, dit Magdeleine ; mais je plains ceux qui sont sur les routes, et qui, dans leur confiance prématurée et sur la foi du premier soleil, cheminent vêtus légèrement.

— Peut-être Stephen est dans ce cas, dit M. Müller.

Magdeleine y avait bien pensé, quoiqu'elle n'en eût rien dit.

— Il est bien singulier qu'il ne soit pas rentré cette nuit, continua le père.

A ce moment, le vent s'apaisa.

— Voici la pluie, dit M. Müller.

Et, en effet, quelques larges gouttes se firent entendre sur les vitres. On frappa à la porte, Magdeleine tressaillit et retint son haleine ; M. Müller ôta sa pipe de sa bouche ; Geneviève ouvrit et annonça M. Stephen. Magdeleine baissa les yeux sur son livre, et M. Müller prit un maintien grave et sérieux.

Stephen salua et s'excusa.

— Je n'avais pas une minute à perdre pour dire adieu à mon frère, qui partait pour la frontière ; il me fallait faire dix lieues à pied, et pour rien au monde je n'aurais manqué de l'embrasser... peut-être pour la dernière fois. Je l'ai quitté il y a six heures ; je l'ai vu boire le vin d'adieu, chanter gaiement et monter à cheval, et de loin me saluer de la main en faisant caracoler son cheval. J'ai longtemps aperçu la pointe de son plumet ; puis, quand un détour de la route me l'a eu fait perdre de vue, je suis tristement reparti. Oh ! mademoiselle, qui sait si je le reverrai ; et il est le seul qui m'aime au monde !

Les yeux de Stephen brillaient d'une larme prête à couler. Magdeleine leva sur lui un regard de compassion. Tous deux rougirent et baissèrent les yeux.

Cependant, sur un signe de M. Müller, Geneviève avait préparé le thé ; M. Müller mit lui-même l'eau devant le feu.

— Vous prendrez du thé avec nous, monsieur Stephen ; c'est une bonne et salutaire boisson, quoi qu'en aient dit Simon Paulli, médecin du roi de Danemark, qui prétend que le thé est une variété de myrte, et Bauhinus, qui soutient que c'est un fenouil ; en quoi ils sont complétement réfutés par Nicolas Péchlin, dans son livre fort rare : *De potu theæ dialogus*. Geneviève, donnez du beurre et de la crème pour M. Stephen, car pour moi je n'en prends jamais avec le thé, sur l'autorité du même Péchlin, qui en blâme l'usage. Le nombre des auteurs qui ont écrit sur le thé est considérable.

M. Müller se leva et conduisit Stephen à sa bibliothèque. Là, parmi une foule de livres vieux et vermoulus, il lui montra du doigt un poëme latin sur le thé, par Pierre Petit; une élégie sur le même sujet, par M. Huet, évêque d'Avranches en France, et des livres de Louis Almeyda, Matthieu Riccius, Jean Linscot, le père Massée, Nicolas Tilpius, médecin d'Amsterdam, Aloysius, Sylvestre Dufour, marchand de Lyon, et huit ou dix autres, qui tous, en prose ou en vers, ont écrit sur l'arbuste chinois.

— J'ai dans ma serre, dit M. Müller quand il fut revenu à sa place, un pied de thé ou de *tcha*, comme disent les Chinois, que m'a envoyé mon ami d'Amsterdam; mais jusqu'ici, malgré mes soins et mes peines, c'est une petite baguette haute d'un pouce, sur laquelle je n'ai jamais vu qu'une feuille et une chenille qui a mangé la feuille. Sucrez-vous. Vous remarquerez que je ne me sers pas du thé vert, qui n'emprunte sa couleur qu'à l'habitude où l'on est de le faire sécher sur des planches de cuivre; je fais usage du thé noir, appelé par les Chinois *voui tcha*.

Pendant ce temps, Stephen faisait tout ce qu'il pouvait pour paraître attentif; mais il était profondément préoccupé du départ de son frère, et les regards que Magdeleine levait à la dérobée sur son visage pâle et mélancolique pénétraient jusqu'à son cœur. Pour la première fois il sentit tout l'intérêt qui l'attachait à la jeune fille, et, s'il eût été seul avec elle, il lui eût dit: « Regardez-moi, vos regards soulagent toutes les peines; parlez-moi, car votre voix endort la douleur; aimez-moi, car je suis seul, et mon cœur est gonflé d'amour pour la femme qui m'aimera. »

Sur l'invitation de son père, Magdeleine chanta : sa voix, un peu tremblante d'abord, était pure et harmonieuse, et puissante d'expression.

— Et vous, monsieur Stephen, dit le père, ne chanterez-vous pas aussi quelque chose?

— Ma voix est sauvage et inculte, dit Stephen, je ne sais pas chanter.

M Müller insista.

Stephen se leva; il y avait dans toute sa personne une noblesse, un abandon que Magdeleine ne lui avait pas encore vus; la musique et la voix suave de la jeune fille l'avaient transporté, et il chanta assez mal, mais d'une voix bien timbrée et avec une expression entraînante ces vers de Gœthe :

    Ma richesse, c'est la feuillée,
    Un ciel d'azur, de verts tapis;
    C'est du soir la bise embaumée
    Dans les beaux amandiers fleuris.
    Ma richesse, c'est la feuillée,
    Un ciel d'azur, de verts tapis.

    Mais plus qu'un lit de fraîche mousse,
    Plus que l'air, les fleurs et les cieux,
    Ma richesse, c'est ta voix douce,
    C'est un regard de tes yeux bleus,
    Bien plus qu'un lit de fraîche mousse,
    Plus que l'air, les fleurs et les cieux.

    Ma richesse, c'est ton haleine,
    Enivrante à faire mourir;
    C'est ta chevelure d'ébène
    Sur ton front qu'un mot fait rougir.
    Ma richesse, c'est ton haleine
    Enivrante à faire mourir.

    La fauvette sur l'aubépine
    Au vent laisse emporter ses chants.
    De même ta voix argentine
    A tous prodigue ses accents :
    La fauvette sur l'aubépine
    Au vent laisse emporter ses chants.

    Ainsi que des fleurs dans la plaine,
    Du soleil sur les monts rougis,
    Tous s'enivrent de ton haleine,
    De ton regard, de ton souris :
    Ainsi que des fleurs dans la plaine,
    Du soleil sur les monts rougis.

    Amour, bonheur, toute ma vie.
    Prends tout... Mais en retour je veux
    Pour moi seul ta voix si jolie,
    Ta douce haleine et tes yeux bleus :
    Amour, bonheur, toute ma vie,
    Tout est à toi si tu le veux.

La voix de Stephen était tremblante d'émotion. Magdeleine n'était pas plus tranquille; ils n'osaient se regarder, et ni l'un ni l'autre n'eussent pu trouver de voix pour parler. M. Müller dit :

— Que ma fille ne vous empêche pas de fumer une pipe avec moi, monsieur Stephen ; elle est habituée à l'odeur du tabac, qui d'ailleurs est fort saine, malgré l'autorité de Jacques Stuart, roi d'Angleterre, qui a fait un traité contre l'usage du tabac, et d'Amurat IV, qui le défendit sous peine d'avoir le nez coupé; et d'Urbain VIII, qui, par une bulle que l'on a conservée, excommunie ceux qui en prennent dans les églises.

Stephen s'excusa, allégua une grande fatigue et se leva. M. Müller lui tendit la main.

— Venez nous voir le soir quand vous pourrez; nous chanterons et nous causerons.

Stephen en sortant leva les yeux sur Magdeleine; leurs regards se rencontrèrent et plongèrent dans le cœur l'un de l'autre ; et la porte se ferma, les laissant tous deux agités et émus de sensations nouvelles pour eux et à la fois douces et douloureuses.

XI

OU L'AUTEUR PREND MOMENTANÉMENT LA PAROLE

> De ses cheveux le brillant émail noir
> Retombait sur son cou; sous sa longue paupière
> Son œil réfléchissait le bel azur des cieux.

Il ne serait pas mal de tracer ici le portrait de Magdeleine; mais deux choses nous arrêtent.

Nous avons lu beaucoup de livres, et conséquemment beaucoup de portraits de femmes, et nous sommes resté persuadé qu'à moins d'être douanier et d'avoir une longue habitude du signalement, il est impossible d'y rien comprendre, à cause que la beauté n'est pas dans un nez grec ou romain, dans des cheveux noirs, dans des yeux bleus, ni encore dans l'harmonie des traits, à moins qu'il ne vous plaise vous contenter de la beauté des statues, mais dans quelque chose de presque divin, dans un reflet de l'âme qui colore la physionomie : d'où nous tirons la conséquence que la beauté, qui est relative comme tout ce qui existe, ce que nous n'avons pas besoin de démontrer, attendu que tout le monde est d'accord à ce sujet, est pour nous l'accord de l'âme que nous soupçonnons avec notre âme à nous.

Ce que nous ne mettons en avant qu'avec une grande timidité, à cause que beaucoup de gens en sont venus à nier l'existence de l'âme, parce que, n'ayant pas l'habitude de s'en servir, ils la laissent en eux se rouiller, se rétrécir et se dessécher au point de ne plus la sentir; toutes réserves étant faites par nous d'établir plus tard ce que nous entendons par l'âme si nous en trouvons l'occasion.

Nous avons encore à avertir le lecteur que ce que nous venons de dire est purement et simplement notre opinion personnelle, à laquelle personne n'est obligé de se conformer.

La seconde raison qui nous empêche de faire le portrait de Magdeleine est celle-ci :

Il nous advint un jour de prier un de nos amis de peindre sous notre dictée un portrait de femme, et, prenant un livre dont nous ne nous soucions pas de nommer l'auteur, nous lûmes :

« Elle avait un front d'ivoire, des yeux de saphir, des sourcils et des cheveux d'ébène, une bouche de corail, des dents de perles, un cou de cygne. »

Quand mon ami eut fait de tout ceci un portrait bien littéral, il se trouva que l'image était une assez plaisante caricature, un monceau de pierres fines, de bois des îles, avec un long cou blanc, tortueux et emplumé sur le tout, ce qui peut donner des désirs à un voleur, mais nullement à un amoureux.

Et, outre ces deux raisons, il y en a une troisième qui n'est que le corollaire ou le résumé des deux autres : c'est que rien ne ressemble moins à un homme ou à une femme que son portrait.

C'est pourquoi nous engageons le lecteur à se contenter de l'épigraphe tirée d'une ballade allemande qui commence ce chapitre.

XII

La nuit, Magdeleine fut en proie à une émotion qu'elle n'avait jamais éprouvée; surprise et effrayée de se sentir le cœur serré et plein d'un bonheur mélancolique, elle pria, demanda le secours du ciel, et, laissant s'exhaler dans la ferveur de sa prière tout cet amour qui l'épouvantait, elle arrosa son chevet de larmes brûlantes.

Stephen, de son côté, passa une partie de la nuit à sa fenêtre. Comme une étincelle électrique, l'amour avait donné à son âme un essor inconnu ; elle était à l'étroit dans son corps et s'élançait libre comme un papillon qui, aux premiers rayons du soleil sur les pointes vertes des épis qui percent la terre, sort de sa chrysalide, secoue ses ailes encore plissées et humides, s'épanouit comme une fleur, et s'abandonne au vent.

— Oh ! dit-il, c'est elle, c'est elle qui complète ma vie : je ne m'abusais pas, j'avais pressenti une autre vie, une vie d'amour et de bonheur. Elle me la donnera ; une femme est une fée bienfaisante, un ange, une puissance entre Dieu et la créature pour élever l'âme de l'homme aux joies du ciel, qu'il ne pourrait atteindre seul ; son amour est le soleil de l'âme ; il donne la vie et la force ; il est semblable à la brise qui apporte au navigateur le parfum des fleurs de sa patrie. Dieu a voulu faire partager à l'homme le bonheur qu'il s'est réservé, et c'est la femme qui le dispense comme une manne céleste.

Et Stephen respirait à longs traits ; il y avait de l'amour dans l'air qui l'entourait, il se sentait vivre avec délices ; l'impression qu'il ressentait était celle, et plus suave encore, qu'on ressent au haut d'une montagne quand on hume à grands flots un air pur et dégagé, quand près du ciel on sent son esprit grandir et son âme s'emplir de pensées fortes et généreuses.

Oh ! comme il attendait avec impatience l'instant de revoir Magdeleine ! Il leur semblait que leurs deux âmes s'étaient reconnues comme deux enfants de la même patrie, qui se retrouveraient sur une terre lointaine et savoureraient avidement les sons harmonieux de la langue du pays.

Mais le lendemain les arbres penchaient tristement leur jeune feuillage, lourd de pluie, et Magdeleine ne descendit pas au jardin : la journée fut longue. Le lendemain, Stephen, à son réveil, vit un reflet rose traverser les rideaux de sa fenêtre : il se leva avec empressement ; il lui semblait qu'il était attendu ; mais il resta longtemps au jardin, les yeux fixés sur la fenêtre de Magdeleine ; personne ne parut. La journée était plus d'à moitié écoulée, Stephen ne put résister plus longtemps, il alla frapper chez M. Müller ; il ne pouvait respirer, il eût donné tout au monde pour retarder d'une minute le moment où l'on allait ouvrir la porte; il sentit qu'il n'avait plus de voix. Geneviève ouvrit, ce fut pour lui un répit dont il rendit grâce au ciel.

— M. Müller?

— Attendez, dit Geneviève.

Elle le laissa dans la salle à manger.

Quand Stephen fut seul, il promena ses regards autour de lui, et reconnut la place où Magdeleine était assise l'autre soir, et son œil s'arrêta sur la porte de la chambre de la jeune fille; mais la porte était à moitié ouverte, elle n'était pas dedans. Il s'avança, et, le cœur battant si fort qu'on l'eût entendu, il mit le pied dans la chambre; le lit était défait, un peignoir était sur une chaise, et une baignoire devant le lit.

Magdeleine avait pris un bain avant de sortir. La tête de Stephen s'embrasa. — Elle, dit-il, elle s'est baignée dans cette eau! Oh! que ne puis-je, comme l'eau, l'enfermer en moi! comme l'eau, l'embrasser à la fois tout entière!

Et une empreinte humide avait laissé sur le peignoir la forme du corps de Magdeleine, et ses petits pieds étaient dessinés sur le parquet où elle les avait posés en sortant du bain. Stephen prit le peignoir et le serra convulsivement sur ses lèvres, et il se jeta à genoux et colla sa bouche sur le parquet.

Il entendit du bruit, rentra dans la salle à manger et ouvrit une fenêtre pour respirer. Peu d'instants après, M. Müller entra; il était seul. Ils se serrèrent la main.

— Je me suis fait un peu attendre, dit-il, mais je suis occupé depuis ce matin à chercher l'étymologie du nom *ranunculus*, par lequel on traduit renoncule.

Et Magdeleine ne venait pas.

— J'ai d'abord trouvé, dit M. Müller, que la terminaison *unculus* vient de *uncus*, crochu, recourbé, ou de *unculus*, grappin, à cause que la racine de cette fleur est une griffe, mais je me donne au diable pour le reste. Il faut que vous m'aidiez dans mes recherches (Stephen sentit avec un mouvement de joie qu'il était établi dans la maison pour quelques heures), et vous m'obligerez de dîner avec moi.

Stephen s'empressa d'accepter. A ce moment, il entendit les pas d'une femme; son cœur battit et ses yeux se collèrent sur la porte: c'était Geneviève. M. Müller le conduisit dans son cabinet.

Là étaient rangés en ordre tous les vieux et les plus gros livres, les encyclopédies, les dictionnaires ; plusieurs étaient ouverts sur la table et par terre, de sorte qu'il était assez difficile de ne pas marcher dessus.

Quand ils furent assis, M. Müller, tout en feuilletant, continua de parler :

— J'ai trouvé, il y a longtemps, l'étymologie d'anémone (*anemone*), dont la renoncule est une variété. L'anémone a été apportée des Indes, il n'y a pas plus de cent trente ans, par M. Bachelier, fameux fleuriste français; les Persans l'appellent *laleh gonhi* (tulipe de montagne), ce qui montre l'ignorance des Persans; les Arabes la nomment *shacaïk* (fleur découpée), ce qui n'est pas beaucoup plus fort. Anémone vient du grec ἄνεμος, *vent*; anémone veut dire herbe du vent, parce qu'elle ne s'épanouit qu'au souffle du vent, à ce que dit Pline, ce que je n'ai pas observé moi-même. Hesgenius soutient au contraire que l'anémone doit son nom à la facilité de ses semences à s'envoler. Ce qui viendrait à l'appui de cette dernière hypothèse, c'est que plusieurs devises ont été faites dans ce sens; par exemple, une anémone avec ces mots : « La gloire s'effeuille au vent ! »

A ce moment, M. Müller, en fermant un livre, fit un bruit qui fit jeter à Stephen les yeux sur la porte.

— Ne craignez rien, dit M. Müller, personne n'entre jamais dans mon cabinet.

Stephen perdit tout à fait l'espoir de voir paraître Magdeleine, et il se résigna à attendre l'heure du dîner.

Et M. Müller feuilletait toujours. Son compagnon hasarda quelques mots, son opinion fut réfutée.

— Vous voyez comme je passe ma vie, dit M. Müller, dans mon cabinet et dans mon jardin. Je cultive mes plantes et je fais des recherches scientifiques, et je ne m'occupe ni de plaisirs bruyants ni de politique; aussi je n'ai ni ennemis ni envieux.

Deux heures, deux heures mortelles pour le pauvre amoureux se passèrent ainsi, sans que M. Müller vînt à bout de trouver l'étymologie de *ranunculus*. Deux fois Geneviève vint annoncer à travers la porte du sanctuaire que le dîner était servi. Deux fois Stephen se leva; deux fois M. Müller répondit : « Tout à l'heure, » et ne bougea pas. Cependant, à la troisième invitation, que Geneviève trouva moyen de rendre pressante en annonçant que la soupe serait froide, M. Müller ouvrit la porte, et on passa dans la salle à manger, après s'être, au grand déplaisir de Stephen, arrêtés au salon pour voir les portraits de Linnée, de Tournefort et de Hoffpenger.

Enfin on se mit à table; il n'y avait que deux couverts. Le pauvre jeune homme sentit au cœur un froid douloureux et n'osa faire aucune remarque dans la crainte de trahir son émotion. Seulement, après la soupe, pendant que Geneviève changeait les assiettes, M. Müller lui dit :

— Sans vous j'aurais tristement dîné seul; Magdeleine est partie ce matin voir une de ses amies et ne reviendra que tard.

La tête de Stephen tomba sur sa poitrine.

Après le dîner, les deux commensaux descendirent au jardin. Peu après, Geneviève cria par la fenêtre que mademoiselle était revenue. M. Müller salua Stephen sans l'engager à le suivre et le laissa triste et seul dans le jardin.

XIII

WERGISS-MEIN-NICHT

> Une, deux, trois.
> Je vous le donne en dix.

Il advint cependant un matin que Stephen trouva Magdeleine au jardin. Elle fit semblant de ne pas l'avoir aperçu pour prendre le temps de se remettre.

Depuis plusieurs jours, Stephen ne pouvait rester dans sa chambre; il faisait au loin de longues promenades et rentrait fort tard. Un jour, il revint avec la fièvre. Geneviève le dit à M. Müller, qui monta le voir. Ils causèrent quelque temps, et, quand M. Müller se leva pour sortir, Stephen prit à son chevet un bouquet de wergiss-mein-nicht.

— Donnez, je vous prie, ce bouquet à mademoiselle Magdeleine; je l'ai cueilli pour elle.

Et M. Müller fit sa commission.

Stephen fut deux jours sans pouvoir sortir de sa chambre; il voulut se lever pour descendre au jardin; ses jambes ne purent le soutenir et il tomba sur le carreau.

Pendant sa reclusion, il fit des projets et prit une résolution.

Cette résolution était de déclarer son amour à Magdeleine la première fois qu'il en trouverait une occasion favorable.

C'est dans cette disposition d'esprit qu'il arriva au jardin, où il trouva Magdeleine, comme nous l'avons dit.

Il s'avança vers elle, bien affermi dans sa résolution, et la salua. Magdeleine lui rendit son salut d'un signe de tête; puis tous deux baissèrent les yeux, et il se passa quelque temps sans que ni l'un ni l'autre voulût commencer. Cependant Stephen leva les yeux, contempla Magdeleine, dont la beauté était relevée par une parure simple et négligée, une longue robe blanche et les cheveux en bandeau sur le front.

Il sentit qu'après un aussi long silence, il ne pouvait commencer la conversation par « Comment vous portez-vous ? » Il fit un effort comme un homme qui ferme les yeux pour sauter un fossé dont la profondeur l'épouvante et ouvrit la bouche pour dire : « Magdeleine... » Mais son émotion était telle, que la voix ne put sortir de sa poitrine oppressée. Magdeleine alors prit la la parole et lui dit :

— Vous êtes encore pâle, monsieur Stephen.

Il s'inclina.

— Vous avez donc été bien malade? continua-t-elle.

— J'ai un peu souffert, dit-il; mais il ne faut pour me guérir que ce beau soleil et...

Il voulait dire : « Et votre aspect, et vos regards plus doux que le soleil, et votre voix qui pénètre le cœur; » mais il s'arrêta.

Il y eut encore un moment de silence. Magdeleine, qui avait plus d'usage du monde, prit un sujet de conversation.

— Je vous remercie du bouquet que vous m'avez envoyé. Ces wergiss-mein-nicht, continua-t-elle, sont mes fleurs favorites; je suis seulement fâchée que nos poëtes allemands n'en parlent que pour faire de froids jeux de mots; Gœthe seul en fait une petite description :

> Wergiss-mein-nicht, petite fleur d'azur,
>   Amante des eaux solitaires,
> Que j'aime à voir tes feuilles légères
>   Et tes pétales d'un bleu pur
> Suivre le mouvement de la vague roulante
> Qui vient en s'allongeant faire ployer les joncs
>   Dont la ceinture verdoyante
>   Entoure l'onde des vallons !

Et la conversation prit une telle tournure, que l'on parla des poëtes et de leurs ouvrages, et que Stephen se donna à lui-même pour excuse d'avoir manqué à sa résolution, qu'il valait mieux écrire à Magdeleine pour ne pas trop l'embarrasser et la faire rougir, et se fit croire que l'occasion et le temps avaient manqué.

XIV

SUZANNE A MAGDELEINE

Il y a quatre jours, je croyais t'embrasser, ma chère Magdedeleine; nous étions, ma mère, mon père et moi, allés faire une visite de deux jours chez des amis de mon père qui demeurent à trois lieues de notre petite ville. Mais un accident nous a empêchés de t'aller voir.

Nous devions nous mettre en route à deux heures; pour occuper la matinée, on proposa une promenade sur le bord de la rivière. Tu sais que je n'aime pas la campagne, ni le vent, ni la fatigue, ni le soleil, ni la terre raboteuse. Néanmoins, je fis comme tout le monde. Le temps était fort beau; on parlait de choses et d'autres, et l'on fit l'éloge de la solitude, que je déteste, et que ceux qui la vantaient n'aiment pas beaucoup plus que moi.

Connais-tu rien, ma chère amie, de plus fatigant que cette manie funeste aux plaisirs des autres qu'ont certaines gens de tourner à l'idylle, de prôner un bonheur qui les ferait mourir de chagrin, et de raconter à tout propos les vertus de *ces bons paysans* auxquels ils ne rendent pas leur salut dans la crainte de se compromettre, et encore de dire, d'après les poëtes élégiaques : « Oh! que je voudrais vivre aux champs, libre de tout souci et d'ambition! » quand rien ne les empêche d'y vivre, que leur volonté?

Je supportais pourtant cet ennui avec la résignation du désespoir, et d'ailleurs j'étais préoccupée de la visite que nous devions te faire. Tout à coup un bruit nous fit retourner : plusieurs personnes, de l'autre côté de la rive, criaient et appelaient au secours; leurs signes et leurs gestes nous firent regarder dans l'eau.

Horreur! un homme luttait contre la mort, de temps à autre il paraissait sur l'eau, et sa voix étouffée faisait de vains efforts pour appeler et ne produisait qu'un affreux hurlement ; ses yeux blancs s'élançaient de sa tête ; sa figure était violette, et ses bras sortaient de l'eau pour saisir quelque chose, pour se raccrocher à un appui ! Rien ! il ne trouvait rien ! et, malgré ses efforts désespérés, il disparaissait. Deux fois nous le vîmes revenir ainsi ; à la troisième fois, il ne fit qu'apparaître une seconde, et il ne revint plus. A ce moment, un homme qui se trouvait en face de nous, de l'autre côté de l'eau, arracha ses vêtements, se précipita dans la rivière, et nagea vers l'endroit où le noyé avait disparu. Nous le suivions des yeux avec un horrible serrement de cœur ; il enfonça la tête dans l'eau, puis le corps : ses jambes mêmes disparurent, et il y eut un moment d'une affreuse incertitude ; personne des assistants ne respirait ; mais un peu plus loin l'eau s'agita, et nous vîmes reparaître les deux hommes ; nous respirâmes. Mais alors se passa une chose affreuse ; une lutte terrible s'engagea entre eux. Le premier qui avait disparu, furieux, fou, voulait sortir de l'eau tout entier : son sauveur voulait le maintenir et le porter au bord ; mais le fou le prit à la gorge, l'entoura de ses jambes, et tous deux se débattirent avec d'épouvantables convulsions. Le jeune homme était entraîné par celui qu'il avait voulu sauver ; malgré ses efforts, il enfonçait dans l'eau, et on le voyait raidir son cou et lever la tête pour respirer plus longtemps : il appela, il jeta un nom... un nom semblable au tien... et l'eau les engloutit tous les deux ! Un cri d'horreur se fit entendre sur les deux bords ; ma tête était perdue ; je me jetai à genoux devant mon père, devant son ami :

— Allez, allez ! dis-je en pleurant et en criant, sauvez-le ! le laisserez-vous mourir ?

Mon père ne savait pas nager ; son ami était glacé d'effroi, et complétement inerte et sans force.

— O Dieu du ciel ! criai-je, ne voyez-vous pas ce qui se passe ?

O Magdeleine ! c'était un cruel spectacle ! L'eau avait repris tranquillement son cours ; mon père disait :

— Le malheureux doit horriblement souffrir ; je connais un homme qui a failli se noyer et qui cherchait à se briser la tête au fond de l'eau pour finir des tortures qu'il dit atroces.

Nous restâmes plusieurs minutes muets et dans une stupide torpeur, les yeux fixés sur l'eau. Six ou huit minutes s'étaient écoulées, mon père me prit par le bras et me dit :

— C'est fini ! allons !

2.

C'est fini ! Ce mot tuait mon reste d'espoir.

C'est fini ! Je ne pouvais croire que Dieu laissât mourir et souffrir ce pauvre homme.

— Oh ! dis-je, il n'y a donc pas de Dieu ?

Mon père me dit :

— C'est fini ! il est mort ! il ne souffre plus.

Tout cela avait passé dix minutes, ce sont dix longues années.

On m'entraîna. Tout à coup un cri fut jeté par les gens qui étaient sur l'autre rive ; je revins en courant au bord de la rivière ; l'espoir me ranima. En effet, l'eau s'agita en tourbillonnant. Un homme reparaît blanc comme un mort. Lequel est-ce ? C'était une terrible anxiété. S'est-il débarrassé du noyé qui l'enlaçait ?

Il respira deux longs traits, releva ses cheveux avec sa main, regarda le ciel et plongea encore. C'était lui ! il ne voulait pas abandonner celui qu'il avait voulu sauver ; une minute affreuse se passa, mais il revint ; il traînait avec lui un homme raide et immobile, et nagea péniblement vers le bord opposé au nôtre. O Magdeleine ! quand ils furent sur la terre, j'avais partagé sa fatigue, alors seulement je respirai ; l'homme et la femme qui étaient sur le bord se mirent à réchauffer le noyé ; son sauveur se jeta à genoux et parut remercier Dieu ; puis il tomba de fatigue sur l'herbe. L'autre était revenu à lui.

Avec l'homme et la femme il vint secourir son sauveur ; ils étanchèrent le sang qui coulait de la blessure que lui avaient faite au cou les ongles du noyé.

La petite rivière nous séparait ; j'aurais voulu voir et embrasser ce bon jeune homme. Il se leva, s'approcha du bord en s'appuyant sur quelqu'un, et cueillit une touffe de wergiss-meinnicht qu'il mit dans son sein.

C'est un souvenir qu'il veut garder.

Je fis signe de la main en criant : « Bien ! bien ! bon jeune homme ! » et, succombant à l'émotion, je m'évanouis. Il fallut m'emporter.

Magdeleine, j'ai bien juré de ne retourner jamais à la campagne et au bord d'une rivière. Il y a de quoi me tuer.

Adieu, ce souvenir m'a encore bouleversée ; je ne puis parler d'autre chose ; je t'écrirai dans quelques jours.

XV

SOUS LES TILLEULS

> Il faisait presque nuit, et, couronné d'opale,
> L'horizon conservait encore un reflet pâle,
> Un jour voluptueux,
> Et la brise du soir, légère et parfumée,
> Faisait tout doucement murmurer la feuillée.
> Nous n'étions que nous deux.

A la fin de la journée, le soleil était descendu à l'horizon, et plus de la moitié de son disque avait disparu.

Au-dessus, sur un fond d'un bleu clair et transparent, se dessinaient de gros nuages noirs avec une frange d'un rouge de sang, et des nuées plus légères glissaient lentement, semblables à une fumée empourprée.

Sous l'allée des tilleuls, Stephen, à demi couché sur l'herbe, attendait Magdeleine; et, à mesure que le soleil baissait, ses regards se tournaient plus inquiets du côté de la maison.

C'était à cette heure-là un lieu enchanté que cette allée; les tilleuls entrelaçaient leur feuillage ombreux et touffu; au-dessous sortait de l'herbe épaisse qui tapissait la terre de liserons et de noueux chèvrefeuilles qui montaient en tournant autour des troncs, et retombaient en guirlandes. Il n'y pénétrait qu'un jour faible et doré; tout était dans un calme et un silence profond, interrompu seulement de temps à autre par quelques cris des oiseaux qui se disputaient leurs nids, ou par un léger souffle de vent qui faisait doucement frémir les feuilles des tilleuls et secouait sur le gazon l'odeur suave des chèvrefeuilles et d'une aubépine au parfum amer.

Stephen roulait dans ses doigts un papier; c'était une lettre, une déclaration d'amour. Il l'avait écrite la nuit avec la fièvre; il la relut et la trouva absurde. Il eût bien voulu pouvoir la refaire, et commençait à désirer que Magdeleine ne vînt pas.

Mais la porte du jardin s'ouvrit, et Magdeleine s'avança marchant rapidement, le regard brillant, le visage animé, tenant encore à la main la lettre qu'elle venait de recevoir de Suzanne.

Stephen cacha son papier et sentit son sang l'abandonner et son cœur défaillir.

— Monsieur Stephen, dit Magdeleine, vous m'avez, il y a quelques jours, envoyé un bouquet de wergiss-mein-nicht. Où l'avez-vous cueilli?

Stephen étonné répondit :

— Au bord d'une petite rivière, à deux ou trois lieues d'ici.

— Monsieur Stephen, lisez, lisez ceci.

Et elle lui tendit la lettre de Suzanne. Stephen la prit en attachant sur elle un regard de surprise. Il lut. Après quelques lignes, il la lui rendit en souriant.

— Monsieur, monsieur, dit Magdeleine, c'était vous, c'était vous; c'est beau, monsieur ! c'est bien beau !

Et elle lui tendit la main. Stephen la prit ; mais il y eut dans cette pression de main quelque chose de soudain et d'électrique qui les fit tous deux tressaillir. On eût dit que, par deux veines ouvertes et réunies, leur sang, leur âme, leur vie, se confondaient. Leurs regards aussi restèrent attachés l'un sur l'autre. Le sein de la jeune fille était gonflé et palpitant ; effrayée de son émotion, elle pencha sa tête sur sa poitrine et laissa couler des larmes abondantes.

Stephen mit la main de Magdeleine sur son cœur, et tous deux restèrent longtemps sans se parler ; enfin Stephen, avec effort, fit sortir de sa poitrine : « Magdeleine ! » Dans sa voix, dans son regard, il y avait tout : de l'amour, du bonheur, de l'émotion, l'aveu de sa tendresse et le récit de ce qu'il avait souffert. Elle articula à peine : « Stephen ! » et leurs regards se rencontrèrent encore, et leurs mains se serrèrent convulsivement, cherchant à s'unir plus intimement et à se toucher par tous les points.

Là, il n'y a pas de description possible, il n'y a pas de phrases, pas de mots : celui qui, dans ses souvenirs, n'en a pas un qui réponde à cette image, celui qui n'est pas ému en songeant au moment le plus beau, sans contredit, de la vie d'un homme, qu'il ferme le livre, je l'en prie ; je ne veux pas l'initier plus longtemps à mes naïves impressions, il rirait de moi.

— Magdeleine ! dit Stephen après un long silence, vous m'aimez donc ?

Elle ne répondit que par un regard.

— Oh ! vous m'aimez ! dit Stephen d'une voix profonde et émue ; dites-le-moi, dites-moi que ce n'est pas un songe : je n'ose croire à tant de bonheur ; le réveil serait affreux. Vous,

Magdeleine, vous à moi ! oh ! merci ! merci ! à vous je dois tout le bonheur de ma vie : n'est-ce pas, je ne rêve pas ?... Oh ! non, c'est bien elle ; c'est trop, c'est trop de bonheur, trop pour un homme ! il m'écrase, il me tue ! Elle est à moi, à moi son amour ! O mon Dieu !

Et il serrait sa poitrine de ses mains comme pour empêcher son cœur de la déchirer.

Et tous deux ils étaient seuls sous le ciel et sous la verdure, entourés d'un air pur et du parfum des fleurs, et leur âme avait des ailes comme les anges et s'élevait au ciel. Oh ! s'il est vrai que Dieu soit un bon père, pourquoi ne les écrasait-il pas de sa foudre ? pourquoi ne les appelait-il pas dans son sein ? pourquoi ne finissaient-ils pas là leur vie ?

La voix criarde de Geneviève rompit le silence ; elle appelait Magdeleine. Magdeleine tressaillit et s'aperçut qu'il faisait presque nuit ; elle s'enfuit en disant :

— A demain, ici, à la même heure.

Et Stephen, immobile, la suivit des yeux jusqu'au moment où le dernier pli de sa robe blanche eut disparu par la porte ; et, après qu'on ne pouvait plus la voir, il regardait encore et n'osait faire un mouvement dans la crainte de rompre le charme.

Il resta longtemps ainsi, puis il sortit dans la campagne. Il lui semblait que sa tête était dans le nuage ; il y avait tant de bonheur dans son cœur, qu'il ne pouvait le contenir et qu'il eût voulu en répandre sur tout ce qu'il voyait. Il eût désiré presser la main de tous ceux qu'il rencontrait : il donnait aux enfants ce qu'il avait d'argent, et les embrassait, et se dérangeait pour ne pas froisser du coude les hommes qui passaient près de lui, dans la crainte de les briser, et il leur laissait le plus beau chemin.

Puis il courait et sautait comme un jeune chevreau, et il rentra au jardin. Là, il restait quelque chose de Magdeleine dans l'air qui avait entouré son corps ; le parfum des chèvrefeuilles était son haleine. Presque toute la nuit se passa ainsi.

Longtemps il vit briller une lumière à travers les rideaux de Magdeleine : elle non plus, elle ne dormait pas. — O mon Dieu ! demain n'arrivera jamais !

Et, pour faire marcher le temps, il monta se coucher. Il s'endormit bientôt : mais de temps à autre il se réveillait en sursaut, se reprochant de perdre dans le sommeil des instants de bonheur, des parcelles d'une vie heureuse, mais il finit par suc-

comber à la fatigue et ne se réveilla qu'assez avant dans la journée.
Le lendemain, il écrivit plusieurs lettres pour Magdeleine.

XVI

STEPHEN A MAGDELEINE

Vous m'aimez ! ô Magdeleine ! comme le jour était beau à mon réveil ! tout, autour de moi, se colore d'un reflet de votre amour. Je commence une nouvelle vie.

Je me rattache à mes souvenirs d'hier ; je crains tant d'avoir rêvé ! je me rappelle votre voix qui pénètre le cœur : et votre regard, oh ! comme je le dévorais !

Que cette journée qui commence va être longue ! que je voudrais ôter de ma vie tout le temps qui s'écoule loin de vous !

De combien de bonheur je voudrais vous entourer ! que je regrette aujourd'hui ces dons naturels auxquels je n'avais jamais songé ! que je voudrais être beau pour que vos regards pussent s'arrêter sur moi comme les miens se fixent sur vous ! Vous êtes si belle ! vos yeux ont tant de douceur !

Votre esprit est si léger, si gracieux ! moi, je n'ai qu'un extérieur et un esprit sauvages et bizarres : vous me donnez mille fois plus que vous ne recevez. Je vous rends grâce, je n'ai à vous offrir en échange de tant de bonheur que l'amour le plus ardent, une âme, une vie, à vous, tout à vous.

Oh ! dites-moi que vous êtes heureuse de mon amour, qu'il vous suffit ! dites-moi que vous m'aimez ! Il me faudra longtemps pour m'accoutumer à cette idée : ma vie est tellement changée par ce seul mot !

C'est comme, après l'hiver et la neige, le printemps et son doux soleil et la verdure.

XVII

L'AUBÉPINE

Mois de mai, mois des fleurs, viens rendre à l'aubépine
Ses bouquets odorants !
O riant mois de mai, viens rendre à l'aubépine
La couronne argentine
De ses rameaux blancs !

Magdeleine hésita un moment à prendre la lettre.

Mais Stephen la regarda d'un air si suppliant, qu'elle la prit en baissant les yeux et la cacha dans son sein.

— Si près de la mort, dit-elle, au milieu d'affreuses souffrances, c'est moi que vous appeliez! mon nom a été votre dernière parole!

— Oui, reprit Stephen; et, quand je fus sauvé, quand je touchai la terre, il me sembla que ce nom prononcé par moi avait été une prière agréable à Dieu; que ce Dieu, qui doit vous aimer comme la plus belle de ses filles, la plus parfaite de ses créatures, n'avait pu permettre au mal de frapper celui dont l'âme vous embrassait comme le criminel poursuivi embrasse la colonne du temple qui lui sert d'asile; que votre nom avait eu la puissance d'écarter de moi la mort, comme le nom de Dieu fait rentrer Satan dans l'enfer: alors, j'ai compris que vous étiez mon ange gardien et que ce n'est pas une illusion, cette idée que je gardais dans mon cœur, que l'homme a reçu de Dieu une fée protectrice, un ange qui tient dans ses mains la part de bonheur qui lui est réservée, et que ceux-là sont malheureux qui ne peuvent rencontrer leur ange.

— Mon sang se glace, dit Magdeleine, quand je songe qu'une minute de plus et vous n'étiez plus qu'un froid cadavre. Et moi, où étais-je? que faisais-je, quand vous souffriez, quand vous mourriez loin de moi?

Et, en disant ces mots, elle pâlit et mit ses mains devant ses yeux.

— Avez-vous donc bien souffert? continua-t-elle.

— Plus que l'homme ne peut supporter; mais j'avais une force surnaturelle; l'amour agrandit l'homme et le rend capable de tout ce qu'il y a de beau et de sublime; cependant, il y a eu un moment où ma souffrance a diminué; sans doute j'allais m'évanouir, et tout était fini; mais il y avait dans cette cessation de la douleur une jouissance, un charme indéfinissable; il me semblait que la vie du ciel s'ouvrait pour moi et que mon âme se dégageait de mon corps comme le jeune oiseau de l'œuf de sa mère. Avant de quitter la rive, je voulus vous rapporter ces wergiss-mein-nicht: c'était une offrande de fleurs à l'ange qui m'avait sauvé.

Et ils restèrent longtemps sans parler: de temps en temps, ils relevaient l'un sur l'autre de longs regards, plus éloquents qu'il n'est possible de l'exprimer.

Magdeleine ôta une rose de sa ceinture.

— Tenez, dit-elle, je veux vous donner aussi un bouquet; c'est mon père qui m'a donné cette rose ce matin, car c'est mon jour de naissance.

Cette fleur était à moitié fanée; c'était la chaleur du sein de Magdeleine qui l'avait flétrie. Stephen la pressa sur ses lèvres et la serra précieusement.

— C'est votre jour de naissance, dit-il, et je ne vous ai pas donné une fleur!

Il cueillit une branche d'aubépine et la lui offrit.

Et, comme ils restaient encore sans parler, heureux et satisfaits de vivre, d'aimer et d'être aimés et d'être ensemble, Stephen arracha les épines de la guirlande et en fit une couronne qu'il mit en tremblant dans les cheveux de la jeune fille et un bouquet à sa ceinture, et il la contempla ainsi parée.

Et Magdeleine avait quelque chose de céleste : le bonheur animait son visage; la couronne d'aubépine, avec ses feuilles dentelées et d'un vert sombre, et ses fleurs blanches en ombelle, était enlacée dans ses cheveux noirs en bandeau sur son front.

— Magdeleine, dit Stephen, vous voici parée comme une fiancée.

Ils se regardèrent; Magdeleine baissa les yeux; une larme suspendue à ses cils noirs tomba sur la main de Stephen.

— Oh! dit-il, qui pourrait nous séparer? l'amour n'est-il pas plus fort que tout l'univers? Il n'y a pas d'obstacle que je ne me sente la force de braver et de renverser sous mes pieds. Soutenu de votre amour, d'un regard de vous, je suis plus grand que le monde, et je briserais tout ce qui oserait se mettre entre nous : vous seule, Magdeleine, vous seule pouvez nous désunir et rompre le lien sacré qui attache l'une à l'autre nos deux existences!

— J'aurai aussi du courage et de la force, Stephen; quand je me sentirai faible, je m'appuierai sur vous, car vous êtes mon appui et mon guide; j'aurai du courage et de la force autant qu'en peut avoir une pauvre fille sans mère et sans expérience pour la remplacer; et puis je prierai Dieu de bénir notre union, et les hommes ne peuvent rien contre ce que Dieu a béni.

— Oui, oui; et qu'y a-t-il de plus agréable aux yeux de Dieu que deux cœurs purs comme les nôtres qui essayent une vie d'amour et goûtent le bonheur que Dieu lui-même a détaché de sa couronne de joies et de délices, pour le laisser tomber aux cœurs vertueux? Si le Créateur laisse quelquefois tomber un regard sur la terre, il doit le reposer sur deux amants.

— Si je fais mal, Dieu est témoin de mon innocence; j'écoute la voix de mon cœur, c'est lui qui l'a mise en moi.

— Non, dit Stephen, l'amour est l'âme de la vie. Dieu voudrait-il ôter les fleurs aux prairies et le parfum aux fleurs? car la vie sans amours, c'est un champ aride, c'est une terre maudite que la pluie ni la rosée ne fécondent jamais. Magdeleine, moi aussi, mon cœur est pur comme le tien: seuls, sous les yeux du Créateur, au sein de la nature, le seul temple digne de lui, jurons d'être l'un à l'autre; prions-le de bénir une union vertueuse et sainte.

Et tous deux, se tenant par la main, firent un serment, un serment vrai, partant du cœur et tel que le Créateur doit l'entendre, si toutefois nos vœux, nos craintes, nos joies, nos douleurs et nos prières parviennent jamais jusqu'à lui.

A ce moment, au milieu du silence mystérieux, comme le soleil ne laissait plus à l'occident qu'un reflet d'un jaune pâle, on entendit un chien pousser un de ces plaintifs et lugubres hurlements que la superstition regarde comme un présage certain de mort. Et tous deux tressaillirent, et il leur sembla que des nuages ils retombaient sur la terre : ce cri avait quelque chose d'horriblement sinistre.

Et d'ailleurs, quand on est heureux, on croit aux mauvais présages. Le bonheur est une neige blanche sur laquelle la moindre chose fait tache.

Ils se séparèrent après s'être répété plusieurs fois qu'ils s'aimaient, pour tâcher d'effacer de leur cœur la funeste impression de ce rire du démon, qui grince des dents en voyant le bonheur du ciel.

XVIII

STEPHEN A MAGDELEINE

Tu refuses de m'écrire, Magdeleine! Quoi! dans ces longues heures que nous passons à attendre le moment de nous voir quelques instants, ne sens-tu pas le besoin de t'entretenir avec ton ami, de te rapprocher de lui, en lui écrivant? et quand le mauvais temps ou la prudence ne nous permettent pas de nous

voir au jardin ; quand, devant ton père, nous ne pouvons que
nous voir sans laisser parler ni notre bouche ni nos yeux, ne
penses-tu pas que je serais bien heureux d'emporter quelques
paroles d'amour qui béniraient mon sommeil ?

Ce qui t'arrête, ce sont des préjugés que l'on t'a inculqués dès
l'enfance ; on t'a dit que c'était un grand crime d'écrire. Sais-tu
que ce sont les femmes coquettes et débauchées qui ont inventé
cette règle de vertu ? Sais-tu qu'on ne vous défend d'écrire, à
vous autres filles, que pour qu'il ne reste aucun vestige de votre
amour quand votre amour est éteint? Cette loi n'a qu'un but,
c'est d'ôter un frein à l'inconstance et au parjure. Si cette idée
avait pu venir de toi, je te mépriserais. La femme qui dit à un
homme qu'elle l'aime, et qui refuse de lui écrire, se réserve les
moyens de l'abandonner et de le trahir plus tard : c'est plus
qu'un parjure, c'est un faux serment.

Et d'ailleurs, pauvre enfant, qu'avons-nous à faire du monde
et de ses lois, et de ses préjugés ? Que peut-il ajouter à notre
bonheur? Il ne peut rien nous donner ; ne lui permettons pas
de nous rien ôter.

On ne peut rien faire à moitié. Si tu te soumets aux volontés
et à l'opinion des autres, ils te défendront aussi de m'aimer, et
tu leur obéiras ; et, quand pour prix du bonheur d'aimer et d'être
aimée, tu n'auras eu d'eux qu'une froide estime (et qui sait s'ils
te l'accorderont, cette estime pour laquelle tu auras donné toute
ta vie et toute la mienne !), que te restera-t-il?

Oh! alors, que de regrets amers dans ton cœur! Alors que
pour nous deux sera fané le printemps de notre vie ; alors que
des cheveux blancs à la tête et de la glace au cœur, nous n'aurons plus d'autre vie que le souvenir ou plutôt le regret, alors tu
pleureras tes souffrances et les miennes, tu pleureras sur chaque
instant que tu aurais pu donner à l'amour et que tu lui auras
refusé. Tu iras leur demander ton bonheur, à ceux dont tu auras
été l'esclave. Es-tu donc à eux ? Es-tu leur propriété ? Ne dois-tu
pas être à moi tout entière ? Folle! folle! ta vie passera sans
amour et sans bonheur! ils te prennent ton bonheur et ils ne te
donnent rien, rien qu'une estime à laquelle ils attachent si peu
de prix, qu'ils ne se donnent pas la peine de la mériter de ta
part. Pèse mes paroles, Magdeleine, tu tues ton bonheur et le
mien, tu tues ta vie et la mienne ; tu offenses le ciel, car le
bonheur est son don le plus précieux, et tu le rejettes. Ta vie

passera comme une fleur que le soleil n'a pas fait épanouir, qui n'a eu ni éclat ni parfum ; et ceux à qui tu donnes le soleil et le parfum de ta vie, ils riront de ta simplicité.

Et que sont-ils de plus que nous ? Une sainte auréole autour de leur tête nous les montre-t-elle comme des anges ou des êtres d'une nature supérieure à la nôtre ? Pourquoi leur volonté ferait-elle céder la nôtre, plutôt que notre désir leur désir ? Pourquoi auraient-ils leurs coudées franches dans la vie, et y serions-nous resserrés ? Quel droit, quelle raison ont-ils de nous mesurer la vie à leur taille et sur leurs petites et mesquines proportions ? et devons-nous nous couper les jambes ou la tête, si nous sommes plus grands que la vie qu'ils ont faite ?

Je n'appartiens qu'à toi, tu n'appartiens qu'à moi.

Te sacrifient-ils leur bonheur, pour te demander le tien ? S'ils te le disent, ils mentent.

Magdeleine, crois-moi : pour toi et pour moi, ne leur jette plus ta vie comme une proie. Tu es à moi.

XIX

A l'heure où le soleil paraît, à l'horizon,
  Brillant de pourpre et d'or, dans l'onde au loin rougie
Enfoncer lentement et son disque et ses feux,
    D'un éclat plus majestueux
    Un instant brille la nature ;
Son roi répand sur elle une lumière pure,
Et d'un regard d'amour il lui fait ses adieux.
Tout se tait : les oiseaux, cachés sous le feuillage,
    Ont interrompu leurs concerts ;
On n'entend plus le peuplier sauvage
    Balancer son front dans les airs.
Dans ce moment de calme et de silence
Qu'avec plaisir le cœur s'abandonne aux appas
    Des désirs, des projets.....

— Il faudrait, dit Magdeleine, que la maison fût au soleil levant.

— Oui, dit Stephen, mais il faut savoir d'abord où nous mettrons notre maison. N'aimeriez-vous pas qu'elle fût sur un coteau, près d'une rivière ? L'eau anime le paysage ; l'herbe est plus verte dans une plaine arrosée par une rivière, et ce voisinage nous procurerait le plaisir de la pêche, des bains et de la promenade en bateau.

— J'accorde la situation, dit en souriant Magdeleine; mais je maintiens mon opinion sur l'exposition la plus convenable.

— Accordé, dit Stephen.

— Il ne nous faut, reprit Magdeleine, que deux étages : en bas, une salle à manger, une cuisine et une chambre de domestique; en haut, votre cabinet, un salon et...

— Et notre chambre.

Magdeleine rougit. Il y eut un moment de silence, après quoi elle continua : — La maison sera couverte en tuiles, les ardoises sont tristes à la vue; les volets seront peints en vert.

— Je ne suis pas trop pour les volets verts, à moins qu'ils ne soient d'un vert sombre.

— Ils seront d'un vert sombre. Il faut planter autour de la maison, de la vigne, de la clématite, du chèvrefeuille.

— Et aussi du jasmin et des rosiers du Bengale.

— De sorte que la maison sera toute tapissée de verdure et de fleurs. Devant, sera le jardin fleuriste. Mais j'ai oublié quelque chose.

— Quoi donc?

— Il nous faut deux chambres de plus, pour mon père et votre frère.

— Oui, Magdeleine, ils ne nous quitteront pas.

— Le jardin fleuriste sera cultivé par mon père; derrière la maison seront le verger et le potager.

— Je veux aussi de l'herbe épaisse, un beau gazon, et, au-dessus, de grands arbres qui donnent une ombre fraîche et épaisse.

— Des tilleuls; et le tout sera fermé d'une haie d'aubépine et d'églantiers.

— Non, on est trop exposé aux regards importuns dans un jardin ainsi couvert; il faut *représenter* continuellement. J'aime mieux un grand mur.

— Alors, il faudra tapisser le mur en dedans avec l'aubépine et les églantiers avec leurs petites roses si parfumées.

— De la vigne vierge et du houblon au feuillage d'un vert sombre; de plus, au pied des arbres nous mettrons des fleurs rampantes, des pois de senteur avec leurs fleurs qui ressemblent à des papillons.

— Et, dans l'endroit d'où l'on découvrira un point de vue, un banc de gazon, juste assez large pour nous deux ; ce petit banc, nous l'entourerons d'arbustes et de fleurs : des lilas, des syringas, du chèvrefeuille, des rosiers et des jasmins, des violettes et du muguet, et des liserons.

— Au milieu du jardin, il faudra un petit bassin qui nous servira de vivier.

— Il faudra l'entourer d'un treillage à cause des enfants.

Cette idée, qui était échappée à Magdeleine, émut les deux amants à un point extraordinaire. Magdeleine, pour cacher sa rougeur, se baissa pour ramasser une fleur qu'elle avait laissé tomber.

Stephen voulut la prévenir, en se baissant, leurs cheveux se touchèrent, un frisson leur parcourut tout le corps ; on eût dit que c'étaient leurs deux âmes qui s'étaient ainsi touchées.

Quand ils furent plus calmes :

— Nous avons fait bien des projets, dit Magdeleine ; et qui sait s'ils seront jamais réalisés? l'avenir n'est pas à nous.

— Il est à nous si tu m'aimes! s'écria Stephen ; s'il nous est contraire, je le vaincrai.

— Oh! dit Magdeleine, je ne sais pourquoi j'ai peur. Nous sommes trop heureux.

Et ils devisèrent de la sorte encore quelque temps.

Stephen portait à ses lèvres la main de Magdeleine ; elle cherchait à la retirer. En se séparant, il déposa un baiser de feu sur son front ; elle devint toute tremblante et s'enfuit en lui laissant un regard de reproche.

XX

MAGDELEINE A STEPHEN

Stephen, qu'avez-vous fait? ce baiser, qu'il m'a rendue malheureuse! que de reproches je me suis faits! pourtant, c'est vous qui l'avez surpris. Je suis si heureuse près de vous! je m'abandonne à vous avec tant de confiance! vous n'en abuserez pas? Pensez à quoi vous nous avez exposés; si quelqu'un nous eût vus, je n'aurais plus osé me montrer, j'en serais morte de honte; si vous saviez comme j'ai pleuré toute la nuit! comme je me suis retracé toutes ces tristes images de déshonneur dont me parlait la tante qui m'a élevé! je me sentais moins pure, j'osais à peine adresser ma prière à Dieu; mais j'ai tant pleuré, j'ai tant prié, qu'il a dû me pardonner.

XXI

STEPHEN A MAGDELEINE

Oui, qu'ai-je fait? J'ai porté une affreuse blessure à mon bonheur.

Quoi! vous ne pouvez me pardonner un baiser comme en donne un frère à sa sœur? et pourtant, Magdeleine, si j'avais cédé à la fièvre qui me brûlait, c'est un baiser d'amour que je t'aurais donné.

Ce baiser, que je vous ai *surpris*, il me fait plus de mal qu'à vous; ce n'est pas du bonheur. Je vous ai *surpris* ce que vous deviez me donner; ce baiser, qui courait dans mes veines comme du feu, il ne vous a pas émue, il vous a *contrariée*; c'est comme un baiser que j'aurais donné au front de marbre d'une statue ou d'une morte; il m'a glacé le cœur. Je n'en veux pas non plus, de vos baisers froids; si j'avais su vous le *surprendre*, ce baiser; si j'avais su que celle que je sentais respirer sur ma poitrine était calme et glacée; que son cœur ne battait pas plus fort que d'ordinaire; que son sang coulait ni plus chaud ni plus rapide; que sa main dans la mienne ne tremblait que de peur, je l'aurais repoussée loin de moi comme un serpent. Ce que j'aime, Magdeleine, ce n'est pas votre corps, ce n'est pas votre esprit, c'est votre amour. Si vous ne m'aimez pas, ou si vous m'aimez d'un froid et ridicule amour de salon, d'un amour qui ne soit pas toute la vie, ne me craignez pas. Magdeleine, je ne vous *surprendrai* pas de *faveurs*. L'amour n'accorde pas, encore moins il doit se faire *dérober*; il donne, et il est heureux de ce qu'il donne.

Magdeleine! Magdeleine! vous ne comprenez pas l'amour, il faut que je vous *remercie* du bonheur que vous m'avez *accordé*, car j'en ai eu plein mon cœur; je l'ai senti déborder; il faut que je vous *remercie*, car ce bonheur, je vous l'ai *surpris*, vous ne l'avez pas partagé.

O Magdeleine! au nom du ciel, un mot d'amour, un mot qui me calme, qui me console, qui me rende la croyance au bonheur.

Et, quoi qu'il arrive, pensez que votre honneur et votre pureté me sont aussi chers qu'à vous-même.

XXII

MAGDELEINE A STEPHEN

Mon ami, que votre lettre m'a fait de mal! Pourquoi doutez-vous de mon amour? qui a pu vous donner d'aussi tristes pensées, et que faut-il faire pour les écarter de votre esprit malade?

Faut-il te dire que je t'aime plus que ma vie, que tu es mon bonheur, et que je ne puis vivre sans toi? Stephen, ne le savais-tu pas? Ai-je balancé à vous dire que je vous aimais quand vous me l'avez demandé, et me croyez-vous capable de vous tromper?

Oh! calmez-vous, mon ami! pardonnez-moi des alarmes peut-être exagérées; pensez à la situation d'une jeune fille privée, dès les premiers pas de sa vie, de son guide naturel, de sa mère, et qui a la tête pleine des récits des précipices qui bordent la route et des dangers du chemin.

Oui, je me confie à vous. Vous avez raison : mon amant doit me donner pure à mon époux; c'est vous qui préserverez, *pour vous* mon innocence et mon honneur. Ils sont à vous, c'est mon seul bien, mon seul trésor avec votre amour. Qu'ils soient votre bien et votre trésor, et défendez-les contre vous et contre moi, s'il en est besoin!

XXIII

L'air que je respirais près de ma bien-aimée,
L'air où se confondait son haleine embaumée
L'air, le même pour tous les deux...
Et moi, pour respirer de plus près son haleine,
Ma bouche en frémissant s'approchait de la sienne
Et touchait presque ses cheveux.

Presque tous les jours, Stephen et Magdeleine se voyaient au jardin ou chez M. Müller, qui prenait pour Stephen une affection toujours croissante. Stephen, qui avait quelque instruction, lui faisait faire des découvertes qui l'enchantaient. Il était de tous leurs plaisirs, il les accompagnait dans leurs promenades. Les deux amants, heureux de respirer le même air, s'enivraient de la plus pure félicité sans songer à l'avenir et voyaient chaque jour apporter son bonheur. Souvent, après le dîner, Stephen, habile nautonier, les menait errer sur la rivière, et leur promenade se prolongeait quelquefois fort avant dans la nuit.

O les belles nuits d'été !

Quand la terre est encore chaude du soleil du jour, l'air tiède, et de temps à autre une brise fraîche qui agite et parfume les cheveux ! aucun autre bruit que celui que font en cadence le mouvement des avirons, et l'eau qui se fend et murmure sur le flanc du bateau, et, sur le bord, les coassements monotones des grenouilles qui sortent des joncs.

Et la lune qui se lève rouge derrière un rideau de saules et glisse ses rayons bleuâtres à travers le feuillage, puis monte, blanche, se mire dans l'eau, et fait paraître les peupliers comme de grands fantômes noirs !

Et sur la rive, dans l'herbe épaisse et noire, des lucioles, des vers luisants, scintillant d'une lueur bleue comme celle des étoiles.

Et Magdeleine, au milieu de cet imposant silence, chantait de sa voix pure des chants religieux ou des chants d'amour.

Et quelquefois tous trois ensemble unissaient leurs voix.

Tant pis pour ceux qui ne comprennent pas ce bonheur-là !

Néanmoins, comme Dieu n'a pas voulu que l'homme soit aussi heureux que lui, vous n'avez qu'à chercher au fond de tous les bonheurs humains, vous verrez toujours quelque chose qui fait tache.

Ainsi Magdeleine disait souvent à Stephen : « Mon ami, nous sommes trop heureux. »

Stephen la rassurait. Et cependant il y a un instinct dans le cœur de l'homme qui le fait s'effrayer d'un bonheur sans nuage. Il lui semble qu'il doit au malheur la dîme de sa vie, et que ce qu'il ne paye pas porte intérêt, s'amasse, grossit énormément une dette qu'il lui faudra acquitter tôt ou tard.

Stephen songeait de son côté que son père allait se retirer des affaires, et que sa retraite ne lui permettrait plus de lui continuer sa modique pension. Il voyait arriver le moment où il ne pourrait plus rester seul sans *gagner sa vie*, et où il faudrait quitter sa petite chambre.

Et M. Müller craignait pour la santé d'un oranger ou d'un *camellia*. Un nuage noir se formant sur un ciel pur lui présageait de la grêle et lui causait parfois de vives inquiétudes ;

et d'ailleurs, il ne pouvait venir à bout de déterrer l'origine de *ranunculus*.

XXIV

M. MULLER A STEPHEN

Vous savez, monsieur, avec quelle cordialité je vous ai reçu chez moi et combien je suis reconnaissant de l'amitié que vous nous témoignez, à moi et à ma fille. Cependant, aujourd'hui, j'ai acquis l'entière conviction que cette amitié n'est pas aussi désintéressée que je l'avais pensé, et qu'il est de mon devoir de réparer ce que je n'ai pu prévenir.

D'après cette conviction, vous comprenez que je ne puis plus, comme par le passé, vous recevoir chez moi ; veuillez donc bien, monsieur, cesser totalement vos visites, qui, sous bien des rapports, m'étaient infiniment agréables et auxquelles je ne renonce qu'avec un sensible regret, mais qu'une impérieuse nécessité me défend d'accueillir désormais.

Vous êtes trop sincère pour tenter de me nier un fait qui m'est prouvé ; de plus, ce serait vainement que vous combattriez une résolution prise après un mûr examen et de sérieuses réflexions ; toute observation verbale ou par écrit n'y changerait rien et je vous prie en grâce de me les épargner. Je pense que vous me conserverez des sentiments d'estime dont je pense être digne.

Daignez recevoir ici l'assurance de ma considération distinguée et me croire votre très-dévoué serviteur.

MULLER.

XXV

> Je voguais ; tout à coup le vent m'a délaissé,
> J'ai vu tomber ma voile vide.
>
> CH. ROMEY.

En lisant cette lettre, la sueur sortait du front de Stephen. Quand elle fut finie, quand il ne put plus douter de ce qu'elle contenait, cette sueur se glaça, ses bras tombèrent et son regard devint fixe et stupide.

Pendant quelque temps, il resta dans une complète insensibilité ; puis tout à coup, d'un mouvement convulsif, il releva la tête, et frappant sa poitrine et sa tête : — C'est moi, c'est bien

moi... je ne rêve pas; voici la lettre! La lettre... ô mon Dieu!
Et les yeux béants, il la relut.

Une horrible torpeur pesa sur lui. Il ne sentait rien, pas même sa douleur; il était devenu comme une pierre.

— Oui, oui, chassé! Mon bonheur est mort. Cet homme le renverse de la main sans effort; d'un acte de sa volonté, il efface toutes mes espérances, il tue mon avenir et ma vie.

« Magdeleine! On veut me séparer de Magdeleine! la chair de ma chair! » Et il se mit à ricaner comme le démon : « Non, vieillard, tu n'es pas assez fort... Il n'est pas si facile d'arracher le cœur de ma poitrine... » Et il poussa un rugissement comme une bête féroce.

« O mon Dieu! dit-il après quelques instants de silence, pourquoi m'écrasez-vous ainsi? Est-ce pour me punir d'avoir levé si haut la tête et de m'être laissé par mon bonheur élever au-dessus de l'humanité? Oh! si c'est un crime, il est expié. » Et des larmes s'ouvrirent un passage. Elles inondèrent sa poitrine.

« Oh! non, dit-il, c'est impossible; je dors, je rêve; réveillez-moi, par pitié, réveillez-moi! »

Et il se frappait, il se déchirait la poitrine avec les ongles.

« Non, non, je suis éveillé, bien éveillé; c'est quand j'étais heureux que je rêvais.

» Quoi! je ne la verrai plus! Oh! il fallait m'avertir; je ne l'ai pas assez regardée hier, je ne me suis pas abreuvé de sa vue! Je ne la verrai plus jamais, jamais!

» Et cet homme qui me prend pour un séducteur, pour un traître! Est-ce que je voulais autre chose que son bonheur, à elle?

» Et de quel droit la sépare-t-il de moi? de quel droit me mesure-t-il la vie et le bonheur?

» Et sa fille, doit-il régler sa fidélité et son avenir plein de séve sur son passé mort et sa froide raison?

» Doit-il la condamner à vivre de sa vie d'huître?

» Doit-il couper et mettre au grenier l'herbe verte et vivace avec la paille sèche?

» Dieu laisse les hommes, ses créatures, disposer de leur vie; lui, le vieillard, il veut être plus maître que Dieu!

» Oh! non, je ne serai pas un bœuf qui se laisse égorger sans défense! je défendrai la vie et le bonheur qu'on m'arrache.

» Vieux fou méchant! il a dépensé sa vie, il veut prendre la nôtre, comme ce tyran qui buvait le sang des enfants pour prolonger ses jours et réchauffer et réparer son sang froid, pourri.

» Et cette lettre qui me tue, il la termine par cette affreuse ironie : *Votre très-dévoué serviteur !* Malédiction sur toi, vieillard ! tu traites cette affaire comme une lettre d'invitation à dîner ; tu te sers d'une formule ordinaire avec moi que tu assassines !

» Tu veux sucrer le poison.

» Tu ôtes ton chapeau et tu me salues avant de me poignarder ! »

Et Stephen marchait à grands pas.

Enfin, épuisé de fatigue, il tomba sur son lit, pleura longtemps et s'endormit. Une heure après, il se réveilla, écrivit plusieurs lettres, les déchira ; elles étaient menaçantes, puis en cacheta une dans laquelle il avait mis plus de modération.

XXVI

> Minuit ! autour de moi règne un calme sauvage ;
> Le vent léger du soir fait trembler le feuillage.
> Des nuages errants
> La lune dégageant sa lumière incertaine,
> D'une pâle lueur argente au loin la plaine
> Et les arbres mouvants.

M. Müller n'était pas un méchant ni un fou, mais un homme froid et prudent : plusieurs fois dans leurs promenades, Stephen avait avoué qu'il n'avait ni fortune ni profession, et M. Müller, qui n'était pas très-riche lui-même, ne pouvait admettre l'idée de livrer sa fille à la pauvreté et au malheur.

Quand il eut, par une lettre dont les morceaux déchirés avaient excité sa curiosité de savant, appris ce qui se passait, il se fit de vifs reproches de son aveuglement, et, seul avec Magdeleine, lui dit :

— Crois-en mon expérience et mon amitié, tu me remercieras plus tard de ce que je fais aujourd'hui ; mais ma résolution est irrévocable, jamais je ne te donnerai à M. Stephen, non que je ne le croie un bon et honnête jeune homme ; mais sa position et, je le crains, son caractère ne lui permettent pas de se marier.

Magdeleine fit observer à demi-voix à son père que Stephen était jeune et savant et que son travail pouvait lui ouvrir un bel avenir et une honorable aisance; qu'il ne fallait qu'attendre et l'encourager : qu'elle attendrait.

— Non, dit M. Müller, il a dans le cœur un orgueil qui l'empêchera de réussir en rien, et tu passerais ta jeunesse dans un triste et inutile abandon.

Magdeleine pria et supplia, mais vainement.

— Magdeleine, je serai ton appui et ton ami, je te consolerai, et tu l'oublieras.

Et il la laissa.

Magdeleine descendit au jardin et y resta une partie de la journée; sa physionomie était calme, elle avait pris une résolution; mais Stephen ne descendit pas, et toute la journée se passa sans qu'on le vît paraître.

Le soir, après que M. Müller eût fumé sa dernière pipe, il embrassa sa fille comme de coutume.

Il croyait tout fini, et il lui dit :

— Bien, très-bien, Magdeleine! Tu vois ce que peuvent la raison et le courage.

Quand la jeune fille pensa que tout le monde était endormi, Geneviève et son père, elle se mit à genoux et pria Dieu avec ferveur, et les pieds nus pour ne pas faire de bruit, elle ouvrit doucement la porte de la chambre, et celle de la salle à manger, au moindre mouvement retenant son haleine et prêtant l'oreille; puis elle monta l'escalier.

Et, arrivée à la porte de Stephen, il lui prit un tel battement de cœur, qu'elle fut forcée de s'arrêter quelques instants. Là, elle se mit à genoux, et, les mains fortement serrées, appela Dieu à son aide; puis elle frappa en appelant à demi-voix : — Stephen !

Le pauvre garçon était encore sur son lit, épuisé par les larmes, la fureur et le besoin d'aliments, car il n'était pas sorti de sa chambre de toute la journée.

Il lui sembla entendre la voix d'un ange; il ouvrit, et, quand Magdeleine lui eut dit : « Stephen, c'est moi, c'est Magdeleine, » il lui prit la main; et tous deux, pensant à leur cruelle séparation, se prirent à pleurer amèrement.

Un faible rayon de la lune éclairait seul la chambre.

— Stephen, dit Magdeleine, notre amour n'est pas un amour vulgaire. J'ai pensé que je pouvais venir sans crainte auprès de toi, et que mon honneur ne pouvait être aussi en sûreté que sous ta sauvegarde.

— Qui oserait, dit Stephen, souiller d'une seule pensée ta céleste innocence ?

— Les instants sont précieux. Fouille dans ton cœur; te sens-tu autre chose que le désespoir ? te sens-tu la force de lutter avec moi contre le sort et de conquérir le bonheur pour toi et pour moi ?

— Oui, dit Stephen, avec toi je suis fort, je suis plus fort que tout.

— Eh bien, Stephen, il n'y a plus pour nous d'espoir qu'en nous et dans l'aide du ciel. Mon père a brûlé ta lettre sans la lire. Mais, moi, je ne crois pas que sa volonté puisse nous désunir. C'est à la face de Dieu que je t'ai pris pour mon fiancé. Je suis à toi, Stephen. Si tu as du courage et de la force, j'en aurai aussi. J'attendrai, j'attendrai longtemps, j'attendrai toujours. Je conserverai pur et digne de toi le cœur de ta Magdeleine. Toi, pars, travaille, atteins seulement sur la route de la fortune le commun des hommes, fais-toi un état, une profession, et reviens me demander à mon père.

Stephen alors se releva de son abattement.

— Oui, dit-il, je pars, je vais travailler; mais, pour me donner de la force, ne recevrai-je jamais de toi ni nouvelles ni encouragements ?

— Je t'écrirai, dit Magdeleine, et tu me répondras: tu adresseras tes lettres à Geneviève : elle ne sait pas lire, et ses lettres me passent nécessairement par les mains; je reconnaîtrai ton écriture. Du courage, de la force, Stephen, mon fiancé ! Encore une fois, à la face du ciel, je te jure de n'appartenir jamais à un autre que toi. O mon Dieu, dit-elle, vous entendez mes serments ; punissez-moi si je suis parjure.

— O mon Dieu, dit Stephen, bénissez-nous !

— Demain, dit Magdeleine, il faut partir ; il ne faut pas laisser amortir notre courage : reçois mes adieux, mes plus tendres adieux ! Oh ! que ne puis-je partager tes fatigues et tes ennuis ! mais je ne puis rien, rien que t'attendre. Adieu ! adieu, le plus chéri des hommes ! adieu, toute ma joie et tout mon bonheur !

Et elle coupa une tresse de ses cheveux noirs, et Stephen lui donna des siens en échange.

— Adieu, dit-elle encore : c'est la dernière fois que nous nous voyons jusqu'au retour ; mais alors ce sera pour ne plus nous séparer.

— Adieu ! dit Stephen ; que ton cœur veille sur moi, et mon courage se roidira et grandira contre les obstacles.

— Stephen, reprit Magdeleine, ne te laisse pas abattre; conserve-toi pour Magdeleine, pour le bonheur ! Je t'écrirai, je t'aimerai de toute mon âme. Ne m'oublie pas; aime ta Magdeleine; ne m'oublie pas, je t'écrirai souvent; et toi, dis-moi tout, tes fatigues et tes dégoûts. Je veux ma part de tout. Adieu, mon Stephen, mon ami, mon fiancé ! Séparons-nous, il le faut. Adieu !

Ils se serrèrent les mains et se quittèrent. Stephen voulut la suivre; mais elle lui fit signe de rester, et sa forme légère se perdit dans l'ombre.

XXVII

LE DÉPART

O le soleil, le beau soleil,
Qui fait dans le jardin tout riant et vermeil!
   Le rouge est la couleur des roses
   Quand au matin, jeunes écloses,
   Elles rompent leur bouton vert.
Le vert est la couleur de l'épaisse feuillée
   Où la fauvette et sa couvée
   Mettent leur retraite à couvert.
L'azur est la couleur du ciel pur de l'automne
   Ou des bluets que, pour mettre en couronne
Les enfants vont chercher au sein des blés jaunis.
. . . .
   Mais, quand sur toute la nature,
Sur le sol, sur les eaux, sur la molle verdure,
Le beau soleil étend son magique reflet.
. . . .
Tout change, tout s'éveille et s'anime à l'envie.
La couleur du soleil, c'est celle de la vie :
C'est un regard d'amour que Dieu laisse tomber.
. . . .

Le matin, dès que le jour parut, Stephen remplit une petite malle de ce qui lui appartenait; il mit dans un papier, sur une table, ce qu'il devait d'argent à M. Müller pour le loyer de sa chambre, puis il alla appeler le jardinier et le chargea de porter sa malle sur son cheval jusqu'à la ville.

Pour lui, il mit son costume de voyage, des guêtres, un pantalon de toile; puis, armé d'un bâton, il sortit de sa chambre.

— Adieu, dit-il, asile de paix et de bonheur ! adieu jusqu'au jour où je reviendrai demander le prix de mes efforts et de mon courage.

Il descendit au jardin. A ce moment, le soleil se levait.

Le ciel, à l'orient, était clair et bleuâtre : des nuages légers et vaporeux, rosés et couleur de feu, glissaient mollement sur l'azur ; le reste du ciel était encore sombre, et on y voyait les étoiles, qui n'avaient plus qu'une lueur blanche.

Puis les troncs des tilleuls reçurent obliquement une teinte rosée.

Puis l'orient parut tout en feu ; puis la moitié du ciel devint rose.

Puis on vit les nuages ressortir en bandes de feu sur le bleu du ciel.

Et les arbres, selon qu'ils étaient plus ou moins exposés aux rayons, parurent les uns noirs, les autres verts, ou roses ou dorés.

L'herbe était couverte de rosée, de rosée chatoyante comme des diamants, tour à tour blanche, verte, couleur de feu, des diamants, des rubis, des émeraudes, des opales.

On n'entendait rien que le bourdonnement des abeilles qui se plongeaient dans le calice des fleurs.

Il y a à cette heure quelque chose qui renouvelle et rajeunit le sang dans les veines, quelque chose qui donne la vigueur au corps et à l'âme.

Et Stephen d'ailleurs ne voyait plus, comme la veille, la vie cruellement mutilée.

Il se sentait plein de force et de courage, comme le batelier qui, battu par le vent et par les vagues, aperçoit la rive verte et se sent assez de vigueur pour l'atteindre ; et l'émotion qu'il ressentait n'avait rien de triste : il commençait un voyage fatigant, mais dont le but était un lieu de délices, et il se sentait assez de force pour marcher vite.

Et il n'y avait plus en lui le découragement produit par l'incertitude, qui élève sur la route un mur d'airain. La seule douleur qui puisse abattre une âme énergique est celle que l'on ne peut saisir corps à corps pour lutter avec elle ; mais, plein de courage et de confiance, il s'apprêtait à un combat dont l'issue ne lui paraissait pas douteuse.

Et il faut aussi rechercher l'origine de ce calme dans des causes physiques. Quand il avait vu par les paroles de Magdeleine un rayon au milieu de la nuit, une voile blanche sur la mer déserte, il pensa qu'il avait mieux à faire que de pleurer : il prit quelque nourriture et dormit d'un profond sommeil ; ajoutez à cela l'air frais et vivifiant du matin et les premiers rayons du soleil.

Cependant son cœur se serra en songeant que, le lendemain et le jour d'après, il ne verrait plus le jardin ni l'allée de tilleuls.

Il dit adieu à tout, chaque arbre, chaque fleur était pour lui un ami. Il grava son nom et celui de Magdeleine sur un tilleul ; il cueillit une branche de chèvrefeuille et une d'aubépine pour lui, puis fit un bouquet pour Magdeleine et le laissa sur l'herbe ; et, d'une voix qui partait du cœur, d'une voix profonde et qui emportait avec elle quelque chose de son âme, il dit adieu.

Et il contempla la fenêtre de Magdeleine. Elle avait aussi succombé à la fatigue produite par des émotions trop violentes : elle dormait. Les vitres de la fenêtre brillaient comme du feu de la réflexion du soleil. Il dit encore adieu ; il attendit un peu : la fenêtre allait s'ouvrir.

Mais non, ils n'auraient pu qu'échanger un regard : les adieux de la veille étaient plus complets ; il valait mieux que leur impression fût la dernière. Il dit encore adieu et essuya une larme qui roulait dans ses yeux.

Il partit d'un pas rapide, puis s'arrêta quand on ne voyait presque plus la maison, et, après quelques instants encore, il dit : « Adieu ! adieu ! » et marcha rapidement. Son cœur était serré ; mais l'agitation de la marche, la belle nature, le ciel bleu et, plus que tout autre chose, l'espérance le soutenaient.

Et de temps à autre il respirait le parfum des fleurs qu'il avait emportées ; il lui semblait respirer l'haleine de sa bien-aimée.

Ou il s'asseyait sur un tertre de gazon et lisait quelqu'une des lettres de Magdeleine, et il songeait à l'avenir, à ce qu'il allait faire et à l'accueil qu'il recevrait de son père et de ses amis.

XXVIII

MAGDELEINE A STEPHEN

Tu es parti, tu es loin de moi, je ne te verrai plus, ô mon Stephen ! mon unique ami ! Tu es parti, je perds tout ; et moi, c'est moi qui t'ai dit de partir ! Tout ce que j'ai dit, ce que la raison me dictait, il n'y avait pas un mot qui exprimât ma pensée !

Tu es parti, et je ne t'ai pas vu, et mes yeux ne t'ont pas juré un amour éternel ! Toute consolation m'est donc refusée ! Quel bonheur j'aurais donc éprouvé à t'adresser mes adieux, à te laisser voir mes larmes et ma douleur, à la voir partagée par toi !

Mais non ! tes larmes, à toi, m'auraient déchiré le cœur : il est mieux que je n'aie pu te parler. Quel courage n'eût-il pas fallu pour résister à ce dernier entretien ? quelle contrainte n'y aurais-je pas apportée ? je n'aurais pas voulu te montrer le fond de mon cœur, et il est si difficile de le cacher à son ami !

A peine réveillée, je suis descendue au jardin ; j'avais presque l'espérance de t'y voir ; je n'ai rien trouvé, que ce bouquet que tu as laissé pour moi ; je l'ai mis dans mon sein et je suis allée chercher tes lettres. Je suis venue les lire à l'endroit où nous avons passé ensemble des heures si heureuses, sous le ciel qui était encore hier le même pour nous deux. En les relisant, il me semblait que tu étais encore près de moi, que ces paroles d'amour étaient vivantes, et que c'était ta voix qui les prononçait ; et quand j'ai relevé la tête, rien, rien auprès de moi sur le banc de bois : ta place était vide ! Je me suis mise à pleurer amèrement ; et quand mes larmes ont eu un peu soulagé mon cœur, j'ai cherché tout ce qui pouvait te rendre présent à mes yeux : j'ai vu le gazon encore penché de la trace de tes pas, et j'ai encore relu tes lettres en les couvrant de baisers ; j'y ai trouvé ce nom si doux que tu m'y donnes. Oui, Stephen, je suis ta fiancée ; cette idée doit sécher toutes tes larmes. Tu es parti, mais c'est notre bonheur que tu vas assurer ; j'aurai du courage, de la raison ; mon avenir est paré de riantes couleurs ; qu'il sera beau, tout à toi ! Nous avons un temps d'épreuves à supporter ; mais qu'il est court, comparé à tout ce qu'il nous restera de vie heureuse ! Allons, mon Stephen, du courage, de l'espérance ! elle embellit le présent autant que l'avenir, elle fortifie le cœur, attachons-nous à elle.

XXIX

MAGDELEINE A STEPHEN

Quelle terrible nuit j'ai passée ! Vers le soir, un orage a éclaté ! je ne savais pas si tu étais arrivé, je me suis retirée de bonne heure dans ma chambre ; mais j'ai résolu de ne pas dormir pendant que peut-être mon Stephen était accablé de fatigue et inondé des torrents de pluie qui tombaient du ciel : je me mis à t'écrire, et de temps en temps je m'arrêtais pour pleurer. Au bout de quelques heures, je me trouvai dans un affaissement extrême ; mes yeux n'avaient plus de larmes ; une soif ardente me consumait ; un sommeil pénible s'empara de moi, il ne dura pas ; le jour était venu, j'ouvris la fenêtre, le temps était redevenu serein ; alors je montai à ta chambre, la clef était à la porte : en la touchant, un frisson me courut par tout le corps ; je pensais, j'espérais un instant que tu n'étais pas parti, que j'allais te trouver là, te voir encore une fois ; mais la chambre était vide, tristement vide ! Je trouvai ton lit encore défait, quelques livres qui t'avaient appartenu ; je les prendrai ; puis cet argent destiné à mon père, je le lui demanderai, j'achèterai avec quelque chose à mon usage, ce sera comme un présent de toi.

Écris-moi, Stephen, ne me cache rien de ce qui arrive et de ce que tu penses ; tu recevras deux lettres à la fois à l'adresse que tu m'as indiquée. Adieu, mon ami, mon fiancé ! adieu ! du courage !

XXX

STEPHEN A MAGDELEINE

Hier encore, j'avais passé la nuit sous le même toit que Magdeleine : ce matin, je me suis réveillé à dix lieues d'elle ; mes songes avaient prolongé mon bonheur. Mon premier regard a cherché ma petite chambre ; j'étais dans un appartement inconnu ; je me précipitai à la fenêtre pour chercher ma douce impression de l'air matinal ; mais l'aurore ne répandait plus sa sainte rosée sur la sommité des arbres ; elle éclairait les tuiles des maisons entassées, et ses rayons en paraissaient salis ; et ce soleil ne m'annonçait plus un jour de bonheur : mon cœur se serra horriblement en songeant que ce jour-là, et le lendemain, et les jours suivants se passeraient de même.

Je suis seul ; ce n'est plus le même air que toi que je respire ; mes yeux ne rencontreront plus les tiens ; ma main ne pressera plus la tienne, ta voix ne résonnera plus à mon cœur. Et toi aussi, sans doute, tu es triste et tu pleures. Oh ! quand verrai-je ton regard et ton sourire, et ton front si pur, tes cheveux noirs et ta démarche légère ? Plus heureuse que moi, tu restes aux lieux témoins de notre bonheur; tout autour de toi te parle de notre amour, tout te rappelle ton amant; mais moi! il n'y a rien de toi ici, tout semble conspirer à m'arracher jusqu'à mes souvenirs et au bonheur de ma vie passée.

Écris-moi, Magdeleine, écris-moi; les détails les plus minutieux sont ceux qui te rapprocheront le plus de moi.

J'hésitais à t'écrire, je suis abattu, je ne me sens ni force, ni énergie; cependant, il faut marcher à mon but; soutiens-moi, écris-moi, parle-moi de ton amour, donne-moi du courage.

Adieu, mon bel ange, adieu.

Oh! si je t'avais vue avant mon départ! si ton dernier regard m'avait suivi!

XXXI

OU L'AUTEUR PREND LA PAROLE — DES PARENTS EN GÉNÉRAL ET DES COUSINS EN PARTICULIER

Dats its nicht neues.

FÉLIX DESPORTES.

Dieu ne nous a donné des parents que pour nous montrer comment il ne faut pas nous conduire avec nos enfants.

Il y a quelque temps, devant ma cheminée, quelqu'un s'avisa de demander à quoi peut servir un cousin.

A cela d'abord on se prit à rire; mais la personne qui avait posé la question la répéta sérieusement et demanda une réponse.

— J'ai un cousin, dit un de mes amis, un cousin fort riche; il y a quelques années, je le priai de me prêter cinquante mille francs pour acheter une charge de notaire; cela ne l'aurait nullement gêné; mais il découvrit que ma trisaïeule paternelle avait eu une vertu tellement suspecte, qu'il était plus que probable que quelque rejeton avait été greffé sur la souche, et qu'en conséquence rien ne prouvait que nous fussions parents.

Et il y eut entre nous un assez long silence, aucun de nous ne pouvant deviner à quoi peut servir un cousin.

Cependant un des assistants, peintre de son métier, nous dit:

— Les inventions nouvelles ne sont que des choses qu'on a eu le temps d'oublier. Par exemple, on ne pense aujourd'hui qu'à faire des chemins de fer; dans cent ans, l'Europe sera couverte de chemins de fer; et, dans trois cents ans, il arrivera un homme qui inventera les routes pavées avec leurs bordures d'ormeaux. De plus, rien n'échappe à l'industrie et à l'amour du gain. Il y a quelque temps, des capitalistes ont avisé d'aller chercher et déterrer dans les plaines de Leipzig les os des soldats morts, et de les emporter pour faire du noir d'ivoire et ensuite du cirage.

Je l'interrompis.

Car il est remarquable que, même à son insu, le maître de la maison exerce une sorte de domination sur ses hôtes; je défie le maître de la maison de dire un mot, de pousser une exclamation, de se moucher, de remuer sa chaise, sans que je le reconnaisse entre tous, tant il y a dans sa voix, dans ses gestes, dans son regard, dans sa complaisance même, de choses qui semblent dire : « Ce feu auquel vous vous chauffez les pieds est à moi; cette chaise sur laquelle vous vous êtes assis est à moi; l'air que vous respirez dans ma chambre est à moi.»

Je l'interrompis donc sans façon pour ne pas laisser perdre une idée qui me surgissait : les idées ne sont pas assez communes pour qu'on les néglige.

— Je me figure, dis-je, un homme né avec un caractère indépendant, un homme plein de séve qui, se sentant assez fort pour ne rien recevoir de la société, voudrait aussi ne rien lui donner, voici sa vie : il naît, on l'emprisonne dans des maillots; à six ans, on le livre aux pédagogues, qui lui apprennent des mots et lui répètent que le plus grand crime possible est de *raisonner*. Entre les mains desdits pédagogues, il y a deux chances d'avenir : Ou il entre dans ces idées taillées sur leur esprit étroit et mesquin, il se soumet à eux et à l'éducation qu'on lui donne, et il laisse user ses facultés par la rouille, et il devient bête.

Ou bien il lutte contre eux : son esprit s'aigrit et il ne fait que retarder et rendre plus pénible le moment où il lui faudra renoncer à son individualité, renoncer à être complet pour se faire fraction et jouer son rôle dans l'état social. Arrivé à l'âge du service militaire, il faut se soumettre à des ordres non motivés d'un cuistre et d'un ignorant; il faut admettre que ce qu'il y a de plus noble et de plus grand est de renoncer à avoir une volonté pour se faire instrument passif de la volonté d'un autre;

de sabrer et de se faire sabrer, de souffrir la faim, la soif, la pluie, le froid, de se faire mutiler sans jamais savoir pourquoi, sans autre compensation qu'un verre d'eau-de-vie le jour de la bataille; la promesse d'une chose impalpable et fictive, que donne ou refuse avec sa plume un gazetier dans sa chambre bien chaude, la gloire et l'immortalité après la mort.

Advient un coup de fusil, l'homme indépendant tombe blessé; ses camarades l'achèvent presque en marchant dessus; on l'enterre à moitié vivant, et alors il lui est libre de jouir de l'immortalité; ses camarades, ses parents l'oublient; celui pour lequel il a donné son bonheur, ses souffrances, sa vie, ne l'a jamais connu.

Et enfin, quelques années après, on vient chercher ses os blanchis, on en fait du noir d'ivoire et du cirage anglais pour cirer les bottes de son général.

Quand j'eus fini, quand tous mes hôtes eurent souri complaisamment, à l'exception de celui que j'avais interrompu et qui n'avait pas pris la peine de m'écouter pour ne pas perdre le fil de son idée, il continua :

— D'après l'extension de l'industrie, dit-il, et quelques essais dans le genre de celui dont je viens de vous parler, il viendra un moment où le spéculateur s'indignera que l'homme cesse d'être exploitable à sa mort, et on cherchera des moyens d'utiliser sa chair et ses os, et nécessairement nous reviendrons à l'anthropophagie.

» Et l'on dirait chez le restaurant :

» — Garçon, des côtelettes d'oncle!

» — Garçon, des cervelles de professeur frites!

» — Garçon, une tête de cousin en tortue!

» Voilà à quoi pourra servir un cousin.

On rit de cette folie, et insensiblement chacun raconta, les uns gaiement, les autres tristement, ce qu'ils avaient eu à souffrir de leurs parents.

Les parents en effet ont cela d'admirable, et je parle des meilleurs, que vous ne pourrez jamais, ni par plainte, ni par raison, leur faire comprendre qu'il vient un moment où l'oiseau essaye ses ailes et quitte son nid; qu'ils n'ont d'autre mission que de faire et d'élever leurs petits jusqu'à l'âge où ils quittent le nid, ce que, du reste, les petits font toujours trop tard, ce qui est cause qu'ils ont longtemps le vol lourd et maladroit, et ne savent pas trouver leur nourriture, trop habitués qu'ils sont à recevoir la becquée.

Les parents n'admettront jamais non plus que ce n'est pas à eux, mais à nos enfants, que nous devons rendre l'affection et les soins qu'ils ont eus pour nous; ils voudraient toute leur vie que nous fussions soumis à leurs volontés, ne nous permettant jamais de rompre le cordon ombilical, et exigeant que, jeunes et ardents, nous vivions de cette vie éteinte qu'ils appellent la sagesse; qu'au moment où un luxe de séve et de force fait jaillir l'amour de tous nos pores et divise notre vie en tant d'affections et d'intérêts divers, nous concentrions tout notre amour et toute notre vie en eux, comme ils concentrent en nous leur vie et leur amour, qui tout entiers ne font pas une somme plus forte que la fraction que nous leur donnons; ne pensant pas qu'ils ont épuisé les plaisirs qu'ils veulent nous empêcher de goûter; parce qu'ils sont minés de désirs, épuisés de jouissances, ils voudraient nous châtrer.

XXXII

Il y avait chez le père de Stephen une grande soirée : le pauvre garçon eût bien voulu ne pas y assister; mais il songea que, pour un si faible intérêt, ce n'était guère la peine de se fâcher avec sa famille.

Il fut timide, gauche, gêné dans ses habits, maladroit, surtout de la conscience de sa maladresse, n'osant ni marcher ni se tenir en place. Cet air si rare, si chargé de vapeurs, respiré cinq ou six fois avant d'entrer dans sa poitrine, n'était pas assez pur pour ses poumons. Un moment, il comprit que chacun dans le salon s'occupait à quelque chose; les uns dansaient, les autres jouaient ou causaient en souriant avec les dames. Stephen se trouva alors fort embarrassé de son inutilité, et, soit pour se donner une contenance, soit pour paraître faire quelque chose, il imagina de moucher une bougie; la crainte de l'éteindre fit qu'il l'éteignit, tous les regards se tournèrent vers lui, il devint rouge comme une cerise.

Un jeune homme en élégant uniforme, qui se trouvait près de lui, lui dit froidement : — Monsieur habite la campagne?

Le pauvre Stephen crut un moment que le hasard ou une bonne âme lui amenait un sauveur, que ce jeune homme, qui paraissait vouloir engager avec lui une conversation, lui donnerait naturellement une contenance, d'autant qu'il portait l'uniforme de son frère.

Mais ce jeune homme ajouta :

— C'est que, si monsieur était quelquefois entré dans un salon, il saurait qu'on ne mouche pas les bougies.

Stephen pâlit de colère; mais le jeune homme avait fait une pirouette et s'était confondu parmi les danseurs. Néanmoins Stephen le reconnut : c'était le cousin de Magdeleine, ce Schmidt aux cheveux blonds, qui lui avait fait passer une si mauvaise nuit.

Quand tout le monde fut retiré, le père de Stephen retint quelques parents, et, devant eux, dit à son fils :

— J'ai dépensé beaucoup d'argent pour vous, et vous n'en avez guère profité; je ne suppose pas que vous deveniez jamais un brillant sujet, et je ferais peut-être bien de vous abandonner à votre sotte présomption.

— Sotte présomption! dit un oncle, c'est le mot.

— Mais, dit le père, comme, aux yeux du monde, je suis responsable de votre conduite, je ne dois pas souffrir que vous preniez une route qui vous conduirait à quelque chose dont votre famille aurait peut-être à rougir un jour.

— C'est juste, dit l'oncle.

— C'est pourquoi, continua le père, je réclame l'obéissance que vous me devez, et j'exige que, sous quinze jours, vous soyez l'époux de la femme que je vous destine; c'est un mariage honorable et avantageux.

— Et nous savons mieux que vous ce qui vous convient, ajouta l'oncle.

— Et la jeune fille est très-bien, dit une tante.

— Sinon, dit le père, vous partirez dès demain pour Gœttingue, et vous ne me coasserez pas à l'oreille vos besoins ni vos demandes d'argent; je ne veux plus entendre parler de vous, il y a trop longtemps que je cède à vos caprices.

— Dites à ses folies, reprit la tante.

— A ses sottises! dit l'oncle, et d'ailleurs, quand on a deux bons bras, il est honteux d'être à charge à ses parents.

Stephen n'était plus le jeune homme timide et embarrassé qui, une demi-heure auparavant, se troublait d'un regard.

Sa timidité l'avait indigné; il avait pensé que l'homme aimé de Magdeleine, l'homme qui sentait son cœur plein de pensées nobles et généreuses, ne devait baisser la tête devant personne.

Puis les paroles sèches et dures de son père lui avaient fait mal ; plus d'une fois, une grosse larme avait roulé dans ses yeux ; mais les corollaires que son oncle et sa tante croyaient devoir ajouter à la semonce paternelle, le remplissaient d'indignation, et il n'était pas fâché de pouvoir rejeter sur eux le ressentiment que lui inspirait l'injustice de son père.

— Mon père, dit-il d'une voix calme mais profonde et accentuée par l'émotion, mon enfance s'est écoulée loin de vous ; confié à des mains étrangères, je n'ai pu prendre pour vous cette tendre et confiante affection que vos bontés et votre tendresse auraient sans doute fait naître en moi ; mais je ne comprends de tendresse qu'en échange de la tendresse ; et m'en avez-vous témoigné ? Vous avez donné de l'argent pour ma nourriture ; mais pouviez-vous faire autrement ? et le respect humain vous laissait-il libre à cet égard ? M'avez-vous jamais donné autre chose que de l'argent ? Ai-je jamais reçu de vous ni caresses ni amitié ? Ne m'avez-vous pas toujours traité comme un fardeau incommode ? Cependant, il y avait dans mon cœur de l'amour pour vous, et souvent j'ai prié Dieu de vous faire connaître le cœur de votre fils. Souvent j'ai passé la nuit à pleurer en me voyant déshérité de votre tendresse ; et c'est à ces tristes impressions que je dois cette nature sauvage et peu communicative qui, m'avez-vous dit plusieurs fois, vous éloigne de moi. Je vous respecte, mon père, et je vous remercie de ce que vous avez fait pour moi ; mais permettez-moi de ne pas suivre une ligne que tracent pour ma vie des hommes qui me connaissent si peu et ne savent pas me comprendre. Cette tendresse que vous avez rejetée, je l'ai portée tout entière sur une chose noble et sainte, sur la liberté. La vie et l'univers sont ouverts devant moi, et j'y veux marcher libre comme le vent. Je ne réclame de vous aucun héritage ni d'argent, ni de réputation ; mais, en revanche, je ne veux pas vous payer la dîme de ma vie et vous donner hypothèque sur elle : ma vie est à moi, j'en ferai ce que je voudrai.

— Il est fou ! dit l'oncle.

— Non, monsieur, dit Stephen en relevant fièrement la tête, et je vous dispense de mesurer mes actions ou mes paroles sur votre étroit jugement ; je ne veux pas avoir les charmes d'une association dont je n'ai pas eu les bénéfices. Qu'avez-vous été pour moi? Qu'avez-vous fait pour moi, si ce n'est de me souffleter quand j'étais enfant et de m'insulter aujourd'hui? Parce que vous êtes frère de mon père, est-ce à dire que vous avez des droits sur moi et sur ma vie? Par quelles tendresses, par quels soins les avez-vous achetés? Une fois pour toutes, je vous le déclare hautement, je n'aime que ceux qui m'aiment, et je foule aux pieds les affections de par la loi ou de par l'usage; je me ferai sans vous mon avenir, et je ne vous laisserai sur lui pas plus de droits que je n'en prétends sur le vôtre.

— Monsieur, dit le père, sortez.

Stephen sortit d'un pas rapide. Comme il tournait la rue sans trop savoir où il allait, il fut arrêté par un de ses parents, vieux garçon fort mal avec toute la famille, qui était sorti derrière lui sans qu'il s'en aperçût.

— Jeune homme, lui dit-il, vous avez quelque raison relativement à votre oncle; mais tout le monde vous donnera tort, et plus encore, sur vos procédés envers votre père : vous verrez plus tard qu'il faut se soumettre aux lois et aux préjugés du monde, à moins de prendre un arc et une massue, et d'aller vous nourrir de chasse et de glands dans les forêts ; et encore, les glands sont amers et peu nourrissants, et l'on ne vous laissera pas chasser librement. Je ne veux pas vous imposer mes idées, vous y viendrez de vous-même : il n'y a pas d'exemple que l'expérience des autres ait servi à quelqu'un; l'expérience ne vient pas par héritage ni à titre gratuit, et vous, ardent comme vous paraissez l'être, vous le payerez plus cher qu'un autre. Adieu, je désire que votre énergie soit bien employée.

Et il le quitta, en lui laissant dans les mains une poignée d'or; et Stephen le perdit de vue avant d'être revenu de son étonnement.

XXXIII

>Celui qui chasse dans la plaine
>C'est le seigneur d'un grand palais.
>Si sa richesse était la mienne,
>Oh! que de choses je ferais!
>D'abord, à ma gente Marie
>J'achèterais, pour notre hymen,
>Une belle robe en soierie
>Avec un bel anneau d'or fin.
>Et puis, comme la châtelaine,
>Elle aurait un voile flottant,
>Et ses pieds raseraient la plaine
>Dans des souliers de satin blanc.
>. . . . .
>. . . . .
>Mais de loin, en blanche nuée,
>A travers l'ombre, j'aperçois
>Monter lentement la fumée
>Qui sort de son rustique toit;
>Cette femme allongeant la tête
>Sur l'onde qui roule et s'enfuit,
>C'est Marie! Ah! me voici.
>Au beau jour qu'avec tant de joie
>Voit venir ton heureux amant,
>Ta robe ne sera de soie,
>Tu n'auras qu'un anneau d'argent;
>Ta taille souple et si jolie
>Sous la toile paraîtra mieux;
>Sous un long voile en broderie,
>On ne verrait pas tes yeux bleus.
>
>Schiller. (*Le Chant du Pêcheur.*)

L'abandon où se trouvait Stephen, repoussé par sa famille, ne le découragea pas : il y a cela de particulier aux âmes énergiques, qu'elles se réveillent dans le danger, grandissent devant les obstacles, quels qu'ils soient, et éprouvent une jouissance indéfinissable à se sentir fortes et prêtes à combattre.

La libéralité de ce parent, qu'il ne connaissait pas, l'avait fait riche : il était possesseur de près de deux cents florins, néanmoins, partant sans recommandations, sans connaissances, il pensa prudemment qu'il avait besoin de ménager son argent, et, sa valise sur le dos, il partit à pied avant le jour. Il marchait faisant des projets. — J'aurai une petite place dans l'Université; mon travail opiniâtre m'en fera, en moins d'un an, obtenir une plus lucrative, et Magdeleine sera à moi, car il ne nous faut pas de richesses; Magdeleine n'est pas coquette, et elle ne voudra être belle qu'à mes yeux; et il faisait des calculs de ménage. Il faudra tant pour la location d'une petite maison, tant pour notre table, tant pour nos vêtements, tant pour une servante, car Magdeleine est délicate, et elle ne peut se livrer à tous les soins du ménage.

A ce moment, le soleil se levait. Stephen s'arrêta et se retourna; on voyait alors sortir du brouillard la petite ville qu'il venait de quitter. « Adieu, dit-il, parents qui m'avez rejeté; il n'y a plus dans mon cœur d'amour pour vous; Magdeleine! Magdeleine! tout est à toi! tout ce qu'il y a de tendresse dans le cœur d'un homme, tout ce qu'il divise entre ses amis et ses parents! tout est à toi! Magdeleine, tout, et je suis heureux de n'aimer que toi! je suis heureux de te donner toute mon âme et toute ma vie. Adieu, bel ange! attends-moi. »

Et il continua sa route, tantôt à pied, tantôt, pour quelques pièces de monnaie, montant dans des fourgons, tantôt derrière les voitures publiques, sans l'autorisation du conducteur.

Arrivé à Gœttingue, il alla trouver la seule personne qu'il connût dans la ville : c'était un vieux professeur dont il avait pris autrefois des leçons. Celui-ci le reçut assez bien et lui promit vaguement de s'occuper de lui. Stephen n'osa pas dire qu'il lui fallait une place et se retira; de temps à autre, il retournait chez le vieux professeur et osait à peine lui parler du but de sa visite.

Et que cette timidité n'étonne personne, elle est naturelle dans un esprit poétique, dans une imagination exaltée comme l'était celle de Stephen; et, avec cette nature, il est plus facile souvent de marcher en souriant contre les coups de fusil, de franchir les plus horribles précipices, que de demander un petit service à un homme. On se trouve embarrassé, comme l'eût été Hercule de lutter contre un pygmée : on a l'âme raidie contre un grand danger, contre un grand malheur; on ne sait comment attaquer une contrariété.

Le temps se passait, et le vieux professeur disait toujours à Stephen : « Je n'ai encore rien pour vous. »

Malgré ce désappointement, Stephen se disait : « Quoique prétende mon oncle qu'*avec deux bons bras* un jeune homme ne doit manquer de rien, si je n'avais pas le bonheur de connaître ici ce vieil homme, il n'y a pas de raison pour que je trouve jamais une occupation, et, *avec deux bons bras*, je ne réussirais qu'à mourir de faim.

» Me voilà seul, isolé, sans appui; ceux qui m'ont rejeté avaient-ils le droit de me mettre au monde sans m'y avoir d'abord préparé ma place? Le cygne n'a-t-il pas soin de placer son nid près d'une rivière?

» N'importe, finissait-il par dire, avec l'amour de Magdeleine je triompherai de tous les obstacles; j'ai les mêmes chances de succès que tous ceux qui m'entourent, et, de plus qu'eux tous, j'ai la force que me donne mon amour. »

XXXIV

MAGDELEINE A STEPHEN

Il me semble, mon ami, qu'il y a un siècle que tu m'as quittée; la campagne est encore belle ici; le feuillage des cerisiers est rouge, ainsi que celui des vignes; le soleil n'a pas perdu toute sa chaleur; seulement, le vent emporte à chaque instant quelques feuilles de nos tilleuls, qui seront bientôt chauves; la nature a, en cette saison, toute la majesté du jour au soleil couchant; moi seule je suis triste, triste du temps passé loin de toi; triste aussi de toutes ces longues journées que nous traînerons encore séparés; toute mon âme est autour de toi.

Il y a longtemps que je n'ai reçu de lettre, mon Stephen; je garde toujours ta dernière avec moi, c'est mon trésor.

O Stephen! ne t'habitue pas à vivre sans moi; j'ai besoin de tout ton amour en retour du mien.

Nous avons eu hier un orage épouvantable : le tonnerre est tombé deux fois le matin, il a tué un homme. J'éprouvais un sentiment bien consolant en pensant que tu étais assez loin de moi pour ne pas partager le danger que nous courions, car l'orage était précisément sur nos têtes.

Un horrible coup de tonnerre me réveilla dans la nuit. Geneviève vint près de moi en pleurant; je tâchai de la rassurer, mais j'étais bien pâle. Je me dis que si je mourais, tu ne saurais pas que ma dernière pensée avait été pour toi; je me levai, je me mis à écrire à mon Stephen. Je ne puis t'exprimer ce que je ressentis en écrivant mes volontés, qui pouvaient être les dernières que je formais; j'éprouvais cependant un sentiment bien doux en m'occupant de toi. En quittant la vie, j'aurais emporté le bonheur d'avoir assuré ton indépendance.

Après avoir fini ces dispositions, que je laissai sur ma table, j'ouvris une fenêtre; ma respiration était oppressée; je ne pleurais pas, je priai Dieu avec confiance de ne pas nous séparer; je le suppliais de détourner de moi son tonnerre, ou, si je mourais, de te consoler. Je passai ainsi une nuit bien pénible; je ne voulus pas me coucher, je ne voulais pas perdre un instant de ma vie, qui pouvait être si courte; je voulais qu'ils fussent tous à toi.

Je me remis au lit lorsque l'orage fut passé et je remerciai Dieu d'avoir eu pitié de nous, et le lendemain je pleurai en lisant ce que j'avais écrit la nuit et en pensant à ce que tu aurais éprouvé en le recevant. Dis-moi, mon Stephen, mon fiancé, tu ne refuserais pas mes dons si je mourais avant toi? tu ne voudrais pas me priver de la seule consolation que je pourrais emporter.

Mais quelle folie de te parler de cela, aujourd'hui où le temps est serein, où tu penses à moi, ou tu travailles pour notre bonheur!

Mon père est pour moi rempli de complaisances et de bontés; il m'a fait arranger le petit salon, il est charmant; que n'y es-tu près de moi! As-tu des nouvelles de notre frère Eugène? Que je voudrais pouvoir l'assurer de mon amitié de sœur! Dis-moi comment je puis lui faire parvenir une belle bourse que je lui ai brodée (car il faut qu'il me connaisse) et dans laquelle j'ai mis une faible partie de mes économies. Dis-lui bien que je suis sa sœur et qu'il doit recevoir de bonne amitié ce petit présent.

Il y a aussi dans ma lettre un cadeau pour toi : c'est une bague de mes cheveux.

A propos d'amitié, je veux t'en demander une petite part pour mon amie Suzanne, elle le mérite, elle est charmante : veux-tu l'aimer sur ma parole?

C'est une fille bonne et spirituelle; elle dessine bien, peint un peu et est de première force au piano; elle a une figure charmante et pleine de candeur, je suis sûre qu'elle te plairait; elle est d'une blancheur éblouissante et rougit à chaque instant; ses cheveux sont d'un blond cendré et sa taille parfaite; elle a tous

4.

les goûts de la jeunesse : un bal est pour elle le bonheur; elle aime bien tendrement ta Magdeleine.

Adieu, mon Stephen, je n'ai plus de place que pour te dire que je t'aime.

XXXV

STEPHEN A MAGDELEINE

J'ai reçu deux lettres de toi, chère Magdeleine, l'une où tu me demandes mon amitié pour ta Suzanne, l'autre où tu me parles de la pluie qui t'a surprise tandis que tu allais porter à la poste la première lettre.

Je ne t'ai pas répondu plus tôt parce que je n'ai rien de nouveau et rien de bon à t'apprendre : le sort ne me favorise pas; cependant, je suis loin de me décourager; il faudra bien qu'il cède à mon ardeur et à ma persévérance.

Oui, je l'aime, ta Suzanne, non parce qu'elle dessine et joue du piano, non parce qu'elle est d'une blancheur éblouissante, mais parce qu'elle t'aime, parce qu'elle est aimée de toi.

Je l'aime, et je la remercie du fond de mon cœur de ce que son amitié te donne de bonheur et de consolation.

Pauvre fille! tu me demandes si j'accepterais tes dons dans le cas où tu mourrais avant moi! Qu'en ferais-je? Eh! puis-je vivre sans toi? N'es-tu pas mon âme et ma vie? Et qu'aurai-je à faire ici sans toi, au milieu d'un monde auquel je ne pourrais demander aucune affection, parce que j'ai tout donné et que je n'aurais rien à lui offrir en échange? Cette pensée est tellement enracinée en moi que, si l'idée que tu peux m'oublier, que l'amour peut s'éteindre dans ton cœur vient quelquefois obscurcir tristement ma vie, je ne suis nullement ému de la pensée de ta mort, car je mourrais avec toi et nous irions nous réunir au sein de Dieu, dans une vie meilleure, si elle existe; sinon, nous serions anéantis ensemble, et ma seule crainte serait de ne pas avoir ton dernier regard, de ne pas recueillir ton dernier soupir, de ne pas mourir dans tes bras. Qui sait, Magdeleine, si ce n'est pas la seule union qui nous soit destinée?

Tu as été bien mouillée, cher ange, de cette pluie qui t'a surprise! Prends soin de ta santé, retarde plutôt d'un jour l'envoi de tes lettres, je t'en supplie.

J'ai écrit à Eugène pour lui annoncer ton présent ; adresse-lelui au troisième régiment de chevau-légers, la poste se chargera de le lui faire parvenir.

Adieu. Je t'envoie, en échange de ta bague, que j'ai baisée mille fois, une bague semblable, faite de mes cheveux.

XXXVI

Pour Stephen l'hiver se passa tristement à Gœttingue; il voyait chaque jour se diminuer son petit pécule, chaque jour il inventait de nouvelles économies, et la petite place qu'on lui avait promise n'arrivait pas.

Un jour, comme il revenait tristement de chez le vieux professeur, qui lui avait dit, comme de coutume : « Je n'ai encore rien pour vous, » il rencontra un homme qui offrait aux passants des numéros pour la loterie.

Et Stephen admirait que d'autres hommes eussent la confiance d'acheter un moyen de faire fortune à un homme qui en profitait si peu pour lui-même que ses habits étaient tout déguenillés. En passant près de lui, il répondit par un signe de tête négatif.

— Monsieur, dit l'homme, achetez-moi ces numéros ; c'est pour donner un morceau de pain à ma femme, à ma pauvre femme, qui n'a presque plus de lait pour son enfant.

Stephen lui donna une pièce de monnaie et prit les numéros, qu'il roula entre ses doigts et mit dans sa poche.

— C'est horrible! dit-il, avoir une femme qu'il aime peut-être comme j'aime Magdeleine, et la voir souffrir, souffrir de la faim! voir ses yeux se ternir et ses joues se creuser! Oh! non, non, car, s'il l'aimait comme j'aime Magdeleine, il lui donnerait sa chair à manger et son sang à boire, ou il n'attendrait pas de la pitié le pain pour elle; il le demanderait comme un droit, et il étranglerait de ses mains l'homme qui refuserait, pour lui prendre cet argent dont il serait si avare... Oh! dit-il, si j'avais cette petite place, comme je travaillerais pour lui donner une bonne et douce aisance, pour combler ses moindres désirs!

Et il pensa que ce qu'il n'était pas sûr d'obtenir par son travail, la fatigue et la persévérance, il y avait des hommes qui y arrivaient par un coup du sort.

— Qui sait, dit-il, si ces numéros ne doivent pas sortir?

Il eut une véhémente envie de jouer à la loterie; mais il

lui restait si peu d'argent, qu'il n'osa pas risquer ainsi quatre florins.

Le lendemain, sur les quatre numéros, trois étaient sortis, il soupira et dit : « Oh ! je n'ai pas de bonheur ! »

En quoi il disait une sottise, autant que l'homme qui prétend jouer à la roulette d'après certains calculs : il veut assigner au hasard une marche certaine et lui prête de l'amour ou de la haine, de telle sorte que ce ne serait plus le hasard.

Et cette idée que l'on n'a pas de bonheur est non seulement sotte, mais nuisible, en cela qu'elle donne de la défiance de soi-même, permet d'agir avec mollesse et découragement et empêche réellement de réussir.

XXXVII

STEPHEN A MAGDELEINE

Je pars, Magdeleine ! enfin le sort se déclare en notre faveur : j'ai une place, une petite place ; les émoluments sont très-modiques, mais dans huit mois on m'a promis d'une manière certaine que j'en aurais une beaucoup plus avantageuse dont les honoraires s'élèveront à quinze cents florins.

Dans huit mois je te conduirai à l'église ! Cette place, je l'obtiendrai, car il ne faut pour l'obtenir que du zèle et du travail, et mes forces sont plus qu'humaines.

Je suis tout étourdi de bonheur ; ce matin, le vieux professeur, qui depuis si longtemps me disait chaque jour : « Je n'ai encore rien pour vous, » m'a dit du même ton dont il donnait la mauvaise nouvelle : « J'ai votre affaire, mais il faut partir demain matin. »

Vois-tu, Magdeleine, il ne faut qu'avoir fait le premier pas dans les emplois de l'Université et ensuite on gagne des grades. C'est une chose certaine, et moi qui ne croyais pas au bonheur ! Va revoir les endroits où je t'ai dit adieu, les endroits que je t'ai laissés si tristes, va les revoir, ils ne te diront rien que d'heureux ; je les reverrai, j'y reviendrai ; j'y reviendrai pour les revoir avec toi, pour ne plus te quitter ; espère ; notre avenir est dégagé des sombres vapeurs qui l'obscurcissaient.

Je me rapproche de toi, treize lieues seulement nous sépareront; je ne serai qu'à trois lieues de là qu'habite ma famille et aussi ton amie Suzanne; ce voyage va être heureux, je me rapproche de soi et j'ai dans les mains notre avenir. Adieu, il faut que je fasse ma valise; je voudrais être parti et arrivé.

XXXVIII

INSTALLATION

Ma chambre a bien sept pieds de long sur cinq de large: on y a mis un lit de sangle, une petite table, deux chaises dont une à dossier.

Par la fenêtre, qu'il faut ouvrir pour passer les manches de mon habit, on voit de loin d'affreux toits de tuile; mais, en se penchant un peu de côté, on aperçoit les cimes de deux grands peupliers; quand ils auront repris leur feuillage, je les reverrai se balancer au vent.

Mon logis est bien pauvre, mais il y a longtemps que je ne me suis senti si heureux; d'abord c'est la première fois que je suis chez moi, car ces misérables meubles, je les ai achetés, je les ai payés.

On ne comprend pas assez les douceurs de la maison, du *chez soi*; là, on est à l'abri des regards de la méchanceté, là, l'orgueil ne peut être froissé, et c'est le seul endroit où l'on ne *pose* pas, le seul où l'on ne soit pas en spectacle, où l'on n'ait plus besoin de paraître beau, de se conformer aux usages et aux exigences, le seul où l'on ne soit sous aucune influence, où l'on ose être soi sans entraves et sans modifications, où l'on puisse lever un bras sans préméditation, sans avoir calculé l'effet défavorable que ce mouvement peut produire sur les autres.

Il faut que je mette dans mes dépenses la plus stricte économie; je ne suis pas riche, ma place ne vaut que trente florins par mois; mais huit mois, dans huit mois! Oh! à cette idée tout mon corps frissonne, mon cœur se dilate délicieusement. Dans huit mois! félicité du ciel, je serai riche! je partirai d'ici pour aller chercher Magdeleine.

Salut, mon petit logis! ma pauvre chambre, salut! Tu es inaugurée sous de bons auspices, les premières paroles que je prononce ici sont des paroles de bonheur et d'espérance.

Mes fonctions consistent à me trouver au collége à cinq heures du matin. J'ai commencé ce matin. Je ne sais trop comment je saurai l'heure; il m'a semblé voir une église non loin d'ici; il doit y avoir une horloge; je vais me coucher. O Magdeleine, Magdeleine, viens embellir mes songes!

XXIX

EUGÈNE A STEPHEN

Je suis sous-officier, frère!

Hier, j'ai vu le feu pour la première fois. Au premier coup de canon, j'ai tremblé; tous ceux qui m'entouraient n'étaient pas plus rassurés; mais, dix minutes après, les trompettes, les hennissements des chevaux, l'odeur de la poudre nous avaient enivrés. On a commandé une charge. Il n'y avait plus devant mes yeux ni danger, ni sabres, ni pistolets; je n'avais plus qu'une volonté, c'était d'aller en avant; mon beau cheval volait, et c'est moi qui ai porté le premier coup de sabre.

Oh! alors, frère, j'avais la force de dix hommes; mon sabre était comme un glaive de feu.

A la nuit, on a sonné la retraite. Je n'ai pas même été blessé. Je suis sous-officier.

Adieu, frère, il faut remonter à cheval.

Je n'aurais rien compris au beau cadeau que j'ai reçu sans ta lettre, que je n'ai eue que le lendemain. Merci à ma bonne sœur; quand je la verrai, je serai officier.

XL

UN AMI

C'était un dimanche, un jour de repos, Stephen faisait son repas usité, un morceau de bœuf et une bouteille de petite bière.

On frappa à sa porte.

C'était Edward.

Ils s'embrassèrent.

— Hier, dit Edward, je me suis fâché avec mon oncle et je me suis mis en route pour l'Amérique : j'ai déjà fait trois lieues et je crois que je n'irai pas plus loin. Cette brouille ne peut pas durer bien longtemps, l'époque de ma majorité approche. Mais pour attendre jusque-là, il faut que j'aie recours à ton amitié; ce qui m'a empêché de continuer ma route jusqu'en Amérique, c'est que je suis parti avec trente florins et qu'il ne m'en reste pas dix; je viens partager ton modeste asile, manger avec toi le pain de l'amitié, en un mot, te demander l'hospitalité complète.

— Mon pauvre Edward, dit Stephen, je t'offre de bon cœur la moitié de ce que je possède, mais ce sera bien peu de chose; je ne gagne que trente florins par mois; nous partagerons et nous nous arrangerons de notre mieux, si tu as le courage de te soumettre à une vie de privations.

— Je suis pire que les Spartiates, j'assaisonnerai nos repas de gaieté et d'insouciance; avec cela, on peut se griser avec de l'eau pure, et puis ce n'est pas pour longtemps. Ainsi, tu consens; je suis ton hôte et ton commensal; donc, j'emménage.

Il tira de sa poche trois chemises, et du fond de son chapeau, des bas et des mouchoirs brodés et parfumés.

— Il manque bien des choses à notre ménage, dit-il; je vais faire des emplettes. — Et il sortit.

Resté seul, Stephen songea qu'il lui fallait prodigieusement restreindre ses dépenses, déjà fort modiques; et, après avoir calculé et supputé, il vit que l'ordinaire ne pourrait se composer que de deux repas de pommes de terre et de lait, attendu que la viande était trop chère; qu'il faudrait faire la cuisine et aller chercher de l'eau lui-même à la fontaine, manger du pain noir et supprimer la bouteille de bière du dimanche.

Que par ce moyen on établirait juste la balance entre la recette et la dépense, et que l'on vivrait tant bien que mal jusqu'au moment où Edward rentrerait en grâce auprès de son oncle ou aurait atteint sa majorité.

Quand Edward rentra, il apportait un miroir et de la bougie, parce qu'il ne pouvait supporter l'odeur du suif, et trois bouteilles de vin du Rhin.

— Edward, dit Stephen, je vois que tu n'es pas de première force sur l'économie domestique; au train que tu prends, nos revenus nous donneraient à manger pendant les huit premiers jours de chaque mois, et il faudrait jeûner pendant trois semaines. Nous n'avons à dépenser qu'un florin par jour, et encore il faut prélever chaque mois cinq florins pour le loyer de la chambre.

— Diable! dit Edward, il serait bien plus commode d'avoir une maison à soi! Il paraît décidément que nous ne sommes pas riches; mais, puisque le vin est tiré, il faut le boire. Aujourd'hui, d'abord, il nous faut planter la crémaillère.

Stephen fit part à Edward des plans qu'il avait faits pour leur ordinaire.

— Allons, allons, c'est égal, dit le nouveau venu. A la grâce de Dieu! le hasard est là, qui prendra soin de nous.

Et ils passèrent le reste du jour à faire leurs dispositions et à raconter des histoires d'enfance. La gaieté d'Edward était communicative, et, à onze heures, on les eût tous deux entendus rire aux éclats. Enfin, ils se couchèrent, et, le lendemain avant le jour, Stephen partit pour le collége après avoir chargé Edward de faire la cuisine.

XLI

. . . . o
. . . .
. . . . o

Léon Gatayes.

Comme le soin du ménage était confié à Edward, c'était lui qui allait chercher de l'eau à la fontaine, qui faisait cuire les pommes de terre et balayait la chambre; mais il avait aussi le maniement des fonds, et des innovations qu'il se permettait dans la cuisine, le fourneau qu'il cassa deux fois et qu'il fallut deux fois remplacer, un carreau qu'il brisa en éclats, exagéraient singulièrement les dépenses : aussi, quand approcha la fin du mois, la nourriture se trouva un problème et une solution à trouver.

— Il paraît, dit en riant Stephen, que tu brises tout.

— J'ai cassé un mauvais carreau ce matin; mais, à l'avenir, il faut que nous ayons chacun notre appartement séparé (et, avec de la craie, il divisa la chambre en deux parties). Toi, tu demeureras du côté de la fenêtre; on mettra dans ta chambre la cruche à l'eau, le fourneau et tout ce qui peut être brisé; seulement, le fourneau devra être sur la limite, pour que je puisse remplir mes fonctions de cuisinier.

Pendant ce temps, Stephen écrivait et ne s'occupait pas des travaux de son hôte.

— Mon tyran d'oncle ne m'écrit pas, ajouta-t-il, je lui ai pourtant envoyé mon adresse, et je ne lui ai pas dissimulé ma situation; et avec cela qu'il n'y a plus d'argent à la caisse et qu'il faut vivre encore cinq jours. Dis donc, Stephen?

— Hein?

— Est-ce que tu tiens beaucoup à avoir la tête haute la nuit?

— Non; pourquoi?

— Peu de chose : c'est que ce traversin n'est vraiment bon qu'à couvrir nos habits de duvet; qu'il faut ensuite les brosser pendant deux heures; que cela les use, et qu'il n'est pas probable que, d'ici à quelque temps, nous ayons les moyens de les renouveler. Il faut vendre le traversin; qu'en dis-tu?

— Fais ce que tu voudras.

— Dis donc, Stephen?

— Hein?

— Regarde donc encore ce bois de lit : puisque nous couchons par terre, pourquoi ce luxe inutile ? il faut vendre le bois de lit, et puis ces embouchoirs de bottes. Quelle vanité d'avoir des embouchoirs quand on n'a pas de bottes! Est-ce que tu as des bottes, toi? Il faut faire cuire les pommes de terre avec les embouchoirs.

Et il sortit, laissant Stephen préoccupé de sa lettre; puis il amena un homme auquel il vendit le traversin et le bois de lit.

Le marchand demanda s'il fallait aussi emporter la couverture et le matelas.

— Dis donc, Stephen?

— Hein?

— Est-ce que tu ne trouves pas ridicule d'avoir une grosse et pesante couverture de laine dans cette saison, à la fin du mois d'avril? Marchand, emportez la couverture.

— Pour le matelas, tu es trop sybarite pour coucher sur la dure; nous garderons ce matelas, quoique deux bottes de paille bien fraîche soient un lit aussi bon qu'on peut le désirer.

— Vous n'avez pas de ferraille, de verre cassé? dit le marchand.

— Si fait bien, dit Edward. (Et il ôta la serrure de la petite table.) Voilà de la ferraille. (Et il prit dans un coin les débris du carreau qu'il avait brisé le matin.) Voilà du verre cassé.

— Dis donc, Stephen, il me vient une idée.

— Voyons ton idée.

— Nous sommes en plein printemps; comme tu le disais hier en rentrant, *le vent fait voler les fleurs des amandiers*; si nous cassions les carreaux pour les vendre comme verre cassé?

Stephen combattit cette dernière idée, qui ne fut pas mise à exécution. Quand le marchand fut parti :

— Eh bien, Stephen, nous voilà riches jusqu'à la fin du mois, et, de plus, nous avons l'avantage de ne plus avoir de meubles.

— Est-ce un avantage ? dit Stephen.

— Oui, et, si tu veux, je te le démontrerai.

— Quand j'aurai fini ma lettre.

XLII

OU L'ON DÉMONTRE L'AVANTAGE DE NE PAS AVOIR DE MEUBLES

— Écoute bien, dit Edward, et surtout ne t'avise pas de m'interrompre, car tu me ferais perdre le fil de mon raisonnement. Autrefois, quand les hommes vivaient trois cents ans et plus, et avaient huit pieds de haut...

— *Avocat, passez au déluge;* le pied n'avait alors que six pouces.

— J'ai prié l'assistance de ne pas interrompre. Quand les hommes vivaient trois cents ans, ils demeuraient sous le ciel, sous les arbres, comme disent les vieux livres...

— Il faut croire que l'on n'avait pas encore inventé la pluie.

— Silence ! je ne suivrai point l'espèce humaine pas à pas dans ses dégradations et dans sa dégénération, les nuances ne paraîtraient pas assez tranchées. Des patriarches, je passe à l'empire romain Virgile dit en parlant de Turnus : « Il enleva sans effort une pierre que douze hommes *de nos jours* ne pourraient soulever. » Il est clair que nos anciens barons allemands étaient moins robustes que les Romains, et nous, aujourd'hui, nous ne pourrions porter les armes ni les cuirasses desdits barons ; et remarque attentivement que cette dégénération n'a pas pesé seulement sur la force physique, mais aussi, et par contre-coup, non-seulement sur l'énergie morale, car il n'y a pas d'exemple que de notre temps on ait voulu élever une tour jusqu'au ciel, ni qu'on se soit précipité dans un gouffre pour sauver sa patrie, mais encore sur toutes les plus douces et les meilleures qualités du cœur et de l'esprit. Les gros et vigoureux chiens mordent moins que les petits ; la force se confie en elle-même, ne craint pas, et par conséquent ne hait pas. On ne hait que ceux qui peuvent faire du mal ; la faiblesse, au contraire, ne voyant autour d'elle que des ennemis qui peuvent l'opprimer, est naturellement haineuse et méchante.

— Je ne vois pas où tu veux en venir, dit Stephen, et toi ?

— Écoute toujours. Cette dégénération physique et morale est bien évidente : les patriarches rapportaient tout à Dieu ; les Romains, déjà dégénérés, agissaient pour la patrie ; les barons féodaux, pour leur dame et leur castel ; et aujourd'hui, toi, pour ta place de trente florins, et moi, pour la moitié de tes trente florins. Tu vois que le but de la vie a toujours été se rétrécissant et se resserrant ; or, la cause, la voici :

Felix qui potuit rerum cognoscere causas!

— Malheureux, dit Stephen, celui qui est forcé de les entendre déduire si longuement !

Edward ne daigna pas répondre et continua :

— Nous avons observé que les patriarches vivaient au grand air ; observons que les Romains vivaient dans des palais, les barons dans des châteaux, et nous deux dans une chambre de cinq pieds carrés. Il est très-patent que l'homme a besoin d'air, comme les végétaux, et que, dans nos demeures, l'air trop rarement renouvelé, chargé d'azote et de vapeurs méphitiques, ne nous laisse ni croître ni enforcir, et que l'âme ne peut ni s'étendre ni grandir dans des corps rabougris et malingres.

— Après ? dit Stephen.

— Après ! il est hors de doute que plus cette chambre sera encombrée de meubles, plus elle sera petite, plus l'inconvénient que je viens de signaler sera grand. Il est clair qu'en nous débarrassant de notre mobilier, j'ai agrandi la chambre et diminué l'inconvénient, et enfin que, n'ayant plus de meubles, nous en serons plus vigoureux et moins méchants.

— En serons-nous moins fous ? dit Stephen.

— Ce serait un grand malheur, dit Edward : que ferions-nous de la sagesse ? La sagesse est une qualité négative : c'est la richesse de l'homme qui ne peut plus être fou... comme la vertu appartient à celui qui n'a pas encore pu ou qui ne peut plus être vicieux. La vertu et la sagesse sont deux infirmités.

— Quoique nous n'ayons plus de meubles, dit Stephen, j'ai

prodigieusement mal aux dents, et, aussitôt que j'aurai fini mon mois, je prélèverai les honoraires du dentiste pour m'en faire arracher une : je ne puis rien faire depuis deux jours à cause de cette misérable dent.

— Tu es prodigue, dit Edward, et peu confiant dans mon amitié. Que ne me disais-tu : « Edward, fais-moi le plaisir de m'arracher une dent? » Il n'y a rien de si simple. Je vais te l'arracher.

— Tu vas faire une maladresse et tu ne réussiras pas.

— Fût-elle au fond du cerveau, j'irai la chercher.

— C'est rassurant!

Edward força Stephen de lui livrer sa mâchoire et la tenailla horriblement. Stephen ne pouvait, malgré la torture, s'empêcher de rire du sérieux de l'opérateur. Enfin la dent fut enlevée avec un petit morceau de la gencive.

— Sans douleur!.. s'écria Edward. Vois-tu, dit-il à Stephen, voilà une notable économie, d'autant qu'avec le premier argent que nous aurons, il faudra que j'achète un chien.

— Que diable veux-tu faire d'un chien?

— C'est trop au-dessus de ta portée : tu verras plus tard.

XLIII

DILAPIDATION DES DENIERS

Il n'y avait plus en caisse qu'un seul florin, quoique Stephen eût lui-même veillé à toutes les dépenses avec la plus stricte économie.

— J'aurai de l'argent à l'heure du dîner, dit-il en partant le matin : c'est aujourd'hui le dernier jour du mois.

Mais il se trouva que ce n'était que le 29 de mai et qu'il fallut attendre au lendemain. « C'est fâcheux, se dit Stephen ; mais le peu d'argent qui nous reste nous suffira. » Et il calcula rigoureusement pour le dîner et le déjeuner du lendemain. Arrivé, il monta lentement: il n'aurait pas voulu pour tout au monde que son hôte l'entendît et crût qu'il revenait avec de l'argent. Il entra en tournant doucement la clef; il trouva Edward debout devant le petit miroir, passant ses doigts dans ses cheveux et se mirant avec complaisance.

— Edward, dit-il, je n'ai pas d'argent : ce n'est aujourd'hui que le 29.

— Ah! ah! dit Edward avec distraction. Et il continua à se contempler.

— Il faudra. continua Stephen, faire maigre chère.

Edward ne se dérangeait pas et fredonnait.

— Edward, dit Stephen, prends l'argent qui nous reste et va acheter à dîner.

— Il n'y a plus d'argent, dit froidement Edward, j'ai fait venir un coiffeur pour me friser les cheveux.

Stephen, anéanti, le regarda, puis partit d'un grand éclat de rire.

— Allons, nous ne dînerons pas!

Et, le lendemain, à l'heure du déjeuner :

— C'est pourtant pour ne pas avoir déjeuné comme aujourd'hui, dit Edward, que j'ai été forcé de me mettre en route pour l'Amérique. En bonne morale, le déjeuner devrait être la première action de la journée, car c'est lui qui détermine notre joie ou notre tristesse, les roses ou la pâleur de nos joues, notre bonne humeur ou notre morosité pour tout le jour. Il y a des gens qui déjeunent bien; ces gens sont aimants, gais, paresseux, en un mot ont toutes les qualités de l'honnête homme. Il y a des gens qui déjeunent mal, il y en a qui ne déjeunent pas du tout; tant pis pour eux et pour les autres; évitez-les, ils sont querelleurs et hargneux; ils vous regardent comme si votre déjeuner avait été pris aux dépens du leur.

— Personne ne pourrait nous faire ce reproche aujourd'hui.

— C'est vrai. Voici ce qui m'a fâché avec mon oncle : j'avais été invité à déjeuner; l'invitation datait de quinze jours, mais je n'avais eu garde de l'oublier. Au jour indiqué, je mis le pantalon, l'habit et le gilet noirs et la cravate blanche, comme il convient à un jeune homme qui va déjeuner en ville. C'était, comme aujourd'hui, le dernier jour du mois, et, comme aujourd'hui, je n'avais pas d'argent. J'arrivai, on me reçut fort bien, on était à table. « L'agréable surprise! me dit-on; certes, nous n'osions pas espérer... Qui peut vous amener si matin dans notre quartier ? » Je frissonnai; je jetai un regard sur la table, il n'y avait que deux couverts, le mari et la femme : on avait oublié l'invitation. « Voulez-vous prendre quelque chose? » me dit le mari. J'étais tellement étonné, abasourdi, écrasé, que je refusai, et puis l'idée de prendre quelque chose était si rétrécie pour l'homme qui avait rêvé un excellent déjeuner ! « Allons, dit-on, un verre de vin ! » Je remerciai ; enfin l'on insista tant, que je fus forcé d'accepter une tasse de thé. J'étais furieux, je prétextai une affaire, et je m'enfuis pour rentrer déjeuner chez mon oncle. Je le rencontrai en sortant de la maison maudite. « Parbleu ! dis-je, mon cher oncle, vous seriez bien aimable de m'avancer quelque argent sur le mois que je dois toucher demain. » Ce qui fâcha singulièrement mon oncle, lequel me fit un long sermon sur mon inconduite ; je mourais de faim, je rétorquai ses arguments. Mon oncle m'expliqua comme quoi la morale est le trésor le plus précieux. Il s'adressait mal à moi, qui aurais, en ce moment, donné tout ce que je possède de morale pour une côtelette de mouton. Je répliquai avec toute l'aigreur d'un estomac creux, il me répondit avec toute l'insensibilité d'un oncle bien repu. Et, huit jours après, je partis pour l'Amérique. Tu sais le reste.

— Mais, dit Stephen, pourquoi t'es-tu fait friser les cheveux hier ?

— Cela tient au plan dont je t'ai parlé. Il est bien bizarre, ajouta Edward, que, n'ayant ni dîné hier ni déjeuné ce matin, nous ne soyons ni tristes, ni hargneux, ni découragés.

— Le malheur est lourd seulement quand on le porte seul ; la douleur partagée avec un ami n'est pas une douleur, elle a quelque chose de voluptueux pour le cœur ; elle rapproche deux amis par cela même qu'elle isole des autres hommes.

» Quand on est heureux, il semble que l'on en soit fier, que le bonheur n'est pas jeté au hasard, mais que le choix que la fortune fait de vous caresser est une preuve et un témoignage de votre mérite ; vous voulez faire confidence de votre félicité à tout le monde, vous l'affichez sur votre face et vous semblez réclamer comme un droit l'amitié et la vénération en votre qualité d'élu de Dieu, qui vous grandit et vous approche de lui par ses faveurs, par ses marques d'affection, comme fait un prince pour ses favoris ; et vous êtes certain que personne ne refusera d'entrer en partage de vos joies et de vos délices.

» Mais si vous êtes malheureux, vous sentez que les arrêts de la fortune sont sans appel aux hommes, que les heureux persuaderont aux autres et se persuaderont eux-mêmes que le sort qui vous frappe est juste ; car, si l'on mettait en doute la justice du châtiment, ce serait mettre en doute l'équité des caresses. Vous comprenez que les heureux accueilleront mal vos plaintes, comme le légataire universel celles du fils déshérité.

» Et pourtant il faut vous plaindre à quelqu'un, car la douleur qui reste emprisonnée dans le cœur le ronge et le dévore.

» Il vous faut chercher un homme qui puisse s'affliger de votre affliction, qui veuille prendre une part de votre douleur pour diminuer le fardeau.

» Et celui-là seul y consentira qui tiendra pour certain qu'à votre tour, quand il aura besoin, il trouvera en vous ce que vous trouverez en lui.

» L'amitié est une convention tacite de porter les maux à deux pour qu'ils soient moins lourds.

» Aussi je ne sais aucun gré à l'homme qui se rapproche de moi quand il est heureux, qui m'invite à assister au festin de bonheur que lui sert la fortune : ce sont les miettes de gâteau que jette aux oiseaux l'enfant bien repu, et il lui importe peu que j'aie dans le cœur de la bonté et de l'énergie, de la délicatesse et de la sensibilité : il n'a pas besoin de tout cela ; il ne veut pas enlacer sa vie avec la mienne, il se sent assez fort pour marcher seul : il ne cherche qu'un convive qui admire l'ordonnance du festin et vante les vins et les mets.

» Mais celui qui est dans le malheur et cherche ma poitrine pour y appuyer sa tête fatiguée de pleurer, celui-là m'a choisi, celui-là a sondé mon cœur et y trouve de la sensibilité pour pleurer avec lui, de l'énergie pour le soutenir, de la délicatesse pour panser sa blessure sans déchirer la plaie.

» Celui-là, je l'aime comme on aime l'homme avec lequel on a vécu dès l'enfance, l'homme qui connaît votre âme et sait voir ce qu'il y a en vous de bon et d'honnête à travers le masque que le monde vous impose.

— Tu as raison, dit Edward, car c'est toi que je suis venu trouver et aucun de mes compagnons de plaisirs.

— Ami, dit Stephen, je t'en remercie : l'amitié est un bonheur émané de Dieu, c'est une sainte et bonne chose.

Et ils se prirent la main et s'embrassèrent avec effusion.

XLIV

SÉDUCTION

Quand Stephen eut reçu les honoraires de son mois, Edward acheta un gros chien. Un jour, Stephen en rentrant trouva Edward renfermé avec son chien et un autre petit.

— Est-ce que tu as encore acheté un chien? dit Stephen.

— Non, c'est celui de la voisine. Ce que tu vois est une répétition ; je profite des moments où elle est sortie pour prendre son épagneul chéri. Tiens, regarde un peu.

Et, maintenant le gros chien d'une main, il excitait le petit à le mordre : « Tout beau, Fox! » disait-il au gros chien. Et la pauvre bête se laissait mordre tout en grommelant; mais, sitôt qu'Edward tournait la tête, les yeux de Fox flamboyaient, et, si on l'eût laissé faire, il aurait étranglé l'épagneul.

— Ils vont bien, n'est-ce pas ? qu'en dis-tu?

— Je dis que je ne comprends pas ce que tu veux faire.

— Tu n'as pas encore besoin de comprendre. Mais penses-tu que Fox, libre, sautera sur l'épagneul la première fois qu'il le rencontrera?

— Sans doute.

— Alors, je vais mettre immédiatement mon plan à exécution.

— Puis-je y assister?

— Non, je te le raconterai après l'événement.

Edward délivra le petit chien et sortit tenant Fox en laisse. Une demi-heure après, à l'étage au-dessous, Stephen entendit les cris, confondus d'une étrange et horrible manière, de Fox, d'Edward, de l'épagneul et d'une femme, à tel point qu'il allait descendre, lorsqu'il n'entendit plus que la voix d'Edward accompagnée d'un sourd grognement de Fox.

Stephen avança sur le palier et écouta.

— Non, madame, disait Edward, je ne garderai pas cette vilaine bête. Pauvre petit épagneul! il est encore tout tremblant. Je n'aurais jamais cru ce Fox si méchant. Je m'en déferai dès aujourd'hui. Je ne pourrais jamais lui pardonner de vous avoir fait peur; vous êtes encore pâle.

Et Fox jeta alors des cris plaintifs.

— Je vous en prie, monsieur, ne le battez pas, disait une voix de femme.

Puis on n'entendit plus qu'un échange de politesses comme entre gens qui se quittent.

Longtemps après, Edward remonta.

— J'ai donné Fox à un boucher, dit-il. Mon plan va à merveille : les acteurs ont joué d'une manière surprenante.

Stephen demanda des détails.

— Notre voisine a de beaux yeux bleus, des cheveux blonds fins comme de la soie, une taille de nymphe et une main charmante. Tu n'en sauras pas davantage.

Le matin, Stephen allait s'habiller.

— Attends, dit Edward ; mets mon habit et laisse-moi le tien : le tien est meilleur, et j'ai une visite à faire chez une dame.

— Tu connais des dames dans cette ville?

— Oui! laisse-moi aussi ton gilet.

XLV

— Où es-tu donc allé hier? demanda Stephen.

— M'informer de la santé de notre charmante voisine. Elle a été fort sensible à l'expulsion de Fox. Nous sommes invités à passer la soirée chez elle après-demain.

— Je n'irai pas.

— Il faudra bien que tu viennes. J'ai dit que nous sommes deux jeunes gens de famille, j'ai laissé un voile mystérieux sur notre origine : elle nous croit nobles. Nous voyageons incognito, et nous séjournons quelque temps dans chaque ville pour étudier les mœurs des habitants; nous serions partis depuis longtemps si sa vue ne m'avait retenu.

— Elle a souffert ton impertinence?

— Si bien que nous sommes invités pour après-demain à jouer une partie de whist. Elle aura son vieil oncle avec qui elle demeure, et deux ou trois dames.

— Je n'irai pas.

— J'ai promis.

— C'est égal.

— Alors, va remercier.

— Non.

— J'irai demain, ce sera un prétexte.

— J'admire la facilité de cette dame.

— Il y a longtemps que nous nous rencontrions dans l'escalier. Elle est veuve et très-passionnée pour la musique ; j'ai dit que tu étais musicien.

— Quelle folie !

— J'ai vanté ton talent : elle désire t'entendre ; mais tu me feras l'amitié d'être enrhumé.

— C'est inutile, puisque je n'y vais pas.

— J'oubliais. Alors, ce sera très-bien : il y a une dame avec laquelle tu dois chanter un duo italien ; j'ai dit que tu chantes admirablement l'italien.

— Je n'ai jamais essayé.

— Oui, mais j'avais prémédité ton rhume. Tu ne viens pas ? encore mieux. La dame sera désespérée de ne pouvoir chanter son duo ; je m'offrirai modestement, en avertissant que je ne chante pas, et, comme ce duo que j'ai proposé est un morceau que j'ai étudié six mois, j'aurai le plus grand succès. Il faut que j'achète des bas de soie.

— Mais nous n'aurons plus d'argent pour la nourriture.

— Tais-toi donc ; et le hasard ! il ne nous abandonnera pas, et puis nous vendrons les meubles.

— Il n'y a à cela qu'un inconvénient : c'est que nous n'avons plus de meubles.

— C'est juste ; mais nous avons toujours le hasard.

Le lendemain, Edward remonta triomphant.

— Je dîne en ville.

— Où ?

— Chez la voisine. J'ai vu l'oncle, je l'ai séduit. Il m'a parlé d'une bataille dont je ne me rappelle plus le nom ; j'ai dit que tu y as perdu ton père. C'est un vieux soldat ; nous avons trinqué ensemble ; il m'a chanté une vieille chanson de caserne que j'ai entendue je ne sais où ; je lui ai chanté le second couplet en lui disant que j'avais été bercé avec.

— Où cela te mènera-t-il ?

— A faire un excellent dîner et à quelque chose de mieux : la voisine baisse les yeux quand je la regarde et elle a paru enchantée de l'invitation de son oncle. Si tu veux, tu peux aussi t'arranger : elle a une servante bien jolie, sa chambre est à côté de la nôtre. Tu as là une bague de cheveux bien inutile ; prête-la-moi.

— Pourquoi faire ?

— Pour que la voisine la remarque, et, quand le moment sera venu, je lui en ferai le sacrifice.

— Que deviendra la bague?

— Elle lui sera livrée, ou jetée au feu, ou foulée aux pieds.

— Je garde ma bague.

— C'est dommage; cela aurait très-bien fait. Alors, je vais en aller acheter une.

— Où prendras-tu l'argent?

— Tu as raison. Il faut renoncer à ce moyen.

— Tu as une manie d'acheter bien bizarre. Tu as voulu acheter aujourd'hui deux chevaux gris et une voiture, une maison et un jardin, des bas de soie et une bague. Je gage qu'il y en aurait pour plus de cent mille francs.

— Les désirs sont la richesse du pauvre et ne ruinent que les riches.

XLVI

UNE NUIT

Chaque soir, Edward allait chez la voisine. L'oncle ne pouvait plus se passer de lui. Il y dînait fort souvent; mais ce n'était pas une économie pour la société, parce qu'il lui fallait souvent des gants neufs et qu'il salissait une cravate tous les jours. Jamais les deux amis n'avaient été aussi gais. Stephen écrivait souvent à Magdeleine, et elle lui répondait régulièrement. Sa pauvreté n'était rien pour lui; chaque jour rapprochait le terme de ses vœux, et l'estime qu'on lui témoignait au collége lui était un sûr garant qu'il obtiendrait la place qui lui avait été promise.

Un dimanche, Edward dînait chez sa voisine; il était heureux et pétillant : son aveu avait été reçu favorablement; il avait promis le mariage aussitôt son retour dans sa famille.

— Elle n'en croit pas un mot, dit-il à Stephen; mais il faut lui donner à ses propres yeux un prétexte suffisant pour céder.

Plusieurs baisers avaient été dérobés, un même avait été quasiment rendu.

Ce jour-là, Stephen alla se promener dans la campagne, sur le bord de la rivière. Il avait fait connaissance avec un marinier, brave homme, père de famille, laborieux.

Ce pêcheur le tenait en haute estime à cause de son habileté comme nageur et comme batelier; aussi, très-souvent, leur arrivait-il d'aller ensemble relever les filets, et Stephen dînait avec eux en payant son écot pour ne pas être à charge à ces bonnes gens. Après le dîner, on buvait un verre de vin; Stephen épuisait son répertoire de chansons et dessinait des images pour les enfants. Du plus loin qu'on l'apercevait, les enfants le hélaient, couraient au-devant de lui et le tiraient par ses habits pour l'amener plus vite; il serrait la main du pêcheur, et celui-ci lui prêtait un bateau quand il voulait s'aller promener seul : « Monsieur Stephen, lui disait-il quelquefois, si vous passez du côté du moulin, vous relèverez les nasses et vous rapporterez le poisson. »

Ce jour-là, après le dîner, le soleil se couchait dans des nuages de feu et de pourpre; plusieurs personnes se présentèrent pour passer l'eau et s'aller promener sous une allée de peupliers et de saules qui longaient la rivière.

— Cela se trouve mal aujourd'hui, dit Fritz; je voulais raccommoder un filet que les pierres m'ont rompu.

— Raccommodez votre filet, Fritz, dit Stephen; je passerai de ce côté ceux qui se présenteront.

Il ôta son habit et son chapeau et prit les avirons. Il allait chercher les passagers et recevait la rétribution pour Fritz.

Il advint qu'Edward, voyant qu'on proposait de jouer aux cartes, et se trouvant fort embarrassé à cause qu'il n'avait pas d'argent, avait proposé une promenade au bord de l'eau. Il appela:

— Ohé! batelier! la nacelle!

Stephen arriva.

Edward se prit à rire et le présenta à la veuve. L'oncle avait craint la fraîcheur. Ils étaient accompagnés de la jeune servante, qui était réellement fort belle.

A ce moment, la lune large et rouge sortait d'une masse de nuages blancs.

— Fritz, dit Stephen, voici l'argent des passagers. Il ne viendra plus personne; voulez-vous me permettre de faire une promenade avec votre bateau?

— Comment donc! monsieur Stephen, est-ce que mon bateau n'est pas toujours à votre service?

— Monsieur, dit la veuve, je crains horriblement l'eau. Savez-vous conduire un bateau?

Fritz rit d'un gros rire : il ne comprenait pas qu'on parût révoquer en doute l'habileté de Stephen.

— Allez, allez, ma petite dame, sur mon honneur, vous n'aurez jamais été mieux conduite, ni plus vigoureusement. M. Stephen a des poignets qui ne le cèdent pas à ceux de nos plus robustes bateliers. — Monsieur Stephen, si vous rentrez tard, vous amarrerez le bateau de l'autre côté.

Et le bateau glissa lentement sur l'eau.

Après un long silence, Stephen, oubliant qu'il n'était pas seul, se prit à chanter, selon sa coutume.

Il chantait assez mal; mais sa voix, pleine, forte et très-accentuée, produisait un effet prodigieux au milieu de cette belle nuit si calme; le vent, un peu frais, faisait frémir le feuillage, et les gros nuages couraient sur le ciel, voilant quelquefois la lune, qui paraissait marcher au travers et sortir majestueuse et triomphante.

Elle donnait en plein sur Stephen.

Sa figure, qui n'avait rien de remarquable, si ce n'est une physionomie très-prononcée et des traits irréguliers et vigoureusement dessinés; sous ce costume : un pantalon et une chemise, le cou libre, la tête nue et les cheveux au vent, sa figure avait quelque chose de poétique et d'entraînant; son regard expressif était levé au ciel, et sa voix communiquait les sensations qu'il ressentait et faisait vibrer le cœur.

Edward et la veuve faisaient peu d'attention à lui; mais la jeune servante le regardait et retenait son haleine pour l'entendre.

Car, en ce moment, il était beau; sa physionomie, qui, dans un salon, avait quelque chose d'étrange et de disparate, était en harmonie avec la noblesse et la grandeur de la nature qui l'entourait, d'autant qu'elle n'était pas, comme de coutume, contrainte par la gêne de se voir exposée aux regards et à la crainte de laisser percer ce qui lui remplissait le cœur.

La jeune fille était aussi belle, plus belle dix fois que sa maîtresse. A ce moment, Edward voulut ramer; Stephen lui confia les avirons.

— Bizarres résultats de la civilisation! pensait Stephen; la nature a fait cette fille belle, et sa physionomie annonce de l'esprit; la nature, dans son affection, l'a placée au-dessus de cette autre femme, et pourtant c'est celle-ci qui commande et l'autre qui lui obéit. La dame savoure tous les plaisirs de la vie, et la servante les voit passer avec envie sans les goûter; la dame est entourée d'hommages et d'amour, et la pauvre servante doit se contenter des brutales caresses d'un palefrenier, quand, peut-être, la nature a mis en elle une âme plus noble et plus délicate, un cœur plus susceptible de comprendre l'amour et des sens plus capables de les savourer.

Ces idées firent qu'il parla à la jolie fille, et que la nuit tiède, le printemps, la nature, la solitude contribuèrent à l'émouvoir; il sentit sa poitrine oppressée et le mouvement de son cœur suivre la voix de la servante; il lui prit la main, elle ne retira pas la sienne; leurs regards se rencontrèrent comme un baiser.

— Morbleu! dit Edward, mes efforts n'ont produit qu'un résultat négatif; au lieu d'avancer, je recule, et j'aperçois, reparaissant dans l'ombre, le pont que nous avons dépassé il y a une demi-heure.

Et il fit de nouveaux efforts, mais ils n'aboutirent qu'à rompre une des chevilles dans lesquelles étaient entrés les anneaux des rames; alors, le bateau commença à descendre rapidement. Stephen sauta aux avirons, et appuyant sur son bras, singulièrement meurtri, la rame qui n'avait plus de chevilles, il aida Edward à regagner le bord, puis il sortit du bateau pour aller dérober à un arbre une nouvelle cheville; mais quand il revint, le bateau avait repris le large par la maladresse d'Edward, qui avait inhabilement agité la rame, et, tout en tournoyant, il suivait le courant qui l'entraînait avec une extrême rapidité. La voix tremblante d'Edward appelait Stephen; la veuve criait, la servante pleurait.

— Silence! dit Edward, vous m'empêchez d'entendre.... Stephen, que faut-il faire?

— Fais tournoyer le bateau avec l'aviron qui te reste, cria Stephen, et change de sens de manière à te rapprocher du bord.

Edward essaya, et de temps à autre Stephen criait : « A gauche! à droite! » Mais le trouble et le défaut d'habitude empêchaient l'autre de réussir; les deux femmes n'osaient respirer dans la crainte de le gêner.

A ce moment, la lune sortit d'un nuage et leur montra tout le danger. Il était horrible. Le bateau n'était pas à deux cents pas du pont, et, s'il n'était brisé en éclats contre une pile, il était évident qu'il serait renversé du choc.

A cet aspect, Edward, désespéré, abandonna l'aviron ; les deux femmes tombèrent à genoux, criant : « O mon Dieu ! » en se tordant les mains.

Le sang de Stephen se glaça dans ses veines. Edward nage mal ; les deux femmes sont perdues, et lui-même, Edward, il n'est pas certain qu'il puisse se sauver.

— Edward, cria-t-il d'une voix de tonnerre, fais tournoyer le bateau.

Mais Edward était écrasé ; il ne pouvait plus agir ni répondre. Un nuage cacha la lune. Tous trois ne pouvaient plus voir le pont, mais entendaient approcher le bruit de l'eau qui se brisait contre les piles. Les deux femmes se cachèrent la tête dans les mains. Edward se déchirait la poitrine avec les ongles, et creusait d'un œil fixe l'eau noire qui allait les engloutir.

Stephen alors arracha le peu de vêtements qui lui restaient et se précipita dans la rivière, nageant de toutes ses forces vers le bateau ; mais le bateau fuyait, et il n'était pas probable que Stephen arrivât à temps.

Edward et les deux femmes ne savaient pas ce qu'il pourrait faire ; mais, dans un pareil danger, on est crédule et on reçoit avec transport un médecin quand on est près de mourir, quoiqu'on ait nié toute sa vie la puissance de la médecine. Et ils écoutaient le bruit de l'eau contre le pont et le bruit plus faible que faisait Stephen en nageant, attendant la mort ou la vie, selon qu'un bruit ou l'autre leur semblait s'approcher.

A ce moment, la lune se montra ; il n'y avait plus entre le pont et le bateau que trois fois la longueur d'un aviron. Stephen trouva alors une force extraordinaire.

Il glissait sur l'eau.

D'une main il saisit le bateau et s'élança dedans, s'empara d'un aviron, courut à la pointe... Il était temps.

La tête en avant, l'œil fixe, respirant à peine, il attendait le moment décisif.

Quand il fut à portée, il frappa violemment la pile du pont. Du choc, il fut renversé dans le bateau, qui glissa rapidement sous l'arche.

Stephen, étourdi du coup, se releva et ramena le bateau à bord, puis il courut chercher ses vêtements. Les femmes voulaient sortir et continuer la route sur terre.

— Il faut reconduire le bateau, dit-il ; il n'est pas généreux de me laisser seul.

Mais Edward avait entraîné la veuve.

— Et vous, dit Stephen à la jeune fille, ne voulez-vous pas rester avec moi ?

Elle ne répondit pas, mais elle resta assise au fond du bateau. Il prit le large et laissa aller la nacelle au courant, donnant de temps à autre un coup d'aviron pour la tenir droite.

— Sans vous, monsieur, nous étions noyés, dit Marie. Oh ! monsieur, c'est une bien affreuse chose que la mort ! Cependant, quand je vous ai vu nager vers nous, il m'a semblé que nous étions sauvés.

Stephen avait repris sa main et l'attira doucement vers lui ; elle se laissa asseoir sur ses genoux, leurs lèvres se touchèrent d'un long baiser, et la tête de Marie tomba sur la poitrine du jeune homme ; il se sentit brûler de son haleine ; ils étaient seuls, au milieu du silence, au sein d'une belle et mystérieuse nuit. Il la pressait sur sa poitrine et il sentait battre son cœur sur le sien. Des nuages s'étaient amoncelés et l'obscurité était profonde.

On était arrivé. Stephen amarra le bateau, et l'on regagna la maison.

XLVII

— Nous avons bien fait de rentrer, dit Edward, voici qu'il tombe une horrible pluie.

Les nuages, chargés de vapeur, avaient fini par crever.

— Tu ne te couches pas ? dit Stephen.

— Non.

Et il se mit à la fenêtre. Quelques instants après :

— Il y a bien une demi-heure que nous sommes rentrés ? Ah ! d'ailleurs, voici Marie qui monte se coucher. Bonsoir, ne m'attends pas.

Et Stephen l'entendit descendre.

Un trouble inconnu agita Stephen ; il sentait contre Edward un vif sentiment de jalousie : le pauvre jeune homme ne connaissait de l'amour que ce qu'il a de céleste, que ce qui vient de l'âme.

Pour la première fois de sa vie, ses lèvres avaient touché les lèvres d'une femme, et ce baiser était resté brûlant sur sa bouche : tout son corps frissonnait, ses bras s'étendaient pour étreindre et n'embrassaient que l'air. Il se leva.

— Elle est là ! près de moi. Peut-être elle partage les désirs qui me dévorent ; peut-être mon baiser la brûle aussi : son cœur battait si fort dans mes bras !... Et cet Edward ! lui, il a une femme ! O mon Dieu ! qui calmera cette horrible fièvre ? Et pourquoi ne pas la calmer dans ses bras ? Elle m'aime, elle me désire comme je la désire ; peut-être elle prie le ciel de me conduire auprès d'elle... O mon Dieu ! comme ma tête s'égare, comme elle est horriblement pleine de tableaux d'une mystérieuse volupté !

Il ouvrit la fenêtre, l'air le calma un peu ; mais il vit la croisée de Marie éclairée ; puis la lumière fut éteinte, et il ne vit plus qu'une faible lueur.

Il sentit ranimer en lui l'ardeur dévorante de ses désirs.

— Elle se couche seule, et moi seul !

» Qui nous sépare ? Ma stupide timidité !

» Quels que soient ses désirs, ce n'est pas elle qui peut venir ; elle m'attend. Allons, allons !

Et il sortit dans le corridor, ne respirant pas, posant à peine les pieds. Mais, arrivé à la porte de Marie, son cœur battit si fort, si convulsivement, qu'il ne se sentait plus vivre. Il leva la main pour frapper, mais il ne le put.

— Elle va me chasser, elle va crier, et, si elle ouvre la porte, si je la vois et qu'elle me chasse, je la tuerai.

Il retourna à sa chambre. Il se remit à la fenêtre et s'aperçut que celle de Marie était restée entr'ouverte.

Une nouvelle frénésie s'empara de lui. Il monta sur le toit, et, s'aidant des pieds et des mains, parvint jusqu'à cette fenêtre ; il la poussa doucement, il entra.

A la lueur d'une veilleuse, il vit Marie endormie, couchée sur son lit, presque entièrement nue. Son dernier vêtement était dans un tel désordre, qu'il ne cachait presque rien de son corps. Stephen devint fou ; il dévorait du regard ces formes, ce corps nu qu'il eût voulu, au prix de sa vie, couvrir de baisers : la bouche entr'ouverte, il humait avidement l'air qui entourait Marie ; il baisait l'air qui l'avait touchée.

La figure de la jeune fille respirait la paix et le calme ; ses cheveux étaient détachés, sa poitrine suivait le mouvement de sa respiration, et ses petits pieds étaient nus, blancs comme de l'albâtre.

Haletant, éperdu, Stephen s'approcha ; il se pencha sur la jeune fille et posa doucement ses lèvres sur les siennes ; l'haleine de Marie le brûla ; sa main s'étendit vers elle.

Mais... son œil, en suivant sa main, aperçut la bague de cheveux qu'il avait au doigt.

Il lui sembla qu'il se réveillait en sursaut.

— Magdeleine !

» O mon Dieu ! Non ! non ! il faudrait renoncer à Magdeleine !

» Non ! non !

Il remonta précipitamment sur la fenêtre.

— Dors, dors, jeune fille.

Il se traîna encore en rampant et rentra dans sa chambre.

— O Magdeleine ! dit-il, pardonne-moi, je suis encore digne de toi.

» Et pourtant mes lèvres ne seront pas vierges pour te donner le premier baiser sur tes lèvres vierges.

Et il essuya sa bouche, comme pour effacer l'empreinte du baiser de Marie.

XLVIII.

LA CARTE A PAYER

> Il y a neuf parades, la dernière et la plus mauvaise est la neuvième ; elle se fait avec le corps. GRISIER.

Un matin, on frappa violemment à la porte de Stephen ; il se réveilla en sursaut et alla ouvrir. Trois hommes entrèrent.

— M. Edward ?

— Il n'est pas ici, dit Stephen.

— C'est singulier, dit l'un des trois qui avait gardé son chapeau.

— Pas si singulier, dit Stephen, que de vous voir entrer chez moi le chapeau sur la tête.

— C'est, dit l'étranger, que ce taudis n'a pas l'air d'un domicile.

Cependant, sur l'observation d'un des hommes qui l'accompagnaient, il ôta son chapeau.

— Monsieur, dit Stephen très-pâle, est-ce tout ce que vous avez à dire à M. Edward ?

— Si vous m'aviez laissé finir ma phrase, vous sauriez ce qui m'amène.

— Finissez votre phrase..

— Ce M. Edward, à la suite d'une querelle que nous avons eue hier, m'a donné rendez-vous ce matin. — Je vous avais bien dit, ajouta-t-il en se tournant vers les deux autres et en jetant un regard de mépris autour de la chambre, que ce n'est qu'un va-nu-pieds, un poltron.

— Monsieur, dit Stephen, d'une voix calme où un observateur seul eût pu voir ce qui se passait en lui, M. Edward ne peut tarder à rentrer; je désirerais que vous l'attendissiez; mais, si vous voulez vous servir d'expressions inconvenantes, je serai forcé de vous prendre par les épaules et de vous jeter en bas des escaliers.

— Ce serait d'autant plus fâcheux, dit l'autre en ricanant, que vous demeurez prodigieusement haut; mais votre menace ridicule ne m'empêchera pas de dire que l'homme qui, pour une affaire d'honneur, ne se trouve pas au rendez-vous, est un lâche et un misérable auquel je casserai ma canne sur la figure quand je le rencontrerai.

— Je ne sais, reprit Stephen, jusqu'à quel point on peut avoir une affaire honorable avec vous; je ne sais non plus combien de temps il s'écoulerait entre le moment où vous tenteriez d'insulter M. Edward et celui où il vous foulerait aux pieds; mais ce que je comprends encore moins, c'est la folie qui vous pousse à m'insulter, moi qui suis étranger à votre querelle, moi qui n'ai avec vous aucune relation et n'en aurai probablement aucune, au moins volontairement. Si vous voulez rester ici pour attendre mon ami, il faut renoncer à vous servir à son égard d'expressions injurieuses.

— Je m'inquiète peu qu'il soit votre ami; fût-il l'ami du diable, je dirais qu'il est un lâche.

A ce moment, l'étranger reçut la main de Stephen vigoureusement lancée au milieu du visage. Les deux autres hommes se mirent entre eux.

— Misérable! cria l'étranger, tu me rendras raison.

— Qu'entendez-vous par ces paroles?

— Que nous allons nous donner un coup de sabre.

— Avec infiniment de plaisir, dit froidement Stephen. Avez-vous un sabre à me prêter?

— J'ai tout ce qu'il faut, dit un des témoins.
— Partons.

Quand ils furent hors de la ville :

— Vous n'avez pas de témoins?
— Je n'en ai pas besoin.
— Il vous en faut au moins un, dit un des deux hommes qui accompagnaient l'étranger, pour mettre ma responsabilité à couvert en cas d'événement.
— Je prendrai le premier venu.

Stephen alla droit à un homme qui, couché sur l'herbe auprès d'une haie, semblait s'épanouir au soleil, tirant de temps à autre une bouffée de fumée de sa pipe; quand Stephen s'approcha de lui, il lui fit de l'ombre; l'autre lui fit signe de la main de se déranger de son soleil.

— Monsieur, dit Stephen, je vais me battre; seriez-vous assez bon pour me servir de témoin ?
— Non, j'aime mieux dormir au soleil... Cependant, où vous battez-vous?
— Je ne sais, au premier endroit venu.
— Ecoutez. Si vous voulez vous battre à dix minutes de chemin d'ici, je vous montrerai un endroit charmant; c'est une belle allée sablonneuse entre deux rideaux d'ormes; à trois pas, on ne vous verrait pas, c'est au milieu d'un petit bois; aussi bien les lilas doivent être en fleur, ce sera une délicieuse promenade. Si vous voulez vous battre à cet endroit, j'irai vous servir de témoin, parce que j'ai du tabac à porter à un homme qui demeure sur la route, un brave homme s'il en fût jamais, qui paye bien et sans chicaner.
— Je me battrai où vous voudrez.

Un des témoins de l'adversaire se retira.

Les deux combattants, avec chacun un témoin, se dirigèrent sous la conduite du dernier venu.

— Votre physionomie m'a prévenu, dit-il à Stephen, et j'ai affaire de ce côté; sans cela, vous comprenez que moi, Wilhem Girl, je n'aurais pas quitté mon soleil pour aller ainsi me fatiguer et voir se battre des gens que je ne connais pas... Attendez-moi un instant, dit Wilhem en passant devant une maison.

Quelques minutes après, il redescendit, comptant de l'argent dans sa main et se parlant à lui-même chemin faisant : « Quatre florins, les pommes de terre ont un peu haussé de prix, à cause des semences; mais, en revanche, j'ai du tabac pour plus d'un mois encore ; voici, de bon compte, de quoi vivre pendant onze grands jours, fumer et dormir au soleil et faire mon lézard sans aucun souci de la nourriture. Allons, allons. »

Et il se frotta joyeusement les mains.

— Tenez, dit-il, voici l'endroit que je vous avais promis ; il est impossible de voir rien de plus joli ; je vais m'asseoir là au soleil, et faites votre affaire.

En ce moment, Stephen songea qu'il allait peut-être mourir loin de Magdeleine; il écrivit au crayon : « Adieu, tu as ma dernière pensée et mon dernier soupir ! » Il écrivit dessus le nom et l'adresse de Magdeleine.

— Monsieur, dit-il à Wilhem, je vous prie, au nom du ciel, de porter cette lettre à son adresse, et vous serez généreusement récompensé.

— Monsieur, dit Wilhem, je m'inquiète peu du ciel quand il est sombre et brumeux; vous eussiez mieux fait de me dire : « Au nom du soleil, » car le soleil est mon ami. N'importe, j'irai.

— Donnez-moi un sabre, dit Stephen au témoin de son adversaire.

— Un moment! dit le témoin; si vous voulez faire des excuses... le duel peut ne pas avoir lieu; on ne se bat pas pour son plaisir, et si on peut éviter l'effusion du sang...

Stephen regarda son ennemi ; sa physionomie avait quelque chose de si insultant, de si platement vain, de si bêtement orgueilleux, qu'il répondit en haussant les épaules :

— Monsieur, les témoins ont la mission de présider au duel et non pas de l'empêcher.

— Alors, dit l'adversaire, je vais vous donner une légère correction.

— Attendez, dit Stephen.

Et il se rapprocha de lui.

— Comme je ne sais pas me servir du sabre, comme vous êtes un fat et un impertinent, si vous êtes vainqueur, ce qui est probable, je ne veux pas ne pas avoir eu ma vengeance.

Et il lui donna deux ou trois fois de sa main au travers du visage; l'autre saisit son sabre; Stephen prit le sien des mains du témoin, qui s'écarta.

Cependant Wilhem, malgré l'observation de l'autre témoin, était resté étendu au soleil et battait le briquet pour allumer sa pipe ; et, tandis que les lames se choquaient, que Stephen, assez maladroitement, mais avec une vigueur et une agilité extraordinaires, pressait son adversaire, qui parait ses coups sans presque riposter, Wilhem disait à demi-voix : « S'il est tué, j'irai porter la lettre ; il y a treize bonnes lieues ; le moins qu'on puisse donner à un homme, c'est un florin par lieue, car il faut revenir ; j'aurai donc treize florins, c'est plus d'un mois de nourriture sans rien faire ; mais aussi ce sont quatre bons jours de soleil que je perdrai à me fatiguer ; c'est égal, ce jeune homme m'intéresse. J'irai. »

En ce moment, Stephen, à son tour, était obligé de se défendre ; mais son inhabileté ne lui permettait pas de parer les coups ; il était forcé de reculer. Tout d'un coup il s'élança comme un aigle, porta à son adversaire un coup sur le bras. Celui-ci saisit son sabre de la main gauche, mais le témoin se jeta entre eux.

— Assez, messieurs, assez ! dit-il ; vous vous êtes bravement conduits.

— Monsieur, dit Stephen, nous nous reverrons.

— Non, monsieur, dit l'étranger, car je suis obligé de quitter la ville aujourd'hui. Je vous remercie de la bonne volonté que vous me témoignez de me fendre le crâne ; et, à coup sûr, si votre science en escrime répondait à la vigueur de votre poignet, je ne pense pas que mes pieds eussent pu me reconduire... Néanmoins, comme je ne puis vous donner votre revanche ni vous offrir une autre satisfaction, je vous demande pardon de la scène de ce matin : j'avais bu du genièvre outre mesure, mais vous m'avez dégrisé.

Comme Stephen enveloppait d'un mouchoir son bras blessé, Wilhem Girl s'approcha de lui :

— Faudra-t-il porter la lettre ?

— Non, dit Stephen.

— Allons, murmura Girl, je me suis dérangé pour rien.

— Je n'ai pas d'argent en ce moment, lui dit Stephen à voix basse ; mais, d'ici à quelques jours, je vous porterai mes remerciments. Où demeurez-vous ?

— Quand il fait du soleil, vous êtes sûr de me trouver auprès de la haie où vous m'avez pris, jusqu'à midi. A midi, le soleil tourne et je vais chercher un autre endroit ; mais, vers quatre heures, quand il se couche, vous me trouverez de l'autre côté de la haie.

On se remit en route vers la ville.

Stephen demanda à son adversaire quelle était la cause de sa querelle avec Edward.

— Hier soir, avec les deux amis qui m'ont accompagné chez vous ce matin, je rentrais ivre; nous avions fait un excellent repas, et mes amis n'étaient pas en plus mauvaise situation que moi. Un homme me poussa, je courus après lui en jurant.

» — Je veux me battre avec vous, lui dis-je.

» — Si j'avais aussi bien soupé que vous, répondit-il, je ne demanderais pas mieux que de vous faire ce plaisir.

» — Soupez, lui dis-je, et nous nous battrons après.

» — Avec un peu moins de vin dans la tête, continua-t-il, vous comprendriez que si, à l'heure qu'il est, je n'ai pas encore soupé, c'est que mes moyens ne me le permettent pas.

» — Eh bien! je vais vous payer à souper.

» Nous entrâmes dans une hôtellerie; il commanda, but et mangea de son mieux.

Quand il eut soupé, il me dit en souriant qu'il me remerciait beaucoup, mais qu'on ne pouvait se battre sans voir clair; qu'au reste, il serait désespéré de donner un coup de sabre à un homme qui l'avait si bien traité. J'insistai, et nous convînmes d'un rendez-vous pour le lendemain.

— Probablement, dit Stephen, il a pris tout cela pour une plaisanterie.

— Je le crois aussi, et ce restera une plaisanterie, car je ne puis retarder mon voyage.

XLIX

A quelques jours de là, Stephen se mit en route. Il y avait un jour de congé, et il allait voir Magdeleine, et non-seulement puiser dans ses yeux de la force et du courage, mais encore rompre l'influence magique que Marie exerçait sur son imagination.

Il ne dormait plus: le voisinage de la jeune fille, les rencontres fréquentes dans les escaliers, et, plus que tout cela, la voix de la nature, plus forte et plus éloquente que tous les préjugés, lui allumaient le sang dans les veines.

L'amour qu'il avait eu pour Magdeleine était si pur et si céleste, qu'il eût cru le profaner et le flétrir par un désir; pour lui, Magdeleine était un ange : son amour était tel, que près d'elle il devenait tout âme et inaccessible aux désirs physiques.

Ce qu'il éprouvait pour Marie était un besoin : elle n'était pour lui qu'une femme.

Ces deux amours étaient si différents ! Près de Magdeleine, il était si plein du premier, qu'il n'y avait plus de place pour le second ; c'était seulement loin d'elle que les appétits physiques se pouvaient éveiller, et il ne lui était pas possible de réunir le même amour sur la même femme.

Quoi qu'il en soit, les désirs que lui inspirait Marie étaient si violents, qu'il se reprochait quelquefois le scrupule qui l'avait empêché de les satisfaire.

Peut-être cependant avait-il tort d'en faire tout à fait l'honneur à sa fidélité, et nous nous permettons de penser que la timidité, la défiance du succès, la nouveauté de la situation et la crainte d'une maladresse avaient été pour beaucoup dans l'acte de vertu de Stephen.

Il songeait aussi que ce n'était pas être coupable avec Magdeleine qu'offrir à Marie un encens qu'il ne jugeait pas assez pur pour elle.

Sa situation était fort dangereuse, et il partit après avoir, par une lettre, averti Magdeleine de son arrivée. Comme il se mettait en route, Edward, lui voyant mettre le meilleur des deux habits que possédait la société, le rappela du haut de l'escalier pour lui faire les plus pressantes recommandations. « Surtout, lui dit-il, ménage l'habit, ne l'expose pas à la pluie et brosse-le tous les jours; évite le contact de tout corps dur, anguleux ou épineux, toute lutte imprudente, tout effort inconsidéré. Prends aussi quelque soin des souliers, et ne marche pas sur les cailloux. »

Muni de ces bons avis, Stephen se mit en route.

L

> Je suis si fatigué, qu'à peine si j'ai eu la force de donner hier un coup de sabre à un de mes camarades. EUGÈNE KARR.

Magdeleine était depuis le matin à la fenêtre; son œil inquiet cherchait à percer le brouillard qui s'élevait lentement de la terre et se dorait aux rayons d'un beau soleil d'automne.

Un jeune homme enfin apparut, couvert de sueur et de poussière et marchant d'un pas rapide. Quand il eut aperçu Magdeleine, il s'arrêta, pâle, et mit la main sur son cœur, que sa poitrine ne pouvait plus contenir.

Puis il entra au jardin. Il revit ces lieux si pleins de souvenirs : l'herbe était verte et épaisse, l'aubépine n'avait plus de fleurs.

Il se trouva reporté à des jours de bonheur si courts et si peu nombreux, le même air, le même soleil, le même parfum.

Il revit sur un des tilleuls le chiffre qu'il y avait tracé un an auparavant; les lettres avaient grandi sur l'arbre en profondes cicatrices.

Et Magdeleine ne descendait pas.

Il attendit longtemps, à chaque instant retenant son haleine pour distinguer le bruit de ses pas, ou craignant de voir venir M. Müller, et prêt à se jucher dans un arbre pour ne pas être reconnu.

Le soleil se coucha.

Il fallait partir. Stephen arracha deux branches de chèvrefeuille et en laissa une sur l'herbe pour Magdeleine.

Comme il sortait et se retournait pour voir encore la maison, il aperçut, à la lueur incertaine du jour presque éteint, la robe blanche de Magdeleine; de la fenêtre, elle lui faisait signe de s'arrêter.

Et elle tendit un papier; mais, craignant qu'il ne fût emporté par le vent, elle enveloppa dedans quelque chose de pesant, le jeta à Stephen et referma la fenêtre. Plus de deux heures s'écoulèrent avant que le pauvre garçon trouvât la lettre; enfin, muni de ce précieux trésor, il se remit promptement en route.

Elle lui écrivait :

« Je ne pourrais descendre au jardin sans mon père; c'est un moment de bonheur que le sort nous arrache bien cruellement. Tu as le bras en écharpe, tu es blessé. O mon Stephen ! ce n'est pas moi qui te donne des soins ! Je vais bientôt me rapprocher de toi, je passe l'hiver auprès de Suzanne. Adieu, je t'aime. »

Ce qui avait servi à donner de la pesanteur à la lettre, c'était un cachet sur lequel étaient gravées les initiales des deux noms. Stephen le serra précieusement avec la lettre.

Le matin, il avait fait la moitié du chemin sur une voiture de

6

roulier; mais, le soir, il n'eut pas la même ressource et il lui fallut marcher toute la nuit. Le jour commençait à poindre quand il entra dans la ville.

LI

MARIE

Il monta l'escalier et tourna lentement la clef qu'Edward avait laissée à la porte; il entra et vit deux têtes sur l'oreiller, car il y avait au lit un oreiller et de beaux draps bien blancs; c'étaient Edward et Marie.

Marie, la jolie servante:

Oh! comme Stephen eût voulu racheter ce premier baiser qu'il avait déposé sur les lèvres de la jeune fille!

Edward se réveilla.

— Qui va là?

— Moi.

— Ah! c'est toi, Stephen! Sois le bienvenu, ne fais pas trop de bruit et va nous chercher à déjeuner.

Stephen fut un peu surpris, mais il ne vit pas d'objection à faire, quoique sa situation lui parût bizarre. Comme il sortait, Edward le rappela.

— Prends de l'argent par terre, dans le coin de la fenêtre.

Stephen vit dans l'endroit indiqué une vingtaine de florins.

— Tu déjeuneras avec nous, dit Edward; fais apporter un bon déjeuner pour trois.

— Allons, dit Stephen en s'en allant, il faut prendre la chose gaiement. Edward ignore ce qui s'est passé entre Marie et moi; et, d'ailleurs, que m'importe Marie?

Néanmoins il y avait en lui quelque aigreur qui ne disparut que peu à peu; quoiqu'il n'eût conservé aucune intention sur Marie, il lui semblait que ce moment d'amour ou de fièvre qu'il avait eu pour elle l'avait faite sienne et était au front de la jeune fille, comme le signe et le cachet d'un maître.

Il commanda le déjeuner et alla au collège faire sa première classe. Quand il revint déjeuner, il trouva sa place prise; une nouvelle connaissance d'Edward, un jeune homme de la ville, l'était venu voir et il l'avait invité.

LII

SUZANNE A MAGDELEINE

Bien, bien, Magdeleine, ton arrivée près de moi est avancée de quelques jours. Arrive, arrive, chère et bonne amie, tu trouveras tout prêt pour te recevoir. Sais-tu que voilà un mois tout entier que je prépare nos plaisirs pour l'hiver ? Comme il tarde à arriver ! Je bénis chaque coup de vent qui enlève les feuilles des arbres.

Pendant ces trois mois d'hiver, nous avons des invitations pour quinze bals ; mon père a loué une loge au théâtre ; ce sera délicieux ! et j'ai fait venir pour toi et pour moi les modes les plus nouvelles.

On m'a envoyé des étoffes charmantes et encore inconnues ici ; envoie-moi de suite une robe à toi pour que je fasse les deux nôtres pour le premier bal auquel nous danserons.

Je me réjouis à l'avance de ton étonnement de toutes les choses que tu vas voir ici ; tu n'as aucune idée de la parure et de l'élégance des femmes et des hommes. Pauvre ermite habituée au visage tanné, aux mains dures et calleuses de paysans, tu vas te trouver dans un pays enchanté !

J'ai fait arranger la chambre que je te destine ; elle est charmante, c'est moi qui ai choisi les tentures et l'ameublement ; tu en seras contente. Viens, viens, Magdeleine, tu verras tout cela.

Et par-dessus tout, j'ai une idée : dans la société que nous verrons, parmi ces hommes beaux et aimables qui nous entoureront, tu peux faire un choix ; belle et spirituelle comme tu es, tu feras un riche mariage qui te fixera près de moi.

Viens, nous avons tant de choses à nous dire ! Depuis un mois j'amasse pour toi toutes mes pensées ; jamais tu n'auras vu une fille aussi babillarde.

LIII

— Je pars ! dit Edward ; me voilà rentré en grâce auprès du terrible oncle, comme tu as pu en juger par l'opulence inusitée que tu as trouvée ici. Te laisserai-je ici, Stephen ? pourquoi ne reviens-tu pas avec moi ? Tu peux encore épouser ta parente, tu seras riche.

— Non, non, encore quatre mois, et je serai assez riche, j'aurai une place de quinze cents florins et je serai le plus heureux des hommes; ne t'occupe pas de moi; avec de la persévérance, je me ferai la vie qu'il me faut.

— Je ne veux pas que mon amitié t'importune; je pars seul; partageons ce que j'ai d'argent, et, quand je serai là-bas, tu me permettras de t'envoyer une petite indemnité de la ruine que je t'ai causée.

Et Stephen accompagna Edward jusqu'à la voiture qui devait l'emmener. Chemin faisant, Edward ne parlait que des plaisirs qui l'attendaient; enfin ils s'embrassèrent et la voiture roula.

Pendant quelques jours, Stephen fut en proie à cette tristesse vague que cause le départ d'une personne même indifférente, et à plus forte raison d'un ami avec lequel on a enlacé sa vie par une habitude de tous les jours.

Mais peu à peu le souvenir d'Edward s'effaça, et Stephen se livra avec ardeur à son travail.

LIV

STEPHEN A MAGDELEINE

Hier, je suis allé me promener vers la fin du jour au bord de la rivière; le feuillage des peupliers frissonnait de lui-même sans que l'on sentît le vent; tout paraissait calme et dans l'attente, l'air était pesant, de gros nuages noirs marchaient lentement, l'air pouvait à peine les soutenir; on entendait au loin un roulement sourd, et des éclairs fendaient le ciel; les hirondelles rasaient en criant l'eau, qui paraissait d'un noir violet; puis le vent s'élança, enlevant en tourbillons les feuilles et la poussière; les peupliers noirs se courbaient; les hirondelles, emportées par le vent, ne pouvaient lui résister. Comme je contemplais ce spectacle, tout à coup le vent s'abaissa et d'un nuage déchiré l'eau tomba par torrents.

Je me réfugiai en courant dans la cabane de Fritz; — je dois t'avoir parlé de Fritz; — il n'y était pas, je ne vis que sa femme entourée de petits enfants; ordinairement ils courent en sautant à ma rencontre, et en signe de joie m'écrasent les pieds et déchirent mon habit; mais alors ils étaient à genoux autour de leur mère; leurs visages à tous avaient une expression de solennité d'autant plus forte qu'il faisait presque nuit.

— Il est tard, me dit Louisa, et Fritz n'est pas rentré; nous prions le bon Dieu pour qu'il ne lui arrive pas d'accident par cet affreux temps, et qu'il trouve un abri.

C'est un bonheur, un grand bonheur qu'une croyance ferme dans l'inquiétude, Magdeleine; la mienne est quelquefois ébranlée par le raisonnement, et j'en suis fâché; aussi jamais d'un sourire amer, jamais d'une parole d'incrédulité je ne froisse, je n'ébranle la croyance de personne : c'est un bonheur que je tuerais, un appui que je renverserais.

Je m'approchai et je me mis à prier avec eux.

Puis je m'avançai sur la porte.

— Les nuages courent vite et ils sont plus légers, dis-je ; le vent balaye le ciel, l'air est maintenant frais, l'orage est fini.

— Enfants, dit Louisa, allez chercher le pantalon et la veste des dimanches de votre père, pour qu'il puisse changer en rentrant.

Et elle-même elle tira une grosse chemise de toile bien blanche et elle la fit chauffer devant le feu.

— Louisa, dis-je, je vais mettre le couvert pour qu'il puisse manger la soupe chaude en arrivant.

Quelques minutes après, Fritz entra; elle lui sauta au cou, les enfants l'entourèrent et l'aidèrent à changer de vêtements.

Tout cela m'a empêché de dormir, Magdeleine; l'aspect du bonheur m'a fait songer que je ne suis pas heureux. Toute la nuit, je voyais cette femme priant et interrogeant le ciel d'un regard inquiet et suppliant, ses caresses et celles de ses petits enfants; Magdeleine, ils sont pauvres, mais ils sont bien heureux.

Nous aussi, Magdeleine, nous serons bien heureux; encore quatre mois, et j'aurai cette place, et j'irai te demander à ton père; et puis tu vas être plus près de moi ; je te verrai quelquefois et cela me donnera bien du courage et de la force.

Tu souffres, me dis-tu, d'une dent; coquette, je veux que vous la fassiez arracher, j'en fais le sacrifice; vous n'y pouvez pas tenir plus que moi.

LV

> Les vieux ormeaux n'ont plus leurs têtes ondoyantes;
> Autour de leurs troncs noirs le vent froid de l'hiver
> Fait tomber et rouler leurs feuilles jaunissantes;
> Leurs branchages séchés s'entre-choquent dans l'air.
>
> > Et seule sur la branche nue,
> > Où le givre brille au matin,
> > La mésange bleuâtre, à peine suspendue,
> > Fait entendre sa voix aiguë.

Par une sombre matinée du commencement de l'hiver, les nuages étaient d'un gris sale, l'herbe de la terre était couverte d'une épaisse gelée blanche, et, sensibles à ses premiers froids, les gens qui passaient dans la rue étaient soigneusement enveloppés et marchaient à petits pas pressés.

Cependant, à une belle maison de la ville de***, une fenêtre était ouverte et, à cette fenêtre, enveloppée de fourrures, on voyait une jeune fille blanche et blonde, dont les regards étaient attentivement fixés sur la route. La pauvre enfant! son nez si bien dessiné était outrageusement rougi par le froid, qui arrachait des larmes à ses yeux, d'un bleu clair et transparent. Les passants la regardaient, mais le froid les faisait bientôt se renfermer dans leur manteau.

De temps à autre, la jeune fille se retournait dans l'appartement et parlait avec vivacité.

— Allons donc, Hanry, disait-elle, et vous, Lisbeth, vous n'avancez pas.

— Il est plus de onze heures, mademoiselle, dit Lisbeth; de grâce, fermez la fenêtre, vous allez à coup sûr vous enrhumer; voilà deux heures que vous y êtes par un froid à faire tomber les pieds et les mains, et vous n'êtes pas accoutumée à l'air froid du matin.

— Laissez, laissez, Lisbeth, et dépêchez. Mettez là cette toilette, entre ces deux fenêtres. Et avez-vous déployé les robes qui étaient dans les malles arrivées hier au soir? Avez-vous mis le linge en ordre? Avez-vous bassiné le lit? Hanry, sur la cheminée, il faut des épingles; Lisbeth, sur la toilette, du savon, de la pâte d'amandes, de l'eau de Cologne, de la pommade, des brosses et des peignes, et jeter du bois au feu, encore, encore.

A ce moment elle se pencha en dehors de la fenêtre; elle rentra précipitamment.

— Vite, vite, Hanry, Lisbeth, j'entends une voiture. Hanry, un dernier coup de balai et disparaissez, allez en bas ouvrir la porte; j'espère que tout est propre et en ordre.

Et on entendait se rapprocher le bruit de la voiture, le fouet du postillon et les sonnettes des chevaux, puis la voiture, et par la portière sortit la tête de Magdeleine.

Suzanne sautait de joie.

— La voilà! la voilà!

Le postillon faisait claquer son fouet pour annoncer son arrivée; bientôt la voiture fit trembler les vitres en entrant sous la porte.

Suzanne était déjà en bas; Magdeleine s'élança dans ses bras; les deux jolies filles s'embrassèrent.

— Viens, viens, pauvre Magdeleine, dit Suzanne, tu as bien froid.

Elle l'entraîna dans sa chambre sans s'occuper de M. Müller, qui veillait au débarquement de ses livres; puis elle l'aida à se déshabiller et la fit mettre dans un lit bien chaud.

— Couche-toi pendant quelques heures; tu seras bien réchauffée et de plus fraîche et reposée pour que mon père et ma mère te voient belle.

Quand Magdeleine fut couchée, elle lui dit :

— Comment trouves-tu ta chambre?

Magdeleine porta autour de la chambre un regard d'admiration, ce luxe lui était inconnu. Toute la chambre, le haut et les parois étaient tendus de soie cramoisie avec des ganses d'argent, les rideaux des fenêtres étaient en soie blanche et cramoisie avec une frange d'argent. Les meubles étaient blancs avec des galons d'argent; il y avait un beau piano avec une énorme quantité de musique, et rien ne manquait de ces petits détails commodes qu'une femme seule peut prévoir.

— Charmante! tu t'es bien occupée de moi, ma Suzanne.

Et alors se passèrent ces douces et intéressantes causeries de jeunes filles.

— Dans un mois, dit Suzanne, je vais me marier; mon promis est beau, le plus élégant de la ville, et extrêmement riche. Si tu savais les beaux chevaux qu'il a achetés et la belle calèche, et la maison qu'il a fait meubler pour moi; c'est admirable.

Magdeleine aussi fit ses confidences : elle n'avait rien de bien magnifique à dire.

— Stephen espère avoir bientôt une petite place ; nous vivrons ignorés et tranquilles dans la petite maison de mon père ; nous serons pauvres, mais heureux.

— Il m'a déjà fait voir les cadeaux de noce, dit Suzanne : des colliers en perles, des bracelets, des bagues et des pendants d'oreilles arrivés de France, et un châle de cachemire blanc et un noir, et un troisième rouge ; c'est la plus belle corbeille qu'on ait jamais vue.

— Ce pauvre Stephen travaille bien pour moi, reprit Magdeleine, et j'attends le moment où je pourrai par mes caresses et mon amour effacer les fatigues et l'ennui de la journée.

— Magdeleine, dit Suzanne, c'est une triste dot que l'amour quand il est seul ; renonceras-tu donc à voir le monde, aux bals, aux soirées, aux plaisirs que tu ne connais pas encore ?

Magdeleine était un peu embarrassée ; elle ne savait comment tenir son mariage à la hauteur de celui de Suzanne : elle changea de conversation.

A peine trois jours s'étaient écoulés depuis l'arrivée de Magdeleine, qu'elles avaient déjà assisté à un bal magnifique. Les deux amies avaient attiré tous les yeux, autant par leur beauté personnelle que par le contraste que l'une faisait à l'autre.

— Eh bien, Magdeleine ? lui dit Suzanne en rentrant.

— C'est bien beau, dit Magdeleine.

La danse, la musique, lui avaient donné la fièvre ; elle eut de la peine à s'endormir ; il lui sembla qu'elle avait passé la nuit dans un palais enchanté.

LVI

MAGDELEINE A STEPHEN

Vous êtes prodigieusement injuste, monsieur le professeur. Comment! je suis grondée, appelée coquette, et cela parce que je ne voudrais pas perdre une dent sur le devant de la bouche, parce que je veux être jolie lorsque je vous reverrai, méchant, ingrat! je suis fort en colère! Oui, monsieur, je suis à vous, toute à vous, et, si vous faites le sacrifice de cette dent, si vous consentez à me voir enlaidie, cela vous regarde, je n'ai aucune objection à faire; mais ma dent me restera, le dentiste me l'a affirmé, et je ne souffre plus ; vous avez tout l'honneur du sacrifice sans en avoir la peine. Néanmoins, je vous en veux récompenser, et voici comment :

Dimanche prochain, je serai chez ma tante, chez cette bonne tante Pauline que tu connais ; tu peux t'y trouver par hasard et nous nous verrons, nous nous parlerons : j'y arriverai vers quatre heures après-midi.

Adieu, mon ami, Suzanne frappe à ma porte presque en fureur ; il faut m'habiller pour l'accompagner au bal ; j'y porterai ton image. Adieu, mon Stephen.

LVII

UN BON DINER

Le jour qui précédait le dimanche tant désiré, Stephen était dans sa pauvre chambre; quelques petits morceaux de bois l'échauffaient à peine ; il faisait sa cuisine.

Une lettre arriva, elle était de Magdeleine: il n'y avait que quelques lignes :

« A demain, Stephen; je n'ai le temps de te rien dire; on m'attend pour un grand et splendide dîner; la maison est déjà pleine de convives, et je ne suis pas encore parée. A demain. »

Après avoir baisé ces lignes, Stephen se mit près de sa fenêtre; un rayon du soleil couchant entrait à travers les vitres, et il se mit à manger ses pommes de terre.

— Demain, dit-il, demain, je la verrai, je lui parlerai, j'entendrai sa douce voix résonner à mon cœur; ses regards s'arrêteront sur les miens. Oh ! que j'aie la force de supporter ce moment! que le bonheur ne m'écrase pas!

Et, en mangeant, il s'arrêtait de temps à autre pour relire la lettre de Magdeleine. «A demain ! » Et sa voix, en prononçant ces mots, lui serrait le cœur.

Une seconde lettre arriva, elle était d'Edward : il lui racontait ses plaisirs. « J'ai vu ta parente au bal, lui disait-il; elle est fort jolie, et beaucoup de prétendants se disputent sa main. Tu es bien fou, quand tu n'as qu'à te présenter... Suis mes avis, Stephen ; ta pauvreté finira par tuer l'imagination poétique qui te soutient.

Hâte-toi! bientôt peut-être il n'en sera plus temps, et tu en ressentiras d'amers regrets. »

— Fou, toi-même! s'écria Stephen. Abandonner Magdeleine et mon amour, qui colore ma vie comme le soleil l'herbe! Abandonner mon bonheur! vendre ainsi mon avenir, quand je vais voir Magdeleine demain! Allons, allons, tu es fou, mon cher Edward.

La lettre contenait un effet, payable à la poste, de cent florins.

Et Stephen continua joyeusement son repas.

LVIII

Le lendemain, Stephen se mit en route pour la ville. Chemin faisant, il récapitulait tout ce qui lui était arrivé depuis quelque temps, et il se trouvait fort heureux.

— Je vais voir Magdeleine; dans trois mois j'aurai ma place; d'ici là l'argent que m'a envoyé Edward va me faire riche. Réellement, un bonheur ne vient jamais seul.

LIX

OÙ L'AUTEUR PREND LA PAROLE — SUR UN PROVERBE

Racine a dit :

Les malheurs sont souvent l'un à l'autre enchaînés.

Voici comment je m'explique qu'un bonheur semble en attirer d'autres.

Notre vie humaine n'a que quelques jours d'un intérêt vif, qui sont assez clair-semés sur un fond de jours insignifiants, ni tristes ni gais, sans couleur aucune, comme une légère broderie sur un canevas.

Or, ces jours nombreux, sans couleur eux-mêmes, sont colorés du reflet d'un jour de bonheur ou de tristesse.

Comme dans une pinte d'eau, si vous mettez une goutte d'indigo, l'eau deviendra bleuâtre; une goutte d'encre, elle deviendra grise;

Si une goutte de sirop, sucrée; si de vinaigre, âcre.

Un jour de bonheur étend ses rayons sur dix jours qui l'ont précédé:

De même un jour de tristesse, son ombre funèbre.

Un bonheur répand un suave parfum sur notre vie, comme le chèvrefeuille embaume l'air qui l'entoure et le vent qui le balance en passant.

Les jours insignifiants sont comme les zéros, qui ne sont rien par eux-mêmes, mais prennent leur valeur du chiffre qui les précède.

LX

MAGDELEINE A STEPHEN

Je t'ai donc vu, mon Stephen! et tu es maintenant seul et triste, rentré dans ta chambre; je t'envoie des souvenirs d'hier qui prolongeront de quelques instants notre bonheur.

Je ne t'exprimerai pas combien j'ai été heureuse! J'étais près de toi, je te regardais, je t'écoutais. Ma tante, sans aucun doute, a été instruite par mon père; sans cela, par des phrases générales eût-elle cherché à nous détourner de notre but, nous eût-elle montré l'amour comme une fièvre ou une folie passagère?

Mais toi, comme l'amour te rendait éloquent! avec quelle force tu soutenais ses droits, mon Stephen! Je recueillais toutes tes paroles, je les gravais dans mon cœur, elles ne s'en effaceront jamais; je te vois encore en partant dire : « J'ai mon but devant les yeux, j'y arriverai, car je me sens fort, et j'y marcherai jusqu'à ce que je tombe. »

En arrivant chez ma tante, en montant chez elle, mon émotion était extrême; mais, arrivée à la porte, il me prit une palpitation de cœur si violente, que je craignis de me trouver mal; je croisai mes bras sur ma poitrine pour contenir mon cœur, qui semblait vouloir s'en échapper. Je n'entrai que lorsque je me crus assez calme pour me contenir à ta vue; pourtant j'étais bien tremblante; je fus longtemps avant d'oser fixer mes regards sur toi. Tu es changé, tu es plus grand, plus fort; tes traits ont un caractère bien plus prononcé. Nous n'osions pas nous parler; mais je t'entendais, je te comprenais si bien! et, lorsque tu as parlé de ton père, de ton isolement, que j'ai eu de peine à retenir mes larmes! Stephen est seul, il est malheureux. O mon Dieu!

oh! si je puis un jour te rendre au bonheur, consacrer ma vie, l'employer à te rendre heureux, être ta compagne, te rendre une famille, car ma famille sera la tienne, mes amis seront les tiens ; tu verras autour de toi des personnes heureuses de te voir; moi, je ne te quitterai plus, et tous deux ensemble, au milieu de nos enfants, entourés de ma Suzanne, et de notre frère Eugène... Stephen, quand tu te rappelleras que tu as été seul, isolé, malheureux, ce ne sera plus qu'un souvenir qui donnera plus de prix à notre bonheur. Espérons, mon ami, mon Stephen, espérons tout du ciel. Hier, quand tu sortis avec la lettre que j'avais jetée dans ton chapeau, quand ma tante te reconduisit, des ordres à donner la retinrent quelques instants dans le salon. Je me trouvai seule, mon sang s'arrêta, mon cœur ne battait plus que faiblement; j'allai m'asseoir à la place que tu venais de quitter; je retenais ma respiration pour tâcher d'entendre encore le son de ta voix ou le bruit de tes pas. Oh! que j'aurais voulu pouvoir te rappeler, presser tes mains, te jurer de t'aimer toute ma vie! que de choses j'avais à te dire! Les larmes tombaient de mes yeux et inondaient mes joues sans que je m'en aperçusse. Lorsqu'en regardant cette fleur que tu avais donnée à ma tante et que je n'avais osé lui demander, quelque envie qu'elle me fît, je vis ma figure dans la glace, je me hâtai d'essuyer mes yeux, de poser mes lèvres sur la fleur, et je dérobai une branche de feuilles, que je cachai dans mon sein.

Que cette entrevue si courte et si contrainte m'a rendue heureuse! combien je désirerais te voir souvent de même! Et le soir encore au théâtre; mais tu y es venu bien tard.

LXI

POURQUOI STEPHEN ÉTAIT ARRIVÉ TARD AU THÉÂTRE

En jetant une lettre dans son chapeau, Magdeleine lui avait glissé à l'oreille : « Lis tout de suite. »

En sortant, Stephen rencontra dans la rue un homme qui fumait; il tira un papier de sa poche, l'alluma et lut à la lueur de ce papier : « Nous allons entendre l'opéra, Suzanne, ses parents et mon père et moi; viens, nous nous y verrons quelques instants. »

Stephen fouilla dans ses poches et les retourna; il fallait un florin pour les moindres places du théâtre, il ne l'avait pas ; il songea à l'argent d'Edward ; mais il s'aperçut que le papier qu'il avait brûlé pour lire la lettre était précisément le bon sur la poste.

Il chercha sur lui, et ses yeux s'arrêtèrent sur la bague de Magdeleine : cette bague était en or et paraissait avoir quelque valeur ; il se souvint qu'il y avait dans la ville une vieille femme qui prêtait sur gages ; il y avait quelque chose qui lui serrait le cœur à penser qu'il allait se séparer de cette petite bague.

Les cheveux de Magdeleine, un don de son amour, une partie d'elle allait passer aux mains d'une étrangère, pour de l'argent !

Mais il songea aussi que, si Magdeleine ne le voyait pas au théâtre, elle pourrait craindre un accident ou soupçonner de l'indifférence ; la vieille femme lui donna le florin dont il avait besoin.

De ce jour Stephen commença à mener une vie fatigante : trois fois par semaine Magdeleine allait au spectacle ; Stephen tâchait de quitter le collège de bonne heure et faisait en courant les trois lieues qui le séparaient d'elle ; il ne pouvait rentrer que fort avant dans la nuit, et jusqu'au matin il n'avait que quelques heures pour dormir.

De plus, comme ses finances ne pouvaient lui permettre la moindre dépense extraordinaire, le jour où il allait au théâtre il ne dînait pas, et les autres jours il veillait pour copier des écritures qui lui rapportaient un peu d'argent ; aussi était-il devenu maigre et hâve ; mais chacune de ces privations était pour lui un bonheur ; il marchait à son but, il l'avait devant les yeux et le voyait approcher rapidement.

Un jour, il alla chez la tante de Magdeleine.

— Je donne une soirée dans une semaine, lui dit-elle, j'aurai beaucoup de monde ; y viendrez-vous ?

Stephen accepta l'invitation avec joie, car Magdeleine ne pouvait manquer d'y être.

LXII

EUGÈNE A STEPHEN

Après-demain, frère, nous montons à cheval et nous allons au devant de l'ennemi ; encore un coup de dé. Je t'écrirai aussitôt que nous nous serons battus, pour que tu saches si tu as encore un frère ou une partie de ton frère, car il y a de sots boulets qui emportent la moitié d'un homme sans le tuer.

En ce cas, frère, hâte-toi de te marier et de me préparer une petite chambre dans ta maison, car j'arriverai avec ma solde de retraite et une jambe de bois, et apprête-toi à entendre narrer et renarrer cent fois la même chose.

Pour le moment, j'ai à te demander un service assez important : l'argent destiné à renouveler les harnais de mon cheval, les brides, les étriers, etc., a été par moi et mes camarades bu et mangé sous les espèces du genièvre et de la sauercraüt.

Je ne puis pour le moment demander d'argent à mon vénérable père ; tâche, mon cher Stephen, de m'envoyer la somme nécessaire à cet achat ; informe-toi de ce que cela peut coûter ; si tu ne peux l'envoyer tout de suite, c'est-à-dire le jour de la réception de ma lettre, ne l'envoie plus, parce qu'il ne me parviendrait pas. »

Stephen fut attristé de cette lettre ; quand il la reçut, il avait bien à peu près la somme nécessaire ; mais Magdeleine l'attendait au théâtre, il ne pouvait lui faire savoir qu'il ne s'y trouverait pas. Magdeleine était tout pour lui, son âme et sa vie et le but de toutes ses actions ; et d'ailleurs, depuis quelque temps, les lettres de Magdeleine étaient plus rares ; la jeune fille, au milieu des plaisirs qui l'entouraient, ne trouvait pas souvent d'instants à donner à son ami ; le pauvre Stephen avait bien besoin de la voir pour reprendre un peu de force et de courage. Il n'envoya pas ce que son frère lui demandait.

Le soir, il était au théâtre, les yeux presque toujours fixés sur une loge.

Dans cette loge étaient M. Müller et sa fille, Suzanne et ses parents, et de plus le promis de Suzanne avec Schmidt, le cousin de Magdeleine ; c'étaient deux jeunes gens beaux et riches et vêtus avec la plus grande élégance et la dernière recherche.

Ils ne s'occupaient guère du spectacle et examinaient tous les spectateurs ; faisant de temps en temps part aux jeunes filles de leurs remarques, quelquefois spirituelles, presque toujours moqueuses. Suzanne riait aussi fort que le permettait la décence, et Magdeleine, qui avait commencé par sourire du bout des lèvres pour faire comme les autres et n'avoir pas l'air de blâmer leur gaieté par une contenance sévère, finit par la partager entièrement.

et, pour montrer un peu de l'esprit que l'on prodiguait devant elle, elle s'avisa de faire une remarque à peu près piquante sur une femme dont la toilette annonçait des prétentions auxquelles ne répondaient ni son âge ni sa figure. Les deux jeunes gens avouèrent qu'ils n'avaient rien entendu de si spirituel. Magdeleine, étourdie de ce succès et presque contrariée que l'on montrât tant d'admiration pour si peu de chose, voulut justifier cette estime pour son esprit, voulut en montrer et en montra, car elle en avait beaucoup; et d'ailleurs cette sorte d'esprit, que l'on perd dans la solitude ou dans l'agitation des sensations fortes, s'alimente et se renouvelle par le frottement de l'esprit des autres.

Cependant il vint un moment où son attention fut tout à fait captivée par le spectacle; les paroles que prononçaient les acteurs avaient quelque rapport avec sa situation et celle de Stephen.

Mon âme, ma vie, disait l'acteur, *garde précieusement mon bonheur; je viendrai le réclamer quand je m'en serai rendu digne.*

Les grands yeux noirs de Stephen se tournaient, fixes et mélancoliques, vers Magdeleine; elle aussi le regarda, mais elle était distraite par des rires étouffés et les chuchotements de Suzanne et des deux jeunes gens.

— C'est, disait le promis de Suzanne, un habit qui, vu le collet étroit et les basques en pointe, porte pour des yeux un peu exercés le millésime de l'an 1795 après Jésus-Christ.

— Ce qu'on ne saurait trop admirer, reprit Schmidt, c'est l'arrangement de la cravate et la blancheur au moins équivoque du gilet.

— Tout cela ne serait rien, dit Suzanne, si par sa pose tragique et ses yeux levés au ciel il n'affichait pas une ridicule prétention aux regards et à l'attention; on ne peut obliger un homme à être bien mis quand c'est un pauvre diable, mais on peut lui savoir mauvais gré de forcer vos regards à s'arrêter sur lui par quelque chose d'excentrique et d'extraordinaire. L'homme qui usurpe ainsi l'attention n'a pas le droit de ne pas avoir une jolie figure, et certes, avec ces joues creuses, et ces pommettes saillantes, et ces cheveux mal arrangés, l'élégant ressemble assez au Méphistophélès de notre Gœthe, plus propre à servir d'épouvantail aux jeunes filles qu'à attirer leurs regards.

— Ce doit être, ajouta le promis, la terreur des petits enfants de son quartier; les mères doivent les menacer de lui quand ils pleurent, et je gage qu'ils s'enfuient et se cachent tous sur son passage.

— Magdeleine, dit Suzanne, le vois-tu ?

Mais la pauvre Magdeleine était dans une triste situation, l'homme sur lequel on s'exerçait ainsi était Stephen; elle aurait dû peut-être arrêter la première moquerie en annonçant que ce jeune homme était de ses amis; mais, une fois la bordée partie, elle n'aurait osé se faire ainsi solidaire de tous les ridicules que l'on avait découverts en lui; elle prétexta un violent mal de tête et garda le silence le reste de la soirée.

Néanmoins, ses pensées suivaient malgré elle le cours que leur avait donné la conversation de ses nouveaux amis.

— Oh! se disait-elle, s'ils savaient tout ce qu'il y a de beau et de noble dans le cœur de mon Stephen, ils n'auraient trouvé pour lui que de l'admiration. Mais pourquoi néglige-t-il ainsi son costume? pourquoi ne cherche-t-il pas à prévenir par son extérieur ceux qui ne peuvent connaître son âme?

Puis elle se reprocha de n'avoir pas osé l'avouer et prendre sa défense, et elle tâcha de se justifier à ses propres yeux aux dépens de Stephen.

Elle n'avait jamais soupçonné que Stephen pût paraître ridicule aux yeux de quelqu'un, que quelqu'un pût avoir un moment de supériorité sur lui. Aussi voulait-elle du mal aux deux jeunes gens de l'avoir désabusée et d'avoir pris avantage ainsi sur son amant.

C'est une triste chose pour une jeune fille de s'apercevoir que son amant n'est pas le premier des hommes et que tout le monde ne partage pas son admiration et son amour pour lui. L'estime des autres pour celui qu'elle aime est pour beaucoup dans l'amour d'une femme, parce que dans son amant elle cherche un appui et un protecteur, parce qu'elle sent qu'elle s'identifie à lui, qu'elle ne devient plus qu'une partie de lui-même, et s'absorbe en lui, et n'aura plus d'autre considération que la sienne, d'autre bonheur que le sien.

L'homme, au contraire, veut une femme à lui, toute à lui; il veut qu'elle tienne au reste du monde par le moins de liens possible; il veut qu'elle tienne tout de lui; il est jaloux d'un regard d'admiration que l'on fixe sur elle, tandis qu'elle jouit des triomphes de son amant, car elle n'a d'autres triomphes que les siens, d'autre gloire que la sienne.

Aussi, mécontente d'elle, triste de voir Stephen moins grand, elle fut plusieurs jours sans lui écrire, puis elle fit une lettre ; mais il fallait traverser la rue, il pleuvait, et elle ne pouvait la confier à un domestique. La lettre ne fut pas envoyée.

Cependant, la veille du bal chez sa tante, elle écrivit à Stephen, car elle craignait, si elle le laissait plus longtemps dans l'inquiétude, de rencontrer son regard triste et sévère ; elle envoyait en même temps la lettre qui n'était pas partie à cause de la pluie, et elle se justifiait en expliquant ce retard.

LXIII

STEPHEN A MAGDELEINE

Ton image occupe tous mes rêves, toutes mes pensées ; l'amour que j'ai pour toi est le canevas sur lequel je brode ma vie ; au fond de mes actions les plus indifférentes, on retrouverait cet amour. Je t'ai vue gaie et rieuse, j'en emporte une impression pénible.

Tu es ma fiancée, Magdeleine, je dois tout dire ; les conseils que je puis te donner, ceux que je recevais de toi avec amour ne sont que pour préparer notre bonheur qui s'approche tous les jours.

Tu avais une robe trop décolletée, et ta gaieté attirait sur toi des regards que ton costume arrêtait.

La plus belle parure d'une femme est la modestie ; la femme qui aime doit faire tendre tous ses efforts à ne rien laisser prendre d'elle aux autres hommes ; sa beauté, ses regards, sa voix, tout appartient à son amant. Un regard qu'un autre homme fixe sur toi souille ta pureté et me dérobe quelque chose de mon bien ; tu es une fleur dont le parfum m'appartient ; tu ne dois le donner qu'à moi ; ce n'est pas assez que tu n'aimes que moi, tu ne dois être aimée que de moi ; l'amour et les désirs d'un autre homme te salissent ; tu dois te réserver pure pour te donner à moi. L'homme qui t'a contemplée, celui qui a écouté ta voix suave, qui a respiré ton haleine, celui-là a joui de ta beauté, de ta voix, de ton haleine ; il m'a volé, je le hais ; et toi, Magdeleine, tu es sa complice si tu n'as pas pris assez de soin de lui cacher et de mettre hors de sa portée tout se qui m'appartient.

Tu dois pour les autres voiler et les formes de ton corps et ta taille souple ; tu dois avoir du bonheur à te donner toute à ton amant, et ne laisser voir ton visage et tes mains que parce que tu ne peux faire autrement. Ce que je réclame ainsi, Magdeleine, je l'achète et le paye de toute ma vie ; et mon seul désir serait de retrancher de mes jours, de mes instants tous ceux que je ne puis te consacrer entièrement. Notre vie à nous deux est unie et isolée au milieu du monde. Le monde pour moi, c'est toi, c'est le lieu où tu es : le monde, c'est nous deux, c'est notre amour.

Rien ne m'intéresse hors toi, hors les moyens de te posséder : je ne donne à tout le reste ni une pensée ni un désir ; tout ce qui de mon corps ou de mon âme n'est pas pour toi, il me semble qu'on me l'arrache douloureusement ; je te donne tout mon être, je voudrais que nos deux existences pussent se mêler et se confondre comme l'eau avec l'eau, le feu avec le feu.

Dis-moi, Magdeleine, ne serais-tu pas heureuse si tu pouvais dire, en te donnant à moi : « Toi seul m'as vue ; jamais le regard d'un autre homme n'a caressé ni baisé mes lèvres et mon cou et ma poitrine ; jamais un autre homme ne m'a désirée et n'a songé à me posséder. Je me donne à toi pure comme un ange : les autres hommes ne m'ont jamais vue ; pour eux mon existence est inconnue, je ne vis que pour toi, toi seul sais qui je suis. »

Car, Magdeleine, vous autres filles élevées dans le monde, vous n'arrivez jamais vierges aux bras de vos époux ; je ne vous en fais pas un crime ; vous ne pouvez empêcher qu'un désir, qu'un rêve ne vous viole et ne vous déflore ; mais ce qui dépend de vous, c'est d'employer tous vos efforts à dérober aux autres ce qui n'appartient qu'à un seul, et ne leur laisser que le moins possible.

A ce propos, et en retombant, faute de mieux, dans le réel et le possible, je veux te parler de ta parure : crains de trop te serrer dans un corset ; c'est à cet absurde et incommode usage que tant de jeunes filles doivent des maux de poitrine et d'estomac, tout cela dans le but de paraître mince et de ressembler à une guêpe au lieu de ressembler à une femme.

Vois les chefs-d'œuvre des arts, les tableaux et les statues où des hommes de génie ont réuni tout ce que la nature a produit de plus beau ; vois-tu les corps des femmes ainsi étranglés par le milieu ? Une femme mourrait de chagrin et de regret si son corps était fait comme elle s'efforce de le faire paraître.

Le but de la parure doit être, non de paraître riche, mais de paraître belle ; la finesse, ou la rareté, ou le prix d'une étoffe ne doit donc entrer jamais en considération ; la forme des vêtements et leur couleur seule ont de l'importance ; adopte la couleur qui te sied le mieux, la forme de robe qui fait le mieux ressortir tes avantages : n'aie jamais la folie d'adopter ni une forme ni une couleur parce qu'elle est la mode, dût-elle te rendre laide et bossue.

Le blanc te sied parfaitement ; les cheveux en bandeau sur le front donnent à ta figure la douce majesté, la naïve pureté des madones de Raphaël ; de plus, cette manière d'arranger les cheveux ne les gâte en aucune façon et ne donne pas de maux de tête.

La société a corrompu les femmes et leur a enlevé une grande partie de leurs charmes ; toute la vie des femmes devrait appartenir à l'amour ; on les a rendues savantes et spirituelles ; leur vie se trouve divisée et partagée en une multitude de soins, d'affections et d'occupations ; elles n'en ont qu'une partie à donner à l'amour, à qui elles appartiennent tout entières.

Sans cela, elles ne voudraient paraître belles qu'aux hommes et à un seul homme, leur parure n'aurait pas pour but de froisser la vanité des autres femmes.

Adieu, Magdeleine ; tu m'écris bien rarement ; et autrefois la pluie ne t'empêchait pas de m'envoyer une lettre qui me fait goûter le seul bonheur qu'il y ait pour moi dans la vie. Prends garde que tous ces plaisirs ne prennent trop de ton cœur.

LXIV

— Cet homme est fou, dit Suzanne après avoir lu la lettre de Stephen : il est fort heureux qu'il n'exige point de toi que tu aies des ailes et une auréole autour de la tête ; mais il y a encore l'avenir et l'espérance, et il me paraît organisé de telle sorte que je ne vois pas de folie qui ne puisse trouver place dans sa tête.

Magdeleine ne répondit pas ; elle ne trouvait rien dans son esprit pour justifier Stephen, d'autant qu'elle le trouvait fort exigeant, et comme elle ne se sentait pas tout à fait sans reproche relativement à la soirée où elle avait vu Stephen au théâtre, elle était naturellement portée à s'irriter contre quelqu'un qui précisait un blâme qu'elle pensait mériter, mais qu'elle se plaisait à laisser dans une sorte de vague.

Suzanne continua :

— A mon avis, la lettre est passablement impertinente, et peut-être M Stephen est le seul qui ne se contenterait pas de t'avoir telle que tu es, sans vouloir t'imposer une perfection qui n'existe que dans son cerveau malade. Quoi ! Magdeleine, selon lui, ta vie doit être de le contempler continuellement, quelque laid qu'il soit, de faire en sorte de paraître aux autres laide et sotte ! Je m'étonne qu'il ne te conseille pas de t'arracher un œil et quelques dents et de te couper le nez. Il faut que M. Stephen se croie bien du mérite et de l'esprit pour prétendre remplacer pour une femme tous les hommages et tous les plaisirs de vanité.

— Tu l'accuses injustement, dit Magdeleine ; il n'a pas de vanité, et sa folie, si c'en est une, vient de son amour.

— Le ciel me préserve et toi aussi d'un amour semblable ! Il te mettra dans une cage de fer, Magdeleine ; il sera jaloux de ton amitié pour moi ; il nous séparera ; il te punira de n'être qu'une femme, fusses-tu la plus belle et la meilleure des femmes, car il lui faut une fée, ou une déesse, ou une sylphide. Je ne serais pas surprise de le voir un jour te faire une infidélité en faveur de la lune ou d'une hamadryade. Cet homme est fou ; je te le jure sur ta tête et sur la mienne, je ne te livrerai pas ainsi aux bras d'un fou. Au lieu de t'entourer de plaisir et de bonheur, il te retranche tout, il élève autour de toi un rempart de doutes et de soupçons ; et, si tu t'y soumets aujourd'hui, Magdeleine, quand ton amour, si réellement tu aimes un pareil homme, se sera affaibli, soit en voyant ton erreur, soit consumé par lui-même, alors l'un et l'autre vous gémirez du lien indissoluble qui vous unira ; vous vous haïrez, vous serez malheureux, non-seulement de votre malheur, mais encore de tout le bonheur idéal que votre crédulité vous avait fait rêver.

LXV

L'ÉMERAUDE

Le matin du dimanche, comme il restait à Stephen quelque argent, il acheta des gants et des bas de soie, et, quand arriva l'heure du dîner, il se contenta de manger un morceau de pain, attendu qu'on devait souper après le bal.

Tout en battant son pantalon et son habit, il se représentait le bonheur dont il n'était séparé que par quelques heures : sa main toucherait celle de Magdeleine.

Puis il se lava et se coiffa avec soin; ensuite il repassa avec de l'encre les coutures un peu blanchies de son habit, mit une chemise bien plissée et une cravate bien blanche, puis les bas de soie et les souliers, puis le pantalon !...

Mais la jambe tout entière passa par le genou.

Le pauvre pantalon n'était pas neuf, et chaque coup de baguette l'avait coupé; il était complétement haché.

Il resta étourdi comme d'un coup sur la tête, car avec celui, en fort mauvais état, qu'il mettait tous les jours, c'était le seul pantalon qu'il possédât, et il n'y avait pas moyen d'en mettre un de toile, en hiver.

Il se frotta les yeux, croyant rêver; mais la chose n'était que trop réelle.

Il n'y avait plus moyen d'aller au bal

Il maudit le pantalon, le ciel, la terre et Dieu, tout en disant de temps en temps :

— Allons, il faut de la raison.

Il passa deux heures à se moraliser, à se démontrer que, s'il ne voyait pas Magdeleine ce jour-là, il la verrait un ou deux jours après; qu'au milieu d'un bal, il ne pourrait ni lui parler ni la regarder; enfin, que ce n'était pas un malheur.

Après quoi, il se mit en route avec son costume de tous les jours, sentant qu'il lui fallait voir Magdeleine à tout prix et se proposant de la voir au moins descendre de voiture.

Il arriva à la ville au commencement de la nuit et se mit dans un coin, près de la maison, pour voir arriver les voitures. Tout le monde était en grande parure, et Stephen s'estima heureux de son accident, qui l'empêchait de se trouver pauvrement habillé au milieu de ces gens.

Il se rapprocha du mur quand il vit d'une belle voiture s'élancer Edward, élégamment vêtu; pour tout au monde, il n'eût pas voulu être reconnu de lui.

Bientôt après, Suzanne et Magdeleine descendirent; elles étaient accompagnées du promis de Suzanne et de M. Müller. Comme le pauvre Stephen eût voulu l'arrêter un moment pour la contempler à loisir ! mais elle disparut, et Stephen s'éloigna à grands pas. Mais, au détour de la rue, il retourna la

7.

tête et ne put se décider à perdre de vue la maison où elle était; il revint et se promena dans la rue, s'occupant peu de l'attention des voisins et de la neige fondue qui tombait en pluie froide.

Les pensées les plus diverses remplissaient son esprit : « Que fait-elle ? Peut-être un autre la caresse du regard et s'enivre de sa voix; heureusement que ce Schmidt, ce garçon blond, n'y est pas. »

Un domestique sortit et dit à un de ses camarades qui fumait sur la porte : « C'est très-beau; si tu veux voir un peu, prête-moi ta pipe et je garderai tes chevaux ; mais ne reste pas longtemps. » Le cocher lui donna sa pipe et ses guides et entra dans la maison ; d'un mouvement subit, Stephen s'élança derrière lui et le suivit; en montant l'escalier, il rabattit ses cheveux sur ses yeux pour ne pas être reconnu ; le cocher entra dans l'antichambre. Par une porte entr'ouverte pour donner de l'air, les yeux pouvaient plonger dans le salon, et plusieurs domestiques regardaient d'un œil d'envie les plaisirs de leurs maîtres. Au milieu de femmes richement parées et d'hommes empressés autour d'elles, Stephen aperçut Magdeleine; elle valsait avec Edward. Edward la dévorait du regard; Magdeleine, en effet, était bien belle : le plaisir animait ses traits, et au son d'une ravissante musique elle touchait à peine le parquet.

Stephen sentit ses dents se serrer : il trouvait que Magdeleine abandonnait trop son corps au bras d'Edward, et Edward valsait à ravir ; l'élégance de son costume et de ses manières en faisait un cavalier remarquable, et sa figure était plus jolie qu'aucune de celles que renfermait le salon.

De temps à autre, quand les regards de Magdeleine se portaient vers la porte, il se retirait dans l'ombre; mais, au bout d'une heure, persuadée qu'il ne viendrait pas, et se livrant tout entière au plaisir, elle ne tourna plus les yeux de ce côté. « N'importe, se disait Stephen, cette bague de mes cheveux qu'elle a au doigt lui rapelle mon amour. Au milieu de ses plaisirs, tout confondu que je suis misérablement avec les valets, je remplis son cœur comme elle remplit le mien. Qu'est-ce qu'un accident qui nous sépare pour une soirée, quand nous avons devant nous toute une vie de bonheur et d'amour ? »

Edward de toute la soirée ne quitta pas Magdeleine des yeux. Quatre fois il valsa avec elle.

Elle laissa tomber son bouquet, il s'élança et le cacha dans son sein; heureusement pour Stephen qu'il ne pouvait s'en apercevoir; heureusement aussi qu'il n'avait pas vu que Magdeleine n'avait pas au doigt la petite bague de cheveux.

Suzanne, en l'aidant à s'habiller, lui avait dit :

— Magdeleine, est-ce que tu vas garder cette bague de cheveux ?

— Oui, avait répondu Magdeleine.

— Tu as tort; il n'y a rien de ridicule dans un salon comme une bague de cheveux : et c'est s'exposer à une foule de commentaires fâcheux : si tu as un amour au cœur, as-tu besoin d'en instruire toute la société ?

— Je suis la fiancée de Stephen, je suis fière de son amour, et je puis l'avouer à la face de toute la terre.

— C'est au moins inutile, chère Magdeleine, et, pour ton amant lui-même, tu ne dois rien faire qui puisse nuire à ta considération : une jeune fille ne peut avouer qu'elle aime ; et d'ailleurs, ton mariage manquant, tu serais déshonorée aux yeux du monde. Et puis qu'auras-tu à me confier si tu affiches ainsi tes secrets ? Tiens, Magdeleine, serre aussi précieusement que tu le voudras cette ridicule petite bague et prends celle-ci: c'est un gage d'amitié, et tu peux le montrer à tous les yeux.

La bague était une magnifique émeraude parfaitement montée; tandis que Magdeleine la regardait, Suzanne lui ôtait doucement du doigt la bague de cheveux.

Il était tard, M. Müller se leva, Magdeleine, Suzanne et son promis; la porte où était Stephen s'ouvrit, et les domestiques s'empressèrent autour d'eux pour leur donner leurs manteaux et leurs fourrures. Stephen s'était caché le plus possible, mais le promis de Suzanne se tourna vers lui et lui dit :

— Faites approcher ma voiture.

Stephen traversa la salle en grinçant des dents et s'enfuit moitié fou ; cependant il voulut voir encore Magdeleine et il attendit à la porte.

On attendit longtemps, puis le promis :

— Ce faquin n'a donc pas fait ma commission !

Un autre domestique s'en chargea ; tout le monde sortit, et Edward reconduisit les dames jusqu'à leur voiture, puis monta dans la sienne et partit. Un homme se trouvait sur son passage et paraissait n'entendre ni le bruit des roues ni le galop du cheval. Edward lui donna un coup de fouet pour le déranger : c'était Stephen.

— Il a un magnifique cheval, dit Suzanne.

— C'est un de nos premiers élégants; c'est un charmant jeune homme, ajouta le promis; il est de mes amis et nous avons fait ensemble plus d'une joyeuse partie. Il est entré depuis peu de temps en possession de sa fortune. Ce serait un excellent mariage. Je le crois fort épris de mademoiselle Magdeleine, dit-il en souriant; il m'a accablé de questions sur elle et était tout stupide d'admiration.

LXVI

GAZETTE DU... DÉCEMBRE

Nouvelles de l'armée.

« Nos troupes ont rencontré l'ennemi : il y a eu entre les deux avant-gardes une escarmouche dans laquelle l'avantage nous est resté, un accident déplorable a seul altéré la joie de la victoire. Un jeune sous-officier, que son ardeur avait emporté en avant, a puissamment contribué à la défaite des ennemis, étonnés de son audace; mais, un de ses étriers s'étant rompu, il est tombé de cheval et a été écrasé et horriblement mutilé par les pieds des chevaux de ses camarades; on l'a enlevé encore vivant du champ de bataille; mais, après deux heures de souffrance, il est mort à l'ambulance. On l'a enterré hier. Un détachement de son régiment lui a rendu les honneurs militaires.

» On pense généralement que la campagne est terminée et que les diplomates finiront la guerre. »

LXVII

STEPHEN A MAGDELEINE

Je n'ai plus que toi, toi seule au monde, Magdeleine; mon frère, mon Eugène, mon frère bien-aimé est mort; c'est un lien de moins à la vie, je n'ai plus que toi. C'était la seule part de mon âme que tu n'avais pas : tu hérites de lui.

Je suis bien triste, bien accablé. Le pauvre enfant a souffert sans avoir auprès de son lit de douleur un regard ami, sans presser la main de son frère. Je me reproche sa mort plus que je ne puis te le dire.

Aime-moi, Magdeleine, aime-moi, j'en ai bien besoin, je suis tout à toi, je n'ai plus rien que toi; donne une larme à Eugène, Magdeleine; il était bon, brave et beau, sa vie avait une riante aurore. Pleure avec moi, Magdeleine, pleure, je suis seul, bien seul. Pauvre enfant! quand j'aurais voulu lui dire adieu. Son visage, si gai, si riant, contracté convulsivement par la douleur; ses jolis cheveux blonds souillés de sang, son corps brisé, sa face pâle, son œil terne, autrefois si vif.... horrible chose!

Oh! si j'avais été près de lui, je l'aurais couvert de mon corps, je l'aurais sauvé; il aimait la vie, la sienne était dorée de bonheur et d'insouciance! il l'a quittée en la regrettant, en se cramponnant après elle.

O mon frère! mon Eugène! adieu!

LXVIII

> Dans les plaines l'herbe est jaunie...
> Poëte, échauffe-toi du feu de ton génie;
> Tu n'as pas d'autre feu.

A quelques jours de là, Stephen reçut une lettre de son père. Après un long sermon sur la désobéissance des enfants, qui avait causé la mort d'Eugène, disait-il, il annonçait que, pour la dernière fois, il écrivait à Stephen pour l'engager à profiter de ce funeste exemple, suivre les avis de gens plus sensés que lui et venir épouser sa cousine, qui était encore libre et à laquelle on avait caché sa folie.

Stephen refusa, quoiqu'il fût alors plus pauvre et plus nécessiteux que jamais. Peu à peu, l'impression funeste de la mort de son frère prit une teinte un peu moins sombre. Il s'habitua à penser qu'il n'y avait plus pour lui ni peines ni souffrances, qu'il était heureux au ciel ou qu'il était anéanti. Il avait reçu d'un officier, qui en avait eu la commission d'Eugène mourant, le sabre de son frère, le sabre qu'il avait à la main le jour de son funeste accident. Ce présent lui donna une consolation : il avait eu l'adieu de son frère.

D'autre part, il avait la promesse positive qu'un mois encore et il serait installé dans la place, objet de tous ses désirs, qui devait lui permettre de demander Magdeleine à son père.

L'isolement du cœur où le mettait la mort d'Eugène lui rendait plus nécessaire encore son rapprochement de celle qui était toute sa vie et tout son bonheur, et il pressait de tous ses vœux chaque jour, chaque instant.

LXIX

UN BONHEUR

— Je n'accepterai pas, dit Magdeleine.

— C'est une folie, reprit Suzanne ; il est beau et riche, et t'aime à en perdre la tête.

— Stephen m'aime aussi, et je lui ai promis d'être à lui, à la face du ciel.

— Regarde l'avenir, chère Magdeleine ; tu n'es pas riche, et Stephen est pauvre : l'un et l'autre vous pouvez faire un riche mariage, lui en épousant sa cousine, et toi M. Edward. Si par une niaise infidélité, si par un inutile entêtement, vous vous obstinez tous deux à être l'un à l'autre, il viendra un jour où vous regretterez la richesse. L'amour meurt dans la pauvreté ; l'amour est un luxe de vie ; il ne peut exister quand la vie entière est prise et partagée par des soins minutieux d'argent, par une lutte continuelle contre la pauvreté ; l'un et l'autre vous serez malheureux, non-seulement de vos privations personnelles, mais encore de celles que vous verrez éprouver à l'autre.

— J'aime Stephen ; c'est le meilleur et le plus noble des hommes ; son amour suffit à ma vie.

— Regarde autour de toi, Magdeleine ; vois ce qui advient de tous ces mariages d'inclination ; tous les efforts, tous les ressorts de la vie sont tendus vers un seul but ; mais, une fois le but atteint, l'esprit et le cœur se divisent en une multitude d'autres soins, d'autres affections. L'amour s'use par la jouissance comme les forces par un repos prolongé ; il n'y a que la lutte pour les entretenir.

Tu n'aimes pas Stephen et Stephen ne t'aime pas ; ce que vous aimez l'un et l'autre, c'est une image idéale, un ensemble chimérique de perfections que vous vous appliquez. Relis cette folle lettre de ce fou, tu verras que tu es pour lui, non une femme, mais une femme qu'il adore sous ta forme, comme on adore Dieu dans une statue ou dans un tableau, comme les druides adoraient Teutatès sous la forme d'un tronc de bois. Le pauvre garçon a rêvé une divinité et t'a choisie pour la représenter; il l'a incarnée en toi; son imagination a été si loin, qu'elle le rendra injuste pour la beauté et les qualités que tu possèdes, parce que ce qu'il veut n'existe pas, et toi, Magdeleine, tu es loin d'être folle comme lui : ton exaltation n'est qu'un reflet de sa folie.

— Suzanne, il m'a confié son bonheur, est-ce pour le tuer ?
— Tu ne le tueras pas moins en te donnant à lui, tandis qu'en suivant nos avis, au moins tu lui conserveras l'illusion, qui est le véritable aliment de sa vie. Je le crois, il est capable de tout faire, bien et mal, pour te conquérir; mais, une fois à lui, il verra que tu n'es qu'une femme, et à son amour succèdera la froideur, le dégoût et peut-être la haine, car il croira que tu l'as trompé, quand c'est lui qui s'est trompé lui-même.

Pendant que les deux amies devisaient ainsi, Edward était avec M. Müller et lui demandait la main de Magdeleine. Le moment était parfaitement choisi, car M. Müller était ce jour-là fort heureux. Après de longues recherches, il avait trouvé l'étymologie de *ranunculus*, et, plein, gonflé de cette découverte, il était à parier que le premier homme auquel il pourrait la confier deviendrait son ami.

— Monsieur Edward, vous me voyez triomphant : vous connaissez les renoncules, en latin *ranunculus ?* Eh bien, monsieur, seul de tous les savants, je possède l'étymologie de *ranunculus*.

Il y a plus d'un an, j'avais déjà découvert que la terminaison vient de *unculus*, crochet, ongle, attendu que la renoncule provient de griffes, c'est-à-dire que sa racine est de l'espèce appelée *griffe*.

Aujourd'hui, une inspiration subite, une véritable lueur d'en haut, m'a fait voir une chose que j'aurais dû apercevoir cent fois : c'est que *ranunculus* vient aussi de *rana*, grenouille, parce que cette plante croit dans les lieux marécageux : le sens est donc indubitablement *patte de grenouille*.

Edward donna son assentiment et parut faire un grand cas de la science, de sorte que sa demande fut parfaitement accueillie, d'autant que c'était pour Magdeleine un parti fort avantageux.

Edward partit avec la promesse d'être présenté à Magdeleine le surlendemain.

Quand M. Müller fit part à sa fille de ce qui s'était passé, quand elle apprit qu'Edward avait le consentement de son père et qu'il ne manquait plus que le sien pour le mariage, elle devint toute tremblante; les idées saines et justes de Suzanne avaient fait une vive impression sur son esprit; elle se rappela que souvent elle n'avait pu suivre Stephen dans les nuages où son esprit s'élevait, et quelle avait été alarmée plus d'une fois de toutes les perfections qu'il lui accordait libéralement, gênée qu'elle se trouvait par les obligations que lui imposait une si haute opinion sur elle.

L'avenir, tel que le lui avait peint Suzanne, ne lui paraissait que trop vrai; de plus, elle était encore sous le charme des plaisirs nouveaux pour elle dans lesquels elle vivait depuis quelque temps, et elle avait senti que la position de Stephen la séparerait forcément de Suzanne, dont la fortune allait encore s'accroître par son mariage. Il lui sembla que la vie brillante où elle se trouvait était sa vie naturelle et que celle qu'elle devait passer avec Stephen dans la médiocrité était un exil. Néanmoins, elle était décidée à garder ses serments et à faire à Stephen et à son bonheur le sacrifice de son avenir.

Suzanne seulement avait obtenu d'elle qu'elle ne préjugeât pas ses propres impressions et qu'elle se laissât présenter Edward.

— Et, ajouta Suzanne, as-tu vu comme ton père était heureux? il devient vieux et il pense avec joie qu'il aura assuré l'avenir et le bonheur de sa fille. Magdeleine, pourquoi ne se fierait-on pas à la prudence des gens plus âgés? Ils nous ont précédés dans la vie, ils ont passé par toutes nos impressions, leur passé renferme notre présent et notre avenir, ils peuvent juger mieux que nous et choisir pour nous.

LXX

Près d'un mois s'écoula; tandis qu'Edward suivait partout Magdeleine, dans les bals, dans les assemblées, au spectacle, M. Müller ne cessait de faire son éloge et de supplier Magdeleine de l'accepter pour époux. Suzanne, par sa raison et son amitié, exerçait sur l'esprit de son amie une grande influence. Depuis longtemps Stephen n'avait écrit. Magdeleine ne le voyait plus au spectacle.

Un jour, elle reçut une lettre de lui, mais elle ne venait pas du lieu ordinaire.

STEPHEN A MAGDELEINE

Tout est fini pour moi, Magdeleine, tout est perdu : la pauvreté s'opiniâtre à peser sur moi; l'espoir qui me soutenait depuis si longtemps s'est éteint, et l'avenir n'est plus qu'un immense désert, borné seulement par un sombre brouillard.

Il y a trois semaines, j'ai reçu une lettre d'un parent, le seul qui m'avait témoigné quelque intérêt quand j'ai quitté ma famille ; il m'écrivait qu'il était malade et que, s'il avait bien jugé mon cœur, j'irais le consoler et le soigner.

Je montrai ma lettre au principal du collége et j'obtins un congé de huit jours ; je trouvai mon infortuné parent à l'article de la mort. Comme mon pauvre frère, il a été soldat ; ses blessures s'était rouvertes et lui faisaient éprouver d'horribles souffrances. Quand il m'aperçut, la vie parut se ranimer en lui; il me reçut comme un sauveur. Depuis ce temps, je l'avais entouré de soins et de consolations ; mais le temps de mon congé s'était écoulé, quand j'ai voulu partir, il m'a supplié d'une voix éteinte de ne pas l'abandonner ; je suis resté. Il y a trois jours, on m'a annoncé du collége que l'on m'avait donné un successeur; j'ai écrit tout de suite, et l'on m'a répondu que cette mesure était irrévocable.

J'ai beaucoup réfléchi, Magdeleine ; je ne sais plus aujourd'hui quand je pourrai me rapprocher de toi; tous mes efforts sont perdus, et je n'ai plus ni force ni courage ; seulement. j'ai pensé que je ne pouvais plus longtemps t'enchaîner à mon sort, tu n'as pas assez de force pour marcher à côté de moi dans l'avenir triste et difficile que j'ai devant moi! et moi, je ne me sens plus assez fort pour te soutenir, c'est assez de mes souffrances ! je ne pourrais supporter les tiennes; je ne pourrais supporter la pensée que, sans moi, Magdeleine, heureuse et libre, épouse d'un mari riche, verrait couler des jours calmes et fortunés !

Ma résolution est prise, fixe et inébranlable ; je veux mettre toi et moi à l'abri de ta générosité; tu ne voudrais pas m'abandonner, c'est moi qui te quitte! tu ne sauras pas où je suis : je renonce à toi, je te rends tes serments. Aussitôt la mort de mon malheureux parent, je partirai, j'irai loin, sous un autre ciel.

Ne cède pas à la première impression que te causera cette lettre ; entourée de plaisirs et d'hommages, tu céderas à la loi commune, tu m'oublieras.

Je suis mort pour toi, et ma dernière volonté est celle-ci : épouse un homme digne de toi, et donne-lui tout l'amour que tu m'avais donné. Fais tout pour m'oublier et pour être heureuse.

Adieu, Magdeleine ; ne fais rien pour m'écrire ni pour me revoir, tout serait inutile, le sacrifice est consommé. »

Magdeleine pleura beaucoup à la lecture de cette lettre ; mais Suzanne mit tout en œuvre pour lui prouver que tout était pour le mieux.

— Il le dit lui-même, l'oubli pour l'absent est une loi inévitable ; lui aussi t'oubliera ; il ne sera pas malheureux, il a assez d'illusions pour en parer une autre femme, et, peut-être, il épousera cette cousine riche dont on nous a parlé. Tu dois être aussi généreuse que lui : ce qui l'accable en ce moment est son bonheur pour l'avenir ; il sera forcé de céder au vœu de sa famille, et d'ailleurs, si son amour était invincible, il n'aurait pu trouver en lui assez de force pour ce sacrifice.

Le lendemain, il arriva une seconde lettre de Stephen ; mais elle tomba d'abord aux mains de Suzanne, qui la brûla.

Voici ce qu'elle contenait :

STEPHEN A MAGDELEINE

O l'insensé ! l'insensé ! Que t'ai-je écrit hier ? Déchire, brûle ma lettre ; je ne t'ai pas tout dit ; je ne t'ai pas dit que sans toi je ne pourrais supporter la vie ; je ne t'ai pas dit qu'en écrivant cette absurde lettre des larmes amères inondaient mon papier ; je ne t'ai pas dit que le plus affreux désespoir remplissait mon cœur ; je te trompais, je voulais mourir, Magdeleine, je voulais me tuer, car c'est le seul moyen de te séparer de moi ; c'étaient réellement les dernières volontés d'un mourant que tu as reçues.

Mais mon pauvre parent a vu mon abattement ; il m'a interrogé, j'ai tout dit. « Stephen, m'a-t-il dit, que je meure ou que je vive, tu ne seras pas puni du bien que tu m'as fait ; ce secrétaire renferme un contrat de rente, il t'est destiné ; ce n'est pas une fortune, mais, avec des goûts simples et du travail, tu pourras l'accroître... » Je ne pus que serrer sa main : il me rendait la vie.

Tout va donc bien, ma fiancée chérie, attends-moi, attends ton époux. Je ne puis te dire de m'écrire ici, c'est une maison retirée, la poste n'y vient pas ; je me dédommagerai du bonheur de recevoir tes chères lettres en t'écrivant moi-même. Attends-moi.

LXXI

> Mais quand, à travers la feuillée,
> La lune glisse dans la nuit
> Sa lumière bleue et voilée,
> La sueur le glace, il frémit;
> La brise, qui dans le branchage
> Souffle et fait trembler le feuillage,
> Lui semble une voix qui lui dit:
> — Maudit, maudit!............
>
> GOETHE.

Dans une chambre tristement fermée, tristement parfumée d'éther et d'eau de mélisse, Stephen était assis auprès de son parent, tenant à la main un livre qu'il ne lisait pas : il alla lever un rideau et revint à sa place ; à ce moment, le soleil était près de se coucher, et le médecin avait dit à Stephen : « Votre parent ne passera pas la journée, vous le verrez mourir au soleil couchant. » Jusque-là, Stephen avait désiré sa mort, car, depuis quelques jours, le pauvre homme souffrait d'horribles tortures, et, si le jeune homme en eût eu la facilité, peut-être l'eût-il empoisonné pour terminer son agonie. Mais, en ce moment, cette séparation de la vie et du corps a quelque chose de terrible et d'imposant à quoi l'on ne saurait résister.

L'âme qui se dégage légère et joyeuse laisse le corps comme un masque après le bal, comme un ami devenu riche, son ami pauvre.

Stephen tenait les yeux fixés sur le soleil qui descendait derrière une maison en face, de temps en temps les reportait sur le mourant qui râlait ; déjà ses pieds et ses mains étaient morts, sa voix était morte et son regard mort : ce râle semblait le reste de sa vie qui cherchait à se rapprocher de la bouche pour s'échapper dans un dernier souffle.

A ce moment, le soleil descendit tout à fait, et involontairement, l'œil fixe, Stephen s'élevait sur ses bras pour le voir plus longtemps; il disparut tout à fait, et Stephen jeta un horrible regard d'anxiété sur son parent : il râlait encore.

Ce fut seulement quatre heures après que ses yeux restèrent ouverts, que son cœur cessa de battre et le râle de se faire entendre.

— Allons, dit Stephen, il ne souffre plus!

Et longtemps il resta le regard attaché sur cette figure livide et inanimée.

— Tout est fini, répéta-t-il.

Une idée lui surgit : « Et ce contrat de rente qu'il m'avait promis, mon seul espoir pour me rapprocher de Magdeleine, je n'ai jamais osé lui en parler et il n'en a pas écrit la donation; chaque espérance par laquelle je me laisse bercer n'est donc qu'un horrible sarcasme! pour moi plus que pour lui, tout est fini. » Et après quelques instants d'abattement : « Cependant, ce contrat de rente est là, dans ce secrétaire; il est à moi, c'est sa volonté qui me l'a donné : comment pourrait-il m'appartenir davantage? Je puis le prendre : si je le laisse, à qui sera-t-il? A des parents éloignés auxquels il n'a pas eu l'intention de le laisser. A qui doit-il appartenir? Ou à des parents qui l'ont abandonné dans ses souffrances, ou à moi qui ai tout quitté, mon bien-être et mon bonheur, pour venir tristement l'assister aux lugubres heures de la mort? A qui? Ou à ceux à qui il n'a rien voulu laisser, ou à moi à qui il a légué de sa pleine volonté ce gage de reconnaissance? Je suis un fou, il est à moi, parfaitement à moi; la mort seule l'a empêché de me le donner, et c'est le seul moyen d'avoir Magdeleine. »

Et Stephen se leva et marcha vers le secrétaire. Cependant, quelque bien établi que lui parût son droit, il regarda si personne ne pouvait le voir par la fenêtre, il cacha la bougie avec la main, et, après s'être encore bien déduit les raisons qui faisaient de cette affaire un bien à lui, il ouvrit le secrétaire, mais sans faire de bruit et tournant lentement la clef; puis il chercha dans les papiers, la poitrine oppressée, respirant à peine.

Comme il en lisait un, un froid mortel le glaça : il sentit une main sur son épaule.

Il se retourna brusquement, c'était le mort, le mort nu, décharné.

Pour un moment la vie s'était ranimée en lui, et, voyant un homme à son secrétaire, il était venu en chancelant. L'horreur de Stephen faillit le tuer. Du premier mouvement il laissa tomber la lumière et repoussa d'un coup dans la poitrine le mort, qui tomba lourdement, se fracassa la tête sur le coin d'une table et expira.

Alors Stephen, éperdu, voulut s'enfuir, mais ses pieds buttèrent contre le cadavre, et il tomba sur le corps froid.

Il se releva et s'élança dehors, courant à travers les champs comme un insensé ; la lune brillait et donnait à tout, pour lui, une horrible forme ; les arbres étendant leurs branches, lui paraissaient des cadavres allongeant les bras pour le saisir.

Peu à peu cette horreur se calma, il revint. Le médecin venait d'entrer dans la chambre.

— Vous êtes sorti un moment, dit-il à Stéphen ; pendant ce temps, il aura voulu se lever, il est tombé, et ce coup a fini ses douleurs.

LXXII

UNE NOCE ET LES CONSÉQUENCES D'ICELLE

> Qu'elle est belle, la fiancée,
> Comme sa paupière est baissée,
> Comme son front sous le voile rougit !

Le matin, Suzanne avait été menée à l'église par son promis. Jamais on n'avait vu un plus riche ni un plus beau mariage ; la parure de la mariée avait excité l'admiration et l'envie de toutes les femmes ; les pauvres, auxquels on jeta de l'argent, frappaient le ciel de leurs bénédictions. Le repas, le bal, tout fut magnifique et enivrant.

Involontairement Magdeleine pensa à la possibilité de son mariage avec Edward. Il ne l'avait pas quittée de la journée, n'avait dansé qu'avec elle, et Suzanne lui avait dit, le soir : « Magdeleine, une chose manque à mon bonheur, c'est de te voir aussi heureuse que moi ; écoute les conseils d'une mariée, tu sais qu'il porte bonheur .. épouse Edward. »

La nuit, Magdeleine ne put dormir. Suzanne n'était plus une

jeune fille, d'autres soins allaient s'emparer de son cœur; son amitié ne pourrait plus suffire à Magdeleine; elle allait tristement retourner à la campagne avec son père; d'autre part, on ne laissait plus arriver jusqu'à elle aucune lettre de Stephen, et tout la portait à croire que la résolution qu'il avait annoncée était immuable. Suzanne lui avait fait voir ce qu'il y avait d'exagéré dans Stephen, et Magdeleine, qui, par elle-même, n'avait guère d'exaltation que celle qu'il lui communiquait, avait déjà perdu une sorte d'admiration pour son caractère, et n'avait plus rien qui l'attachât à lui que la crainte de le rendre malheureux, et cette sorte de jouissance qu'éprouvent les âmes nobles à faire un sacrifice. Ainsi, si Stephen s'était présenté alors, et que M. Müller y eût consenti, il l'eût nécessairement épousée, quelque triste que fût devenu pour elle l'aspect de la médiocrité.

Mais, à quelque temps de là, Suzanne prit une nouvelle femme de chambre. Edward la reconnut chez son ami et la fit parler : c'était cette jolie Marie qui avait donné de si vifs désirs à Stephen.

Autant les femmes sont discrètes sur l'amour qu'elles ont couronné, autant elles aiment à parler de celui qu'elles n'ont pas partagé. C'est une vertu facile dont on aime à se parer; d'ailleurs, la petite avait été un peu piquée de la maladresse de Stephen, non qu'elle l'aimât, mais une sorte de caprice la portait vers lui, et elle narra comme quoi il avait été fort amoureux d'elle et lui avait fait longtemps la cour.

Ce fut un coup mortel pour Stephen. Suzanne profita de cet incident et en tira tout le parti possible. Magdeleine vit alors que Stephen pouvait vivre sans elle, et qu'il avait d'autres amours pour son cœur. Elle était humiliée surtout de la rivale qu'elle avait eue, et un jour, cédant aux sollicitations de Suzanne et de son père, elle donna son consentement à son union avec Edward, se persuadant que c'était par dépit et pour se venger de Stephen. Mais, quoique ce sentiment fût pour quelque chose dans sa détermination, il n'était pas seul. Edward était plus pourvu que Stephen de tous les avantages extérieurs; son esprit était plus léger et plus gracieux. Stephen n'avait pour lui que sa nature poétique, mais son amour pour Marie tuait dans l'esprit de Magdeleine toute cette poésie; et d'ailleurs, à son insu, la fortune était pour elle devenue un besoin.

M. Müller et sa fille partirent pour leur maison. Il fut

décidé que Suzanne et son mari, avec Edward, iraient passer avec eux les jours qui précéderaient le mariage.

LXXIII

> C'était un beau jour de printemps
> La prairie était émaillée,
> Les amandiers étaient tout blancs,
> A travers la jeune feuillée
> Se glissaient les rayons ardents
> La prairie était émaillée,
> Les amandiers étaient tout blancs.

— A-t-on goudronné le petit bateau? demanda Stephen.
— Oui, monsieur, répondit le jardinier.
— Il faut peindre aujourd'hui ces volets d'un vert sombre; et vous, plantez autour de la maison la vigne, la clématite, le chèvrefeuille, du jasmin et des rosiers de Bengale, les plus hauts que vous pourrez, pour qu'ils tapissent le devant de la maison.
— Monsieur, ils sont un peu chers.
— C'est égal.

C'est la première fois que l'on voit Stephen parler ainsi, et cela a besoin d'explication. A l'ouverture du testament de son parent, on avait trouvé la donation d'un contrat de rente de deux mille florins et d'une somme de quinze mille florins en argent.

Stephen était riche et avait employé une partie de son argent à l'achat d'une petite maison, et il s'occupait de la rendre exactement conforme aux projets qu'il avait faits avec Magdeleine dans les premiers jours de leur amour.

La maison était sur un coteau bien vert; au bas du coteau coulait la rivière, il avait fait arranger la chambre nuptiale et celle de M. Müller.

Une seule chose manquait tristement à l'exécution du projet, c'était la chambre destinée à Eugène.

Le mur était caché par une haie d'aubépine et d'églantiers; du côté de la rivière, le jardin n'était borné que par la haie, et tout cela commençait à feuillir Il n'avait oublié ni le jardin fleuriste pour M. Müller, ni surtout le petit banc de gazon à deux places, avec le berceau de lilas, de seringat, de chèvrefeuille, de rosiers et de jasmin pour Magdeleine et pour lui, ni le petit vivier et son treillage à l'entour, ni les pois de senteur *avec leurs fleurs qui ressemblent à des papillons.* Autour des tilleuls, de l'autre côté de la rivière, on voyait la maison de Fritz; c'était un bon voisin, et il avait aidé Stephen dans ses dispositions. Cette petite propriété était vraiment un lieu enchanté ; l'air pur de la rivière donnait à la végétation une admirable vigueur ; la nature était riante et joyeuse.

— O mon Dieu! disait Stephen, je te remercie; tu ne m'as pas abandonné, quoique je t'aie maudit plus d'une fois.

Il savait que Magdeleine aimait le bleu; il fit tendre en bleu leur chambre à tous deux.

Et son cœur était doucement serré dans cette chambre qu'elle devait habiter avec lui.

— Là, elle posera ses pieds; sur cette chaise elle mettra ses vêtements le soir; devant cette glace elle s'ajustera le matin. Ce lit est pour elle et pour moi.

Quand, après quelques jours, tout fut bien arrangé comme il le voulait, il se mit en route pour aller trouver Magdeleine, lui faire part de tout ce qui lui était arrivé d'heureux et la demander à son père. Plusieurs jours auparavant, sous un nom supposé, il avait fait louer la petite chambre chez M. Müller.

Il cueillit des wergiss-mein-nicht au bord de la rivière et de l'aubépine dans son jardin. Ces deux fleurs avaient pour elle et pour lui bien des souvenirs.

Et il mit le costume qu'il avait le jour de son départ, le pantalon de toile, les guêtres et un gros bâton à la main.

Chemin faisant, il était plus d'à moitié fou de bonheur.

Le jour était magnifique; le beau soleil pénétrait le feuillage des arbres.

Et comme il approchait:

— O mon Dieu! disait-il, quand je vais entrer dans cette maison, je vais mourir; quand je vais revoir ces tilleuls sous lesquels se sont envolées pour nous de si rapides journées, l'aubépine en fleur dont je lui avais fait une couronne de fiancée!

» Aujourd'hui véritablement je lui donnerai une couronne de fiancée!

» Et cette petite chambre où j'ai reçu ses adieux.

» Notre nom gravé sur le tronc de ce vieux tilleul.

» L'herbe foulée sous ses pieds.

» L'air respiré par elle.

» Le parfum des fleurs que nous respirions ensemble. »

A ce moment, au détour d'un chemin, il vit les cimes des tilleuls.

Il cessa de respirer, la vie fut suspendue en lui, il fut obligé de s'arrêter.

Puis, sans parler, les nerfs agités convulsivement, tout tremblant d'émotion, il marcha et entra dans la maison.

Et d'un bond arriva au jardin...

LXXIV

SOUS LES TILLEULS

> « Je vous le dis en vérité, je ne connais pas cet homme. » SAINT PIERRE.

Comme sa poitrine est oppressée!

Rien n'est changé : encore cette giroflée dans une fente de la muraille.

La voilà!

Magdeleine!

Mais elle n'est pas seule. Un homme, un jeune homme est assis près d'elle.

C'est Edward!

A la vue de Stephen, Magdeleine pâlit; elle se leva et retomba sur le banc.

— C'est moi, dit Stephen, c'est moi. Je viens non pas riche, mais possesseur d'une petite fortune.

Magdeleine, les yeux collés sur la terre, d'une voix faible, balbutia :

— Monsieur, je vous félicite de cette amélioration dans votre sort.

Il sembla à Stephen que son cœur mourait dans sa poitrine, ses yeux cherchèrent ceux de Magdeleine; mais elle évitait opiniâtrément son regard.

Edward, pour sortir de cet embarras, essaya d'entamer un sujet de conversation.

— Je ne m'attendais pas à te voir ici, Stephen.

— Ni moi à t'y rencontrer.

— C'est un hasard dont je me félicite.

— Pour moi, ce n'est pas un hasard, et je ne m'en félicite pas.
— Pourquoi?
— Je crains d'avoir dérangé mademoiselle.
— Non, monsieur, dit Magdeleine d'une voix si faible que le vent dans les feuilles eût suffi pour empêcher de l'entendre, vous ne me dérangez pas.

— Je ne te remercie pas de ton accueil, dit Edward; mais mon amitié me donne le droit de trouver que mademoiselle aurait pu s'attendre à plus de politesse.

— Quand je vous demanderai des avis, il sera temps de m'en donner.

Stephen était pâle et couvert d'une sueur froide; ses yeux étaient rouges et flamboyants et fixés sur Magdeleine. Il continua:

— Je demande pardon à mademoiselle de m'être ainsi présenté devant elle sans me faire annoncer. Peut-être a-t-elle oublié et mon nom et ma figure?

— Je ne sais si tu es fou, dit Edward; mais, si j'avais le droit de donner un conseil à mademoiselle, ce serait de rentrer chez elle et de te laisser, comme Roland, t'escrimer contre les arbres du jardin.

Et Edward présenta la main à Magdeleine : elle se leva pour le suivre. Stephen lui saisit le bras, elle se retourna effrayée.

— Monsieur, vous me faites mal!

Stephen, étourdi, s'appuya contre un arbre et les laissa aller. Le bruit de la porte, en se refermant, le tira de sa léthargie.

« Mais c'est impossible, Magdeleine, c'est impossible! Peut-être ai-je eu tort devant Edward : Edward est pour elle un étranger; sa modestie a été alarmée. Mais pourquoi est-il là? pourquoi seul avec elle? Non, c'est impossible! J'ai eu tort, je me suis trompé; je suis fou; j'ai parlé avec aigreur, je lui ai fait peur. Oh! non, elle ne devait pas avoir peur de moi! Elle ne m'aime plus... Edward... il y avait sur son visage un air de triomphe et de supériorité et quand il lui a présenté la main, elle l'a suivi avec un air d'obéissance.

» Non, non, c'est impossible : elle est à moi, c'est bien elle; voilà encore son nom et le mien gravés sur l'écorce de ce tilleul. Il y a deux ans, deux ans passés par moi dans les larmes, la fatigue, la faim, pour elle, pour la conquérir. Non, c'est impossible; elle n'oserait pas. Et d'ailleurs, Edward est-il digne d'elle? Son âme ne la comprenait pas. Et elle m'a promis de m'attendre : j'ai travaillé, j'ai souffert, et je reviens.

» Monsieur, a-t-elle dit, je vous félicite de cette amélioration dans *votre sort.* » Mon sort! elle comprend donc ma vie séparée de la sienne? Il faut que je lui parle. Fou que je suis de l'avoir laissée partir!

» Mais elle, ne me devait-elle pas de m'ôter cette affreuse inquiétude? ne comprend-elle pas tout ce que je souffre en ce moment? Elle est coupable!

» Mais ma présence subite, celle d'un étranger...

» Oh! si c'était moi l'étranger, si c'était moi qui les gênait! Oh!... je les ai laissés partir! Je l'attendrai, lui; il parlera; je saurai tout, je vais l'attendre.

Et, en dehors de la maison, Stephen alla s'asseoir sur une pierre pour attendre qu'Edward sortît.

Deux heures se passèrent pendant lesquelles Stephen, tantôt assis sur les pierres, la tête dans les deux mains, restait engourdi et immobile, tantôt se levait furieux et marchait à grands pas, de la main qu'il avait dans son habit se déchirant la poitrine.

Edward sortit.

— Écoute. Que fais-tu chez M. Müller? Que faisais-tu avec Magdeleine? Pourquoi m'a-t-elle reçu de cette manière? Parle!

Et il lui serrait le bras à lui rompre l'os.

— Je ne puis parler tant que tu me tiendras ainsi, dit Edward. Maintenant voici ma réponse à toutes tes questions. J'ai l'habitude de faire ce qu'il me plaît sans prendre l'avis de personne. Je suis chez M. Müller parce que dans huit jours j'épouse sa fille.

— Tu épouses sa fille, Magdeleine? Est-ce Magdeleine que tu épouses?

— Oui, d'autant que je ne lui connais pas d'autre enfant.

— Après? dit Stephen, les lèvres et les mains convulsivement serrées.

— Après? Mais je n'ai pas besoin de t'apprendre les conséquences du mariage. *Nous vivrons heureux et nous aurons beaucoup d'enfants.*

— Toi! Magdeleine! Magdeleine! un enfant dont tu serais le père! un enfant à elle et à toi! Non, non; tu mens, tu mens!

— Je ne vois pas ce qu'il y a de surnaturel : je l'aime, je lui plais; j'ai le consentement du père.

— Tu ne l'épouseras pas.

— Pourquoi?

— Parce que Magdeleine est à moi ; parce que je l'ai achetée de toute ma vie, de tout mon bonheur, parce que me l'enlever, c'est me tuer, c'est m'arracher les entrailles avec les ongles. Tu ne veux pas me tuer, n'est-ce pas, Edward? tu ne veux pas m'enlever Magdeleine? n'est-ce pas que tu ne voudras pas?

— Calme un peu cette frénésie. Je sais que tu as fait la cour à mademoiselle Müller, qu'elle t'a même témoigné quelque intérêt et que, sans la sage prudence du père, elle aurait consenti à partager ta pauvreté : mais cet âge où l'amour tient lieu de tout ne dure pas longtemps : c'est sans doute pour cela qu'on se dépêche tant de faire des sottises pendant sa durée, parce qu'on prévoit qu'elle sera courte. On l'a désabusée. Cette sorte d'influence que tu exerçais sur elle par ta nature romanesque a cessé.

— Continue, dit Stephen les dents serrées et d'une voix posée et calme, tandis que ses entrailles bouillaient.

— Et vraiment vous n'auriez été heureux ni l'un ni l'autre. Ce que vous aimiez tous deux, c'étaient des enfants de votre imagination ; ce n'était pas ce que tous les deux vous avez réellement de bien : vous ne vous connaissez pas. Un mois après la noce, vous eussiez vu que vous vous étiez trompés ; la réalité eût tué un amour fondé sur des chimères et une fièvre de cerveau, et vous vous seriez haïs. Je te rends, en épousant mademoiselle Müller, un véritable service, et j'espère bien qu'après ce premier moment passé, tu m'en témoigneras ta reconnaissance en restant mon ami comme devant et en assistant à mon mariage.

— Tu n'as pas répondu à ma question, dit Stephen.

— Tu m'as fait une question?

— Oui. Veux-tu me tuer en m'enlevant Magdeleine, qui est mon bonheur et ma vie?

— Je ne veux pas te tuer ; mais j'épouserai mademoiselle Müller, et tu t'abuses en croyant que ton bonheur est attaché à elle.

— Eh bien, ce mariage ne se fera pas. Magdeleine m'aime; on la sacrifie à ton argent; tu l'achètes. Ce mariage ne se fera pas!

— Si c'est un sacrifice, jamais, sans excepter Iphigénie ni la fille de Jephté, on n'aura vu une victime si résignée, et je te jure qu'elle s'accommode fort bien du sacrifice.

— Tais-toi, tais-toi, ou je te tuerai comme un chien! C'est assez, c'est trop de m'enlever Magdeleine comme le vautour enlève l'alouette à sa mère; mais ne dis pas qu'elle t'aime, ne le dis pas!

— Pourquoi ne le dirais-je pas, quand la chose est vraie?

— Tu mens.

— J'ai assez longtemps supporté ta folie : il est temps que cela finisse.

— Oui, oui, il est temps, dit Stephen.

Et il saisit Edward au corps. Celui-ci voulut résister et se débattre; mais, malgré ses efforts, Stephen l'enleva et le jeta à ses pieds avec violence. Edward resta par terre raide et étourdi de telle sorte qu'on l'eût cru mort.

Stephen partit à grands pas et monta dans sa petite chambre; il la retrouva telle qu'il l'avait laissée. Il pleura amèrement.

— O mon Dieu! Magdeleine m'abandonne!

Et il se frappait la tête contre les murs.

LXXV

STEPHEN A MAGDELEINE

Est-il donc vrai, Magdeleine, que tu m'abandonnes? Et pas un mot d'adieu, pas un mot de pitié! Pourtant, si tu me voyais en ce moment, moi; si tu me voyais le visage inondé de larmes, me refuserais-tu un regard, un mot? Ta voix me ferait tant de bien! Je suis si malheureux, si abattu en ce moment, que je me contenterais de ta pitié; je ne demanderais qu'à te servir comme un esclave ou à ramper à tes pieds comme un chien, pourvu que je pusse respirer l'air que tu respires, te voir et t'entendre.

Est-ce toi, Magdeleine, toi, si bonne, si douce, qui me laisseras périr de douleur sans daigner jeter sur moi un regard que je te demande en pleurant?

Si je te voyais, je me traînerais après toi sur les genoux; tu m'écouterais. Je... je ne puis ni parler ni écrire. Que te dirai-je? Je pleure, je te supplie, je t'implore comme on implore Dieu, et tu ne m'entends pas.

Je t'aime, Magdeleine, je t'aime; aie pitié de moi, aie pitié du pauvre proscrit : il a tant souffert! il souffre tant!

Si tu ne me juges plus digne de ton amour, donne-moi ton

amitié, donne-moi ta pitié; mais il me faut quelque chose de toi. Échauffe encore mon âme de ton regard, nourris-moi de ta douce voix, accepte-moi pour esclave, c'est tout ce que je demande; prends pour toi ma vie et mon avenir.

Écoute ma voix, Magdeleine : en as-tu oublié le son? Autrefois, elle parlait à ton cœur. Écoute ma voix, aujourd'hui entrecoupée de sanglots; elle te crie : « Grâce ! grâce ! »

N'as-tu donc ni souvenirs ni humanité?

Depuis que j'ai appris mon malheur, mes souvenirs, mes beaux souvenirs d'amour et d'espérance viennent comme un cauchemar peser sur ma poitrine.

J'ai mal, j'ai mal, j'ai horriblement mal : aie pitié de moi, un peu de baume sur mes plaies saignantes. J'ai bien mal : aie pitié de moi !

LXXVI

STEPHEN A MAGDELEINE

Non, tu ne veux pas, tu ne peux pas m'abandonner, n'est-ce pas? Tu es à moi, tu le sais; tu es à moi, et tu n'as pu m'oublier, car tout autour de toi te rappelle mon souvenir : ce beau soleil, il a été le même pour toi et pour moi, il a rougi nos fronts d'un même rayon; cet air pur et embaumé, nous l'avons respiré ensemble; ces fleurs, je les ai arrosées avec toi; ces arbres, ils nous ont donné leur ombre à tous deux, près l'un de l'autre, ta main dans la mienne, ta tête sur ma poitrine.

Et celui qui te prendrait pour femme, j'ai le droit de le tuer comme un voleur, car tu es mon bien. Jamais un bien ne fut acquis par tant de souffrances.

Et toi, Magdeleine ! toi aussi. Si j'ai passé dans ta mémoire comme une ride sur l'eau, comme un petit nuage sur le soleil d'été, comme la rougeur sur le front d'une jeune fille, si je n'ai été dans ta vie qu'un accident, je te tuerai aussi, car tu ne seras rien qu'une misérable femme de m'avoir ainsi pris ma vie et mon bonheur pour ne rien me donner en échange ; je te tuerai pour avoir ton corps mort à moi, dans mes bras, mes lèvres brûlantes sur tes lèvres bleues et froides, car jamais mes lèvres n'ont touché les tiennes, et il me faut ton baiser, ton premier baiser, fût-ce sur ta bouche morte.

Alors, tu serais à moi sans rival.

LXXVII

MAGDELEINE A STEPHEN

Monsieur Stephen, il y a bien des choses qu'il nous faut oublier l'un et l'autre, pour votre bonheur et pour le mien.

Laissons en arrière les illusions de notre crédule jeunesse avec la jeunesse qui les a produites; malgré nous, elles se faneraient dans nos mains.

Je ne vous dirai pas que j'obéis aveuglément à mon père. Mon père désire mon mariage avec M. Edward; mais, si je me soumets à sa volonté, c'est que l'expérience m'a montré qu'elle m'a toujours bien dirigée et que chaque fois que j'ai voulu marcher contre elle, je n'ai trouvé que ronces et épines et mauvais chemins.

Je vous dois une entière franchise, monsieur Stephen: quelque prosaïques que puissent sembler quelques-unes des causes qui me déterminent, je vous dois tout dire sans rien ménager.

On a fait évanouir à mes yeux le nuage de riantes illusions qui me cachait l'avenir et la réalité. Est-ce un bien? est-ce un mal? Je ne puis le décider. Mais, ce qu'il y a de certain, c'est que le nuage est dissipé et que je vois les choses aujourd'hui réelles et positives, comme, je l'espère, vous les verrez bientôt vous-même.

Nous n'avons de fortune ni l'un ni l'autre, et tous deux, séparément, nous pouvons faire un riche mariage.

La richesse, si petite quand l'âme est exaltée, est un besoin dans la vie commune et ordinaire. Les moments d'exaltation ne sont que clair-semés dans la vie; tous les jours, ils deviennent plus rares. Il aurait été impossible qu'il ne vînt pas un jour où tous deux nous nous serions repentis d'avoir uni et associé nos deux pauvretés.

Et d'ailleurs, nous sommes loin de sentir de la même manière. Vous avez des passions, je n'en ai pas; la violence de votre amour m'épouvante, je ne suis capable que d'une tendresse douce et égale; votre passion, j'en suis sûre, ne peut vivre que dans la tempête et au milieu des obstacles; dans le calme et le bonheur, elle s'éteindrait.

On me l'a fait voir, et je le vois clairement, nous serions malheureux. Tout ce que vous diriez contre cette conviction serait inutile.

Nous pouvons rester amis, monsieur Stephen. Quelque douloureuse que soit cette mutilation, dépouillez dès aujourd'hui l'exaltation poétique qu'il vous faudra perdre tôt ou tard : épousez votre cousine.

Moi-même, j'en aurai du chagrin comme vous; mais, on me l'a assuré et je le crois par l'exemple des autres, ce chagrin passera.

LXXVIII

STEPHEN A MAGDELEINE

Je m'étais plu à préparer notre demeure, Magdeleine, cette demeure où tu devais apporter le bonheur et la douce paix : j'ai de hauts arbres dont la verdure balance l'ombre sur ma tête, j'ai des gazons verts, un air pur et un beau soleil. Tout cela pour toi.

A l'ombre des arbres j'ai marqué ta place, et sur la pelouse j'ai arrangé un petit banc de verdure pour nous deux, j'ai rassemblé dans ma pauvre demeure tout ce qui peut plaire à tes yeux : tu m'abandonnes, et tout cela est mort et flétri.

Magdeleine, je ne suis rien sans toi, tu es mon âme et ma vie; toute ma force et toute mon énergie, c'est toi, et tu m'abandonnes! Tu me laisses corps sans âme, tu me laisses faible, souffrant et découragé de la vie et incrédule au bonheur, toi qui m'avais promis de couronner ma vie de fleurs, de veiller sur mes jours comme un ange du ciel, car partout où ton regard d'amour pourrait m'atteindre je serais fort et courageux; ton amour a toujours été pour moi une manne céleste, une vivifiante nourriture. Aujourd'hui je suis abattu et languissant : ma main s'étend pour chercher ta main, et tu la retires; mes yeux, rouges des larmes de la nuit, cherchent tes yeux, et tu les détournes avec dédain; ma voix suppliante te demande un mot d'amour et de consolation, et ta voix est muette ou ne trouve que des paroles qui tuent. Avec toi, Magdeleine, j'aurais été bon, grand et généreux; sans toi, je ne suis rien, rien qu'un corps lourd et un cœur de pierre.

D'un souffle tu as enlevé tout ce qu'il y avait en moi de beau et d'honnête. Magdeleine! Magdeleine! ne crains-tu pas que ma voix ne te poursuive le jour et la nuit et jusque dans les bras d'un autre époux, au milieu des enfants dont je ne serais pas le père et qu'elle ne te crie :

« J'aurais été bon père et bon mari ; la nature avait mis en moi le germe du bien, tu l'as flétri comme un vent malfaisant. Rends-moi mon bonheur et ma vie, et mes belles années passées dans la douleur et la souffrance! rends-moi ma divine croyance à l'amour et au bonheur, rends-moi la paix de mon âme, rends-moi une vie que je t'avais donnée tout entière et tu as foulée aux pieds comme chose vile et méprisable, rends-moi toutes ces affections si douces pour les autres hommes et dont se compose leur bonheur, ces affections de père, de frère, d'amis, que j'ai répudiées et rejetées au loin, jaloux que j'étais de te donner toute ma vie, tout mon amour sans partage. »

Tu me laisses dans la vie comme dans un désert où le vent brûle, sans ombrage pour la tête, sans eau pour la soif, sans chemin, sans but, sans espoir, sans désir que la mort.

O Magdeleine, cent fois le jour je t'appelle en criant et pleurant, et ma voix ne va pas jusqu'à toi. Malédiction sur moi! malédiction sur ma vie! elle est séchée à peine en sa fleur.

Sais-tu ce qui m'attache et me retient à la vie? sais-tu pourquoi la mort m'épouvante, pourquoi je ne me suis pas encore jeté dans ses bras? C'est qu'elle me sépare de toi pour toujours, c'est qu'elle m'ôte même mes souvenirs et mon bonheur passés, et mes souffrances, et mes larmes, qui sont tout ce qui reste de ce bonheur.

Oh! si je croyais, si je croyais que l'âme vit après le corps, que je pourrais planer sur ta vie comme un protecteur invisible, comme un vent frais et parfumé, jouer dans ta chevelure, m'enivrer de ton souffle et toucher tes lèvres avec l'air que tu respires, voilà ce que je n'ose croire. Si je le croyais, Magdeleine, je mourrais, je serais mort; mais perdre le souvenir des jours où tu m'aimais, perdre ce bonheur que tu m'as donné, ces souvenirs qui me font encore tressaillir, et qu'au moins toi-même tu ne peux m'arracher! C'est une richesse bien précieuse pour moi, et peut-être devrais-je m'en contenter et ne pas me plaindre d'expier par les plus horribles angoisses un bonheur plus grand que je n'avais osé l'imaginer ; car tu m'as aimé, toi, Magdeleine et j'ai eu tort de me plaindre du bonheur que le ciel partage aux hommes, j'ai eu ma part, plus que ma part.

Pauvre homme! pauvre homme que je suis! Peut-être ne daignera-t-elle pas lire cette lettre, et pourtant j'ai effacé les mots qui laissaient voir cette passion qui me consume et qui l'épouvante, tant j'ai peur de la choquer, tant je n'ose plus réclamer des droits, mais implorer la pitié.

Cependant, Magdeleine, il faut que je te le dise, et tu me croiras, car je ne t'ai jamais trompée : je te jure par mon amour pour toi, par ce que j'ai de plus sacré, tu ne trouveras nulle part l'amour que j'ai pour toi, et, si tu comprends un autre bonheur que l'amour, malheur à toi! ton cœur est mort.

Ils disent tous que je suis fou d'avoir cru à ta constance, et, quand je dis : « Elle n'était pas comme les autres femmes, son amour n'a pu passer comme un parfum emporté par le vent, » ils rient, et encore ils m'appellent fou. Ont-ils donc raison! et ne suis-je qu'un fou, qu'un pauvre fou ?

LXXIX

MAGDELEINE A STEPHEN

Je ne vous le cacherai pas, monsieur Stephen, votre lettre m'a émue, elle m'a fait pleurer. Un moment j'ai regretté les illusions que j'ai perdues et qu'elle faisait revivre, ou plutôt dont elle faisait apparaître l'ombre ; car elles sont mortes, bien mortes : ce n'est qu'un rêve, et, comme moi, vous vous réveillerez.

Mais le peu de durée qu'a eu pour moi cette émotion et le triomphe presque subit de ma raison m'ont montré évidemment que ma raison est bonne et solide, et que, pour vous et pour moi, il faut la maintenir.

L'amour est une fièvre, une maladie, et je suis guérie. Vous guérirez aussi, mais il faut le vouloir.

Adieu, monsieur Stephen; tant que vous m'aimerez, il faut que nous restions étrangers l'un à l'autre : je vais avoir à remplir des devoirs qui m'en font une loi.

Néanmoins, je ferai toujours des vœux pour votre bonheur.

Une partie du mien dépend de vous : m'accorderez-vous ce que j'ai à vous demander ?

LXXX.

STEPHEN A MAGDELEINE

Parlez! parlez! mon bonheur, ma vie, tout est à vous. Plut au ciel que ce fut ma vie que vous ayez à me demander, car j'en suis plus fatigué que si je l'avais portée cent ans.

Je le vois trop, vous avez raison, ce serait en vain que je combattrais votre résolution, car je ne trouverais pas en vous de secours contre elle; vous ne m'aimez pas, vous ne m'avez jamais aimé.

Que voulez-vous de moi? Hâtez-vous, car j'ai aussi une résolution à accomplir.

LXXXI

MAGDELEINE A STEPHEN

Vous le voyez, monsieur Stephen, j'avais bien raison de craindre votre amour, car il est égoïste et ne cherche que sa propre satisfaction, sans s'occuper de celle de l'objet aimé.

Dans votre billet, vous me faites pressentir que vous voulez mettre à exécution de sinistres projets. Est-ce une preuve d'attachement que vous croyez me donner? Si vous vous tuez, vous ne pensez qu'à vous délivrer plus promptement d'un mal qui doit mourir de lui-même; vous ne penserez pas un seul instant que vous empoisonnerez toute ma vie de funèbres souvenirs; si vous m'aimez comme vous le dites, mon bonheur ne serait-il pas le plus cher de vos désirs?

Après l'amour, surtout après un amour sans réalité, basé sur des chimères, tel qu'a été le nôtre, vous avez encore du bonheur à recevoir de moi, j'en ai à recevoir de vous.

Refuserez-vous mon amitié, une douce et sincère amitié, sans exaltation, sans illusions? Et n'aurez-vous pas quelque plaisir à assurer mon bonheur, à le compléter par votre affection? Mon bonheur n'en sera-t-il pas un pour vous, comme le vôtre pour moi, si je vous vois jamais jouir d'un bonheur réel et durable, et non savourer des illusions trompeuses?

J'ai appris, par une voie indirecte, que vous vous êtes porté à des violences contre M. Edward. Me promettez-vous de ne jamais rien faire contre lui ni contre vous ? Si vous me le promettez, je le croirai.

LXXXII

STEPHEN A MAGDELEINE

Voilà ce que vous me demandez, Magdeleine :

De renoncer à tout ce qui faisait le bonheur de ma vie et de vivre d'une vie creuse et vide, de mourir lentement de douleur, au lieu de mourir d'un seul coup.

De vous livrer à un autre, de respecter la vie et la tranquillité de celui qui m'arrache votre amour et mon bonheur et le cœur, moi qui aurais voulu écraser sous les pieds l'homme assez hardi pour vous regarder d'un œil de désir.

Voilà ce que vous me demandez !

Et cependant, comme il me faut votre bonheur avant tout, comme il m'est plus cher que la vie mille fois, je ferai tout ce que vous croirez nécessaire à votre bonheur, qui jamais n'aurait dû être séparé du mien.

Mon amour pour vous est un culte ; Edward, sous votre protection, est à l'abri de ma vengeance, comme le criminel dans un temple était jadis hors de l'atteinte des lois.

Je ne lui demande qu'une chose, c'est votre bonheur ; il faut qu'il vous fasse heureuse, il faut que ce soit le seul but de sa vie, car je lui demanderais un compte sévère de chaque instant de son existence qui ne vous serait pas consacré, d'une seule larme que je vous verrais répandre, d'un soupir que je vous entendrais étouffer, d'un seul nuage sur votre front, d'un seul de vos désirs qui ne serait pas satisfait ; il faut que vous soyez heureuse, votre bonheur me coûte assez cher pour que j'y tienne, puisque vous croyez que pour votre bonheur il vous faut tuer le mien.

Il sera votre époux, j'assurerai votre tranquillité et la sienne, non pour lui que je voudrais écraser comme un reptile, mais pour vous, pour votre bonheur, puisque vous avez mis votre bonheur en lui.

Je ne me tuerai pas ; si je meurs, ce sera de douleur, et, pour ne pas vous paraître désagréable, je tâcherai de mourir en souriant.

Quand vous aurez un enfant, vous me le donnerez : je l'élèverai aux lieux où nous devions vivre ensemble, où nous devions élever nos enfants, à vous et à moi.

Magdeleine, êtes-vous contente? Ne dites plus de mal de mes illusions, si ce qui remplit mon cœur n'est qu'illusion; pourquoi Dieu m'a-t-il donné une vie trop petite ou une âme trop grande pour m'en contenter?

Est-il méchant ou impuissant?

LXXXIII

MAGDELEINE A STEPHEN

Vous êtes le plus généreux des hommes, Stephen; le ciel vous doit une récompense: vous l'aurez. Vous avez encore la fièvre, mais elle passera, et alors vous comprendrez que, pour vous et pour moi, l'amitié vaut mieux que l'amour; ce que vous aimiez, ce n'était pas moi; ce n'était pas une femme, c'était une divinité, une fille de votre imagination; votre amour aurait exigé de moi des perfections que je n'ai pas, qui n'appartiennent pas à une mortelle.

Mon amitié est à vous, Stephen, à vous pour la vie, et, comme elle n'est pas fondée sur des perfections imaginaires, mais sur ce que vous êtes réellement, elle ne pourra ni s'éteindre ni décroître.

J'ai encore une prière à vous faire.

Cette fois, je ne m'adresse pas à votre cœur, mais à votre honnêteté.

Je ne puis épouser M. Edward en laissant un lien entre vous et moi: il faut que vous me rendiez mes lettres, non que j'aie pu penser un moment que vous soyez capable d'en abuser, mais je n'oserais jurer à mon époux d'être à lui tant que vous les auriez entre les mains.

Cette demande va vous révolter, vous allez refuser; mais attendez à demain pour me répondre, et pensez que, sans cette grâce que je vous demande, tout ce que vous faites pour moi n'est rien. Songez que ce que je vous demande est un devoir.

LXXXIV

LE TORT D'AVOIR RAISON

Non, je ne te hais pas, tu n'es plus mon amie;
Ton cœur vif et léger n'est pas fait pour le mien.
L'amour, l'amour! ah! le connais-tu bien?
Pour toi c'est un plaisir, et pour moi c'est la vie.

Magdeleine ne disait pas tout à Stephen; elle ne voyait plus Stephen ce qu'elle l'avait vu autrefois; la jolie figure d'Edward, le luxe dont il était entouré et embelli; les plaisirs qui couronnaient sa vie; l'aisance et le laisser-aller que lui donnait l'habitude du bonheur, avaient produit sur l'esprit de la jeune fille une impression défavorable à Stephen.

L'avenir avec lui apparaissait sombre et orageux, tandis qu'avec Edward elle rêvait une vie calme et toute dorée de ces plaisirs qu'elle aimait encore, parce qu'elle n'en avait joui qu'à moitié pendant l'hiver qui venait de s'écouler; le seul lien qui l'attachait encore à Stephen était la pitié pour les souffrances qu'elle lui voyait endurer, et elle se plaisait à se persuader qu'elles ne seraient pas de longue durée; mais elle ne pouvait s'expliquer l'amour qu'elle avait eu pour Stephen que par le trop plein de son jeune cœur qui avait débordé, et par le charme romanesque et poétique que Stephen répandait autour de lui. Son amour n'avait été qu'un reflet de celui qu'il avait pour elle; la douleur de Stephen gênait son bonheur, mais elle ne la partageait pas, et par moments elle lui reprochait comme une exagération l'expression de sensations qu'elle ne pouvait plus comprendre.

Le pauvre Stephen, qui se croyait généreux en consentant à tout ce que lui demandait Magdeleine, ne s'avouait pas à lui-même que la grandeur et la noblesse de son sacrifice ne lui donnaient la force de le faire que parce qu'il en paraissait lui-même plus grand et plus noble aux yeux de celle qu'il aimait; il était loin de comprendre toute l'horreur de sa situation; cette douleur des adieux, ces nuits sans sommeil qui précédaient la séparation étaient encore un bonheur pour lui, car elles lui faisaient sentir son amour dans toute sa force et toute son exaltation: c'était encore des intérêts communs avec Magdeleine ; leur existence était encore enlacée, et il accueillit avec empressement l'idée de lui rendre ses lettres, mais il mit pour condition qu'il les lui remettrait à elle-même, sous l'allée des tilleuls.

Tout cela n'était pas de la générosité ni de la grandeur d'âme, c'était un moyen et un prétexte de la voir encore une fois, et ce qu'il y avait de dramatique dans sa situation lui en dérobait les conséquences : la séparation et l'indifférence. Il se serait facilement résigné à la perdre toute sa vie, mais il ne savait pas ce que c'était que l'avoir perdue. Les souffrances et les déchirements du cœur ne sont rien ; ce qui est mal, c'est son engourdissement et son insensibilité ; il faut que le cœur soit plein de jouissances ou de douleurs ; il peut s'en nourrir également ; mais ce qu'il ne peut supporter, c'est le vide.

Il en est des peines morales comme des souffrances physiques : dans une forte douleur de dents, on trouve un plaisir à se couper avec les dents la gencive souffrante, à porter la douleur à son plus haut degré.

Stephen descendit donc au jardin avec les lettres. Magdeleine y était déjà : il les lui remit.

— Magdeleine, dit-il, c'est mon cadeau de noces.

Elle voulut se retirer.

— Attendez, restez un moment, dit Stephen ; encore une fois, ne pouvez-vous me donner quelques instants d'un bonheur mort pour moi ? Laissez-moi vous contempler quelques instants en ces lieux, témoins de tout le bonheur de ma vie.

» Magdeleine, voici nos noms tracés sur cet arbre ; je les gravai le jour où je partis pour gagner pour vous une honnête médiocrité : ce jour-là, j'étais plein de force et de courage.

» Tenez, Magdeleine, voici encore cette aubépine. Vous souvient-il qu'un jour je vous fis de ces fleurs une couronne de mariée ? Alors, cette idée faisait doucement battre mon cœur, car c'était moi qui devais un jour détacher cette couronne.

» Rien n'est changé ici, Magdeleine, rien que votre cœur.

» Et pourtant, Magdeleine, ce que je vous offrais, c'était le bonheur.

Magdeleine voulut partir, mais d'un regard suppliant il la retint.

Mais Stephen, en lui voyant faire un pas, avait senti un affreux déchirement ; il n'y avait plus de lien entre elle et lui ; une fois elle partie, ils devenaient complétement étrangers l'un à l'autre ; et lui, si résigné il n'y a qu'un instant, voulut tenter un dernier effort désespéré.

— Prenons garde, Magdeleine, prenons garde, nous rejetons le bonheur, le seul bonheur vrai. Vous le savez, je puis tout sacrifier à votre félicité ; mais est-ce votre félicité que vous cherchez ? Savez-vous ce que c'est qu'un mariage de convenance, Magdeleine ? C'est la plus sale, la plus ignoble de toutes les prostitutions.

» Oui, répéta-t-il, répondant à un mouvement de surprise de Magdeleine, la plus sale et la plus ignoble.

» Qu'est-ce que la prostitution, sinon les conséquences de l'amour sans l'amour, l'union des sens sans amour ?

» Qu'est-ce que le mariage de convenance ? et comment une femme peut-elle se résigner à s'abandonner aux bras d'un homme, de sang-froid, sans y être jetée involontairement par une douce ivresse et par un irrésistible entraînement ?

» Et cette prostitution-là est plus pardonnable cent fois et moins repoussante qui pousse une pauvre fille à vendre son corps pour avoir du pain, que celle décorée du nom de mariage de convenance, qui n'a pour but et pour cause qu'un cachemire, ou des perles, ou une voiture.

» Et c'est pour cela, Magdeleine, que vous m'abandonnez ! »

Magdeleine voulut encore partir ; la démonstration de Stephen, toute juste et mathématique qu'elle soit, était loin de l'avoir persuadée ; elle l'avait au contraire choquée et lui avait fait perdre le commencement.

Car les mêmes mots qui entraînent et exaltent la femme qui nous aime et emportent son âme au ciel sur des ailes de feu, ne sont que ridicules quand elle ne nous aime plus ; la passion a une langue à elle ; si elle parle à des oreilles qui ne l'entendent pas, elle excite le rire, comme parmi le peuple, au théâtre, le *baragouinage* d'un étranger.

Il la retint par le bras.

— Oh ! ne me quitte pas, dit-il, tu m'as trompé ; je me suis trompé moi-même ; cet effort dont je me croyais capable, il est au-dessus de mes forces autant que le soleil au-dessus de ma tête. Ne m'abandonne pas, Magdeleine, aie pitié de moi ! Ce bonheur qu'un autre te promet, je te le donnerai. Veux-tu de la richesse, de l'or ? J'en aurai ; car, pour t'avoir à moi pour ne pas te perdre, les plus grands efforts ne seront rien pour moi ; je dépasserai tous les hommes sur le chemin de la fortune et des honneurs, car je suis plus fort qu'eux avec ton amour. Parle, Magdeleine, que veux-tu ? il n'est rien qui soit au-dessus de mes forces. Veux-tu un palais de marbre et de l'or à fouler aux pieds ? veux-tu des honneurs ? veux-tu être reine, Magdeleine ? Tout est à toi ! tout ce qu'il y a dans le monde ; car, je le sens, personne ne pourra me disputer ce qu'il me faudra atteindre pour te conquérir. Parle, Magdeleine, l'univers est à toi ; ne te donne pas à un autre. Attends un mois, attends un jour, je te donnerai une couronne !

Et il se traînait à ses pieds.

Mais, légère comme une ombre, elle s'échappa de ses mains et disparut.

LXXXV

Au travers des vitraux peints, le soleil pénètre dans l'église.

Tous les assistants sont recueillis dans un religieux silence et les yeux tournés vers la porte.

On entend des pas de chevaux, une voiture s'arrête, les deux battants s'ouvrent ; la curiosité fait oublier la sainteté du lieu, on se précipite pêle-mêle pour mieux voir ; une sorte de bedeau fait ouvrir un passage.

Edward tient sa fiancée par la main.

Et derrière eux s'avancent Suzanne et son mari, M. Müller et le père de Suzanne, Schmidt et d'autres parents.

Magdeleine est bien belle, vêtue de blanc, avec la couronne d'oranger dans ses cheveux noirs ; ses yeux sont attachés sur la terre ; son pas est si léger, que sur les dalles de l'église on ne l'entend pas marcher. Edward est beau aussi, et embelli par le bonheur.

Tous deux s'agenouillent sur des coussins de velours cramoisi bordés de franges d'or.

La messe de mariage commence.

Et la voix des prêtres monte au ciel avec l'encens qui parfume l'église.

Et tout bas causent les femmes et les hommes.

— Un beau couple !

— Sa robe est du plus beau satin, et son voile de la plus fine dentelle.

— Elle a le plus joli pied et la plus jolie main qu'on puisse voir.
— On dit que c'est un mariage d'inclination.
— Oui, et, malgré cela, toutes les convenances s'y trouvent.
— Le jeune homme est très-riche.
— Oui, mais mademoiselle Müller est si belle et si bonne!
— Il est fort bien mis; le diamant qui attache sa chemise vaut plus de mille florins.
— On dit qu'il a beaucoup d'esprit.
— C'est un garçon de mérite.
— C'est égal, M. Müller a du bonheur d'avoir marié sa fille aussi avantageusement.
— C'est un beau mariage, et qui rapporte gros à l'église.
— Il a donné beaucoup d'argent aux pauvres.
— Êtes-vous invité au bal?
— Ah! il lui met l'anneau à la main.
— Comme elle rougit, la pauvre fille! Elle est bien heureuse!
— On dit qu'ils s'adorent.

À ce moment, le prêtre les bénit et engage l'assistance à prier pour le bonheur des nouveaux époux; tout le monde s'agenouille.

Et à deux genoux tombe sur les dalles Stephen, horriblement pâle.

Il était là avant eux, caché derrière un pilier. Il est résigné en apparence, car il a promis à Magdeleine.

Et, tandis que tout le monde prie pour eux, lui, les mains jointes et du cœur, il dit à demi voix: « O mon Dieu! que Magdeleine soit heureuse! que Magdeleine soit heureuse! De ce jour j'ai renoncé à ma part de bonheur dans ma vie; que cette part soit jointe à la sienne. Mon Dieu, versez sur elle toutes vos bénédictions! »

Ils se lèvent, Magdeleine et Edward échangent un regard, et on ressort de l'église dans le même ordre que l'on y est entré; on remonte en voiture; les chevaux partent au grand trot.

Stephen ne les a pas perdus de vue; il court, et avant eux il est rentré dans la maison et enfermé dans sa chambre.

Là, il se jette la face contre terre et pleure amèrement.
— Elle est à lui!
» Je l'ai laissée être à lui!
» Qu'aurais-je fait d'elle, elle ne m'aimait pas!
» Elle est à lui, malédiction!
» Et moi, que vais-je devenir? Où va ma vie?

» Tout est fini maintenant.

» Tout !

» Malédiction sur moi et sur ma vie ! mort à mes belles espérances, à la riche poésie de mon cœur ! mort à cet avenir dont je m'enivrais !

» Le cœur d'une femme ! J'aurais dû me tuer sous ses yeux, empoisonner son bonheur, ou plutôt les poignarder tous deux dans l'église, rougir les dalles de leur sang. Je ne l'ai pas fait ! je suis un lâche !

» Ma tête, mon esprit, mon cœur, tout est malade et saignant, saignant le plus pur de mon sang.

» Que faire maintenant ? quel est mon but, mon espoir, mon avenir, ma vie ?

» Rien, rien ; je n'ai plus rien ni force ni courage.

» Malheur à moi ! »

A ce moment, au-dessous de lui, Stephen entend remuer les siéges : on quitte la table, la musique commence ; on passe dans le salon, on danse ; il suit le mouvement des danseurs, il entend leurs pas.

Il pleure.

Plus tard, la danse s'anime ; on entend de longs éclats de gaieté.

Puis la musique s'arrête.

On parle, on ouvre et on ferme des portes ; les voitures roulent ; on part, on va les laisser seuls.

Oh !

Stephen se lève et bondit comme un tigre.

Il écoute ; encore une voiture, c'est la dernière, car on ferme toutes les portes.

— Ils sont seuls !

Un tremblement convulsif agite les membres du malheureux.

— Elle va être à lui, dans ses bras, sa chair contre sa chair, sa bouche sur sa bouche ; à lui ! nue dans le lit !

Il descend nu-pieds, retenant son haleine il va coller son oreille contre la cloison. Il les entend. Ils ne sont pas couchés, pas encore.

— Oh ! non, non, cela ne se peut pas ; le ciel ne peut le permettre ; ils ne sont pas encore couchés ; il y a encore le temps à la foudre d'écraser eux ou moi.

Stephen se sent froid au cœur ; il a entendu un baiser ; mais

Magdeleine s'échappe des bras d'Edward, car on marche; il reconnaît son pas léger et un pas plus pesant.

— Ah! si elle ne voulait pas! Elle ne veut pas; elle n'ose pas; elle se rappelle qu'elle est à moi; et c'est horrible d'être aux bras d'Edward; elle résiste.

Stephen tombe à genoux.

— Merci, mon Dieu! elle ne veut pas! Edward prie, elle pleure.

» Encore un baiser, je ne l'entends pas fuir.

» O mon Dieu! mon Dieu!

» Ils sont au lit; j'entend des baisers, de longs baisers. Ah! elle les rend; les baisers sont plus fréquents, plus pressés; elle les rend; elle lui rend ses baisers!

Et la main de Stephen est rouge du sang qui coule de sa poitrine; des lambeaux de sa chair pendent à ses ongles.

A ce moment, ses yeux eussent paru s'élancer de sa tête, et son âme de sa bouche entr'ouverte.

Car le lit craque et gémit sous les corps amoureux des époux; Stephen l'entend, et il entend aussi les plaintes de Magdeleine; mais à ces plaintes succèdent des soupirs, des mots entrecoupés par la volupté. Magdeleine, c'est elle; elle dit: « Mon âme! ma vie! » Encore des baisers où la vie est sur la bouche, et des cris de plaisir.

Et Stephen, comme une pierre, tombe à la renverse et roule jusqu'au bas de l'escalier.

LXXXVI

O de Welled-Hillil tribu toujours sanglante,
Que l'ange de la mort sur toi courbe sa faux!
Qu'il frappe tes enfants encor dans leurs berceaux
    Et que la peste dévorante
Mange tes beaux coursiers, tes rapides chameaux.
Que les puits du désert pour toi restent arides,
    Que les sables mouvants
    Dans leurs tombeaux brûlants
Enferment tes guerriers avides.

. . . .
. . . .

Oh! quand il pressera d'une bouche idolâtre
Ton cou si blanc et ta gorge d'albâtre,
Reste froide, Zélis; dans ses embrassements
Qu'il se consume en désirs impuissants.

Deux jours s'écoulèrent sans que Stephen donnât d'autre signe de vie que des mouvements convulsifs, et des grincements de dents, et des paroles sans suite, et des imprécations, et le nom de Magdeleine.

Il était couché dans sa chambre; une vieille femme le gardait.

La fenêtre était soigneusement fermée, et, au moyen d'une couverture, on avait fait devant un rideau, de telle sorte qu'en entrant on se trouvait dans une nuit profonde et que ce n'était qu'après que les yeux s'étaient accoutumés à l'obscurité que l'on pouvait voir le malade ; il était pâle, ses lèvres blanches étaient sèches, et son regard était comme un éclair.

Comme il avait fermé les yeux et paraissait dormir, on ouvrit la porte : c'était le médecin.

— Eh bien ? dit-il en entrant.

— Toujours de même, monsieur, dit la vieille femme. Si je lui dis : « Voulez-vous boire ? » il me répond : « Magdeleine ? où est Magdeleine ? » Si je lui demande comment il se trouve, il demande Magdeleine. Il est impossible d'en rien tirer de plus.

Elle alla à la fenêtre et souleva le rideau.

— Les petits nuages sont chassés en flocons par un vent léger. La journée sera belle. Si vous le permettez, je tâcherai de le faire marcher au soleil.

— Non, dit le médecin ; j'ai fait pour lui quelque chose de mieux : j'ai obtenu que madame Edward viendrait le voir ; cela seul pourrait causer une crise favorable. Son mari, qui s'y est longtemps opposé, a cédé à mes instances, à condition qu'il serait présent.

Le médecin lui tâta le pouls et la tête.

— Saigné deux fois depuis deux jours, dit-il, et sans aucun résultat !

A ce moment, on frappa doucement à la porte. C'étaient Magdeleine et Edward.

Stephen se réveilla en murmurant : « Magdeleine ! »

Mais il resta étendu sur le dos, la bouche entr'ouverte et les yeux à demi-fermés.

Magdeleine était tremblante ; mais, quand elle put distinguer ses traits, quand elle vit son visage desséché et ses yeux creux, elle détourna la tête.

— Approchez, dit le médecin ; il faut voir s'il vous reconnaîtra.

Ils approchèrent et se mirent devant lui ; mais Stephen ne fit aucun mouvement.

9.

Le médecin secoua tristement la tête.

— Parlez, appelez-le : peut-être reconnaîtra-t-il votre voix.

Magdeleine hésita et dit :

— Stephen !

Ce fut pour Stephen comme un coup électrique. Il ouvrit les yeux, se leva sur une main, regarda fixement tout en prêtant l'oreille.

— Encore, dit le médecin.

Edward fit un geste d'impatience.

Magdeleine répéta son nom.

Alors, Stephen appuya ses mains sur son front comme pour apaiser le tumulte des idées qui, se réveillant subitement comme des cavaliers au boute-selle, s'entre-choquaient pêle-mêle dans sa tête.

Puis encore il regarda avec ses grands yeux fixes.

Puis il se frotta les yeux comme un homme qui vient de s'éveiller et étendit les bras. « Ah ! dit-il d'un ton calme, c'est toi, Magdeleine. » Et ses yeux brillèrent d'un éclair de joie. « Je dormais. Tu as bien fait de me réveiller. Tu n'es pas encore prête, paresseuse ! As-tu donc oublié que c'est aujourd'hui le jour, le beau jour qui va payer toutes nos souffrances ? Tu vas t'habiller ; mais non, fou que je suis, tu as la robe blanche ; il ne te manque que le bouquet et le diadème. — Oh ! je vous en prie, monsieur Müller, dit-il au médecin, mon cher père, ne vous mêlez pas de cela ; laissez-moi lui mettre dans les cheveux une couronne d'aubépine. N'est-ce pas, Magdeleine, cela vaut mieux que des fleurs d'oranger ? et cela nous rappelle d'autres temps. Allez me chercher de l'aubépine dans le jardin ; allez donc ! » dit-il voyant qu'on hésitait.

Le médecin fit signe à la vieille femme d'obéir.

— Ouvrez la fenêtre, dit Stephen, laissez pénétrer le soleil ; que je respire l'air ; il doit être aujourd'hui frais et parfumé et j'ai la bouche si sèche...

On ouvrit la fenêtre.

— Oh ! le beau ciel, comme il est pur ! comme il est bleu ! Vois-tu, Magdeleine, que le ciel nous protége ! ce beau soleil, c'est un regard d'amour dont Dieu nous caresse. — Ah ! Edward, dit-il, je ne t'avais pas vu, c'est ce qui manquait à mon bonheur ; c'est toi qui as amené Magdeleine auprès de moi. Elle n'aurait osé venir seule : c'est mon ami, mon bon ami qui m'amène ma fiancée ; c'est toi qui présideras à la noce, n'est-ce pas ? Te rappelles-tu, Edward, comme je te parlais d'elle quand nous étions si pauvres tous les deux ! Donne-moi ta main, que je la serre dans les miennes. Te rappelles-tu quand je te disais : « Oh ! elle sera à moi, car l'amour est plus fort que tout ! » Eh bien, j'avais raison, car maintenant elle est bien à moi.

En ce moment, la vieille femme rapporta l'aubépine.

Stephen la lui prit des mains, en arracha les aiguillons et tressa une couronne qu'il mit sur les cheveux de Magdeleine.

— Magdeleine, te rappelles-tu, avant mon départ, qu'un jour je te fis une couronne semblable ? Vieille femme, ajouta-t-il, pourquoi ne sonne-t-on pas les cloches pour mon mariage ?

Sur un signe du médecin, la vieille femme sortit.

Soit un effet de son imagination, soit qu'effectivement, par hasard, au lointain, un son de cloches se fit entendre :

— Ah ! dit-il, voici qu'on sonne les cloches. Qu'est-ce que je te disais donc tout à l'heure, Magdeleine ?

Il mit ses mains sur son front.

— Ah ! je me rappelle, je te parlais de ce jour où je te parais comme une fiancée ; l'avenir était alors pour nous bien incertain ; mais je te disais alors... C'est singulier comme je me rappelle ce jour, ajouta-t-il comme s'il se réveillait.

» Ce jour et tout ce qui l'a suivi.

» Je t'ai quittée et je suis allé à Gœttingue, puis j'ai été bien pauvre et bien malheureux, et mon parent est mort ; je l'ai tué ; j'ai été riche. Ah ! notre petite maison, elle est bien jolie, va ; tu verras comme les rosiers montent jusqu'aux fenêtres. Et tu aimes le bleu, notre chambre est tendue de bleu, et je suis venu te dire tout cela... et... et...

Ses yeux s'égarèrent ; il devint tremblant.

Alors, sa raison revint, il se rappela.

— Et Magdeleine, Edward ! vous deux là !

Il poussa un horrible gémissement, et, comme Edward s'était rapproché, il jeta la main sur lui et arracha une partie de son habit ; puis, sortant nu de son lit, il alla à la porte et dit en ricanant : « Vous ne sortirez pas ! vous allez mourir avec moi, car cette cloche que j'entends, elle sonne votre mort et la mienne. »

Magdeleine était tombée à genoux.

— Ôte cette couronne ! cria-t-il d'une voix de tonnerre ; ôtela, tu n'en es pas digne, femme souillée! — Il la lui arracha et la foula aux pieds.

— Et toi, ami, dit-il à Edward avec un horrible sourire, viens donc dans les bras de ton ami; viens, que je t'étouffe!

Le médecin avança sur Stephen pour ouvrir la porte; mais Stephen le repoussa avec tant de violence, qu'il alla tomber à l'autre extrémité de la chambre.

Et il se mit à bondir et à hurler comme une bête féroce. Magdeleine restait à genoux, la tête dans les mains, et Edward se tenait le plus loin de lui possible.

Mais tout à coup Stephen pâlit, ses forces l'abandonnèrent, et il tomba sans mouvement.

Edward entraîna Magdeleine, et tous deux passèrent par-dessus son corps pour sortir.

Le médecin le recoucha.

Plus d'un mois se passa sans qu'on pût savoir s'il se relèverait.

Quand il fut en état de se lever, Edward et sa femme étaient partis pour la ville.

LXXXVII

OU L'AUTEUR PREND LA PAROLE

Arrivé là de notre récit, nous avons jeté un regard en arrière, et un scrupule s'est emparé de nous.

Certes, dans les peintures que nous avons faites des joies et des douleurs de notre héros, il y a de la vérité, et *nous avons payé* pour le croire; mais nous ne voyons pas très-clairement pourquoi le lecteur irait quitter ses affaires, ses intérêts, ses occupations, ses haines et ses amours pour s'occuper aussi longtemps des affaires, des intérêts, des occupations, des haines et des amours d'un homme qu'il ne connaît pas.

Cette idée peut-être nous eût arrêté en notre course, mais plusieurs considérations nous éperonnent et nous font aller en avant. Ces considérations, nous n'avons pas l'intention de les donner au lecteur, notre modestie nous portant à croire que si les aventures de notre héros l'intéressent peu, les nôtres ne l'intéresseraient pas du tout. Au cas contraire, c'est-à-dire si nous avions le bonheur de chatouiller sa curiosité sur une chose relative à nous, nous en userions comme d'un bien inespéré, et, pour qu'il s'occupât de nous plus longtemps, nous laisserions son esprit faire des conjectures et des hypothèses.

Car il est possible que Charles Gosselin, notre éditeur, nous ait payé ce livre d'avance, et que le finir soit aujourd'hui l'acquittement d'une dette.

Il est possible encore que ce livre offert au public soit écrit pour une seule personne, destiné seulement à être lu par elle.

Il est possible...

Tout est possible.

Quoi qu'il en soit, le scrupule qui nous a arrêté un moment, comme une pierre cachée sous l'herbe, nous a donné l'idée de mettre dans notre livre quelque chose d'utile.

Établissons l'utilité de ce que nous avons à dire.

Il y a des gens qui, sur le point de faire la nuit une route dangereuse, refusent de prendre des armes sous prétexte qu'ils n'ont pas peur.

A notre sens, nous avons meilleure opinion du courage de l'homme qui charge ses pistolets ou assure dans sa main un bon bâton, un rotin, ou un cornouiller, ou une épine, qui sont les seuls bâtons dont on puisse raisonnablement se servir, vu que nous pensons que, dès l'instant que l'on se charge d'une canne, il faut que cette canne soit une arme.

Aux gens qui refusent de s'armer, demandez ce qu'ils feront s'ils sont attaqués; ils vous répondront : « Nous ne serons pas attaqués ; » et cela autant de fois que vous jugerez convenable d'adresser la question.

A cela nous répondrons pour eux. S'ils sont attaqués, ils rentreront chez eux sans bourse, sans chapeau, sans redingote, sans pantalon, sans bottes et sans chemise, vêtus simplement de leur peau, si tant est qu'un peu de résistance n'ait pas forcé les agresseurs à l'endommager.

Nous ne voyons pas plus de courage à s'exposer à un danger auquel on ne croit pas, qu'à mettre le pied sur un plancher que l'on sait ou que l'on croit, ce qui est la même chose, parfaitement solide.

Conséquemment, quand nous aurons dit que la chose utile que nous voulons placer ici est l'indication claire et précise du meilleur terrain possible pour un duel, beaucoup de gens crieront et s'exclameront, disant que le duel est une chose que l'on doit éviter, que c'est un mal qui ne devrait pas exister, et qu'il est inutile et immoral de donner des conseils aux gens sur ce qu'ils doivent faire après une action qu'ils ne feront pas. A cela nous répondrons d'abord que, le duel fût-il un mal, il faut être prêt à tout; que tel homme en sortant d'une maison où il avait parlé éloquemment pendant une heure et demie contre le duel a, en sortant, été tiré de sa méditation philanthropique par un coup de coude qu'a suivi une querelle qu'a suivie un coup d'épée.

Ce qui s'explique facilement, par cela que la raison fait toujours de sang-froid des lois pour les hommes sous l'empire des passions, comme un tailleur qui prendrait mesure d'un gilet à un homme après un mois de diète : le gilet sera trop étroit et crèvera. Or, comme le duel est toujours possible, il est inutile de joindre aux divers désagréments qu'il entraîne, l'incertitude sur le terrain où il doit avoir lieu, de longues et fatigantes recherches qui n'aboutissent le plus souvent qu'à prolonger une situation pénible et à se placer dans un lieu où l'on est exposé à des regards au moins désagréables.

C'est le seul but que nous ayons en donnant l'indication de ce terrain, qui est réellement le plus convenable auprès de Paris. Nous ne conseillons à personne de se faire une querelle exprès pour en profiter, à l'exemple de l'ami avec qui nous avons levé le plan et qui nous disait qu'il allait être plus pointilleux pendant une semaine, tant il lui semblait agréable de se battre en si belle place.

Vous sortez de Paris par la barrière des Bons-Hommes, vous gagnez le pont de Grenelle, que vous traversez; puis, sur la rive, vous suivez le cours de l'eau; vous faites cent cinquante pas sur la grève; à gauche, vous trouverez une petite ruelle au coin de laquelle est un marchand de vin : elle s'appelle *rue Javelle*. Une fabrique de charbon animal élève au-dessus une épaisse fumée dont l'odeur s'étend au loin et peut vous guider ; vous entrez dans la rue, bordée d'un côté par une haie d'aubépine ; vous franchissez une barrière de bois, et marchez entre des ormes et des sureaux ; vous franchissez une seconde barrière, et, un peu à droite, vous découvrez une plate-forme unie comme des dalles et creusée dans le ciment à plus de six pieds de profondeur. Là, vous êtes à l'abri de tous les regards, sur un terrain ferme et nullement glissant.

Que Dieu favorise la bonne cause !

Si tant est que, dans une querelle, il puisse arriver qu'on n'ait pas tort tous les deux.

Si par hasard il advient que l'affaire s'arrange sur le terrain, —

Ce qui est la plus sotte chose qui se puisse imaginer, car ce que le duel a de sensations pénibles est dans le temps qui le précède, mais nullement quand on a l'épée à la main, l'émotion étant alors complétement nulle, —

S'il arrive que l'affaire s'arrange et que vous vouliez vulgairement déjeuner, vous reprenez le même chemin pour gagner la rivière, et vous suivez le courant jusqu'à une petite île bien verte ; vous appelez le batelier, lequel fait d'excellentes matelotes et vend un petit vin clair qui exhale un délicieux parfum de raisin, à tel point que nous, qui d'ordinaire ne buvons pas de vin, lorsque nous allâmes lever le plan du terrain pour vous le transmettre, nous en bûmes plus d'une bouteille, ce qui nous rendit pour le reste du jour excessivement gai et facétieux.

Et encore, avant de poursuivre, nous devons demander pardon aux lecteurs, si ce livre en a, ce qui nous paraît extrêmement désagréable de ne pas croire, des fautes et des négligences qui fourmillent en lui, et à cet effet nous transcrivons un fragment de lettre qui en fait foi.

« Mon cher monsieur Alphonse,

. . . .

« J'ai lu les épreuves de votre livre ; je pense que vous éviterez de légères incorrections, *à cause que*, souvent répété, *de suite* pour *tout de suite*, etc., etc.

« Tout à vous. »

LXXXVIII.

Un jour, Stephen se leva, et, sans rien répondre aux questions de la vieille femme, qui le regardait, il s'habilla et se mit en route pour sa petite maison au bord de la rivière.

Le soleil était ardent.

Le jardin était devenu bien beau. On ne voyait plus la façade de la maison, tant les grands églantiers avaient poussé de feuilles et de fleurs, tant la vigne vierge et le houblon avaient étendu leur sombre et large feuillage.

Il parcourut tout silencieusement, de temps à autre s'arrêtant aux endroits qui réveillaient les souvenirs les plus cuisants. Il arriva au vivier : « Ce treillage, dit-il, elle l'avait demandé pour que nos enfants ne tombassent pas dans l'eau. Je n'aurai jamais d'enfants, moi. »

Et du pied il brisa et renversa le treillage.

Il arriva à la petite tonnelle : « Ce petit banc où il y avait deux places pour elle et pour moi, je n'y viendrai que seul maintenant ; ces beaux chèvrefeuilles et ces beaux églantiers, leurs guirlandes parfumées devaient ombrager sa tête et la mienne.

— Il n'y a pas besoin d'ombre pour moi tout seul.

Et il arracha les chèvrefeuilles et les églantiers, et les mit en pièces sous ses pieds.

Et avec un bâton il se mit à hacher l'aubépine en fleur de la haie qui entourait le jardin.

Il arriva aux tilleuls ; leur jeune feuillage s'était épaissi ; il enleva de l'écorce leur chiffre, à Magdeleine et à lui, qu'il y avait tracé pour rappeler d'autres lieux et d'autres jours.

Là était le jardin fleuriste destiné à M. Müller ; une belle planche de tulipes était en fleur, ainsi les renoncules et les anémones, et une belle collections de rosiers : la terre en un instant fut couverte de leurs débris.

Puis il entra dans la maison ; il trouva dans la chambre destinée à M. Müller des livres de science, d'horticulture, il les déchira.

Puis il monta à la chambre tapissée de bleu.

— C'était notre chambre !

Et involontairement il repassa dans son esprit tout le bonheur qu'il avait espéré.

Et, quand il pensa que tout cela était perdu pour lui, il entra en fureur et arracha et mit en lambeaux la tenture bleue de la chambre, et brisa un beau miroir destiné à Magdeleine.

Et, parcourant le reste de la maison, il détruisit tout ce qui avait été apporté pour elle.

LXXXIX

Faites votre jeu, messieurs!

Pendant plus d'un mois ensuite, Stephen erra de côtés et d'autres, sans but et presque sans repos; marchant dans la campagne des journées entières, sans voir personne, sans dire une parole, quelquefois se couchant au soleil dans la grande herbe, au bord de la rivière, et immobile comme une pierre, repassant ses souvenirs en pleurant; souvent une sombre fureur s'emparait de lui quand il se demandait : « Tandis que je pleure ici, que fait-elle ? Oh! se disait-il, elle n'est pas encore levée, elle est au lit, dans les bras de son mari!» Et alors, il marchait à grands pas du côté de la ville pour aller étrangler Magdeleine de ses mains et écraser sous ses pieds la poitrine d'Edward.

Un jour seulement, il alla jusque-là, et, comme il traversait la promenade, il vit Magdeleine au bras d'Edward; des hommes et des femmes parés les entouraient. Magdeleine parlait, et sans doute ses paroles étaient moqueuses, car tout le monde riait en les entendant. Stephen s'arrêta sans pouvoir ni marcher ni respirer, obligé de s'appuyer contre un arbre.

Les passants se retournaient pour voir Stephen; sa figure était horriblement pâle et décharnée; ses cheveux, mal peignés, retombaient sur ses yeux; ses vêtements étaient à moitié déboutonnés et très-déchirés; sa chaussure n'était pas cirée; depuis bien longtemps la brosse n'avait touché ni son chapeau ni ses habits.

Aussi, quand Edward l'aperçut, il détourna de lui les yeux avec dégoût, entraîna Magdeleine et remonta avec elle dans sa voiture; leur départ laissa Stephen comme stupide. Ce ne fut qu'au bout de longtemps qu'il s'aperçut qu'il était devenu l'objet de l'attention générale et qu'un cercle s'était formé autour de lui.

Il promena sur ceux qui l'entouraient un regard d'étonnement et de dédain, et, comme il fit un pas, la foule s'écarta avec une sorte de crainte et le suivit à quelque distance jusqu'à l'extrémité de la promenade.

Comme il rentrait dans la ville où il demeurait, il rencontra une ancienne connaissance, Wilhem Girl, qui autrefois lui avait servi de témoin dans un duel et auquel il avait négligé de porter, selon sa promesse, une récompense pour le service qu'il lui avait rendu.

Rien n'était changé pour Wilhem ; le soleil n'avait plus guère que deux heures à rester à l'horizon, et Wilhem fumait couché sur l'herbe, au pied de la haie, du côté opposé à celui où Stephen l'avait trouvé autrefois.

Stephen l'aborda et se fit reconnaître.

— Par la mémoire de mon père ! dit Wilhem, je ne vous aurais pas reconnu. Vous, autrefois si leste, si bien portant, avec un teint si animé et une démarche si vigoureuse ! vous êtes bien changé ; vous étiez maigre déjà alors, mais quelle différence aujourd'hui ! Vous autres, hommes de ville, vous vous fanez comme des fleurs dans une cave, et puis les soucis vous rongent le cœur : si vous étiez comme moi, resté au soleil, vous auriez conservé votre santé.

Comme ils parlaient, un homme mis avec élégance et monté sur un beau cheval s'approcha d'eux et dit à Stephen :

— Mon ami, porte cette lettre à son adresse ; si tu y mets de la diligence, tu n'auras pas à t'en repentir. Je t'attends ici.

Stephen, sans lui répondre, fit signe à Wilhem, qui prit la lettre et partit.

L'étranger attacha son cheval et s'assit à une petite distance de Stephen. Pendant quelque temps, il siffla entre ses dents ; puis, avec sa cravache, s'amusa à couper les petites fleurs et les brins d'herbe les plus élevés.

Et, quand il se fut passé assez longtemps pour qu'il pût espérer de voir revenir Wilhem Girl, ses yeux restèrent fixés sur le chemin qu'il avait pris. Plusieurs fois, il se leva pour aller au-devant de lui jusqu'à un endroit où un monticule permettait d'étendre la vue.

Enfin Wilhem arriva ; il rapportait une lettre ; l'étranger hésita à l'ouvrir, comme un homme qui craint de perdre sa dernière espérance ; puis, brusquement, fit sauter le cachet et lut rapidement. En lisant, il pâlit et passa la main sur ses yeux comme si un nuage l'empêchait de voir ; il relut une seconde fois.

— Malédiction ! s'écria-t-il. C'est impossible.

Il relut encore la lettre, et ses bras tombèrent de stupéfaction et d'abattement.

Puis il marcha à grands pas, et, après avoir jeté quelques pièces de monnaie à Girl, il monta sur son cheval, lui donna des deux éperons dans les flancs et, comme il s'élançait, le retint si brusquement, qu'il se cabra et faillit le renverser, puis il le laissa aller au pas, plongé qu'il était dans un morne abattement.

Quand Stephen eut réparé son oubli à l'égard de Girl, il se mit aussi en route et bientôt rattrapa le cavalier; il avait laissé tomber sa cravache : Stephen la ramassa et la lui rendit.

— Je vous remercie, dit l'étranger. Suis-je sur la bonne route?

— Où voulez-vous aller? dit Stephen.

— Ma foi, je ne sais pas. Ce que j'ai de mieux à faire, continua-t-il, à demi-voix et se parlant à lui-même, c'est, je crois, d'aller au fond de la rivière ou de me faire sauter la cervelle. — Vous êtes d'heureux coquins, vous autres, ajouta-t-il haut, vous êtes à l'abri de ce qui me tue aujourd'hui.

— Je ne suis pas un coquin, dit Stephen en souriant amèrement, et encore moins je suis heureux, et je doute fort que vos malheurs soient aussi irréparables que les miens.

L'étranger parut surpris du langage de Stephen; il le regarda, et, avec le tact d'un homme qui a vécu dans le monde, sans lui témoigner de surprise ni lui demander d'excuses, du ton avec lequel il l'avait traité, il mit son cheval au pas de Stephen; et du ton dont on parle à son égal :

— *Monsieur*, dit-il, ma position est celle-ci. J'ai perdu quinze mille florins au jeu avec un baron de Wersheim. Je suis sûr qu'il a triché et m'a volé indignement. Je n'ai pu m'empêcher de le dire, il a fait le geste de me donner un soufflet; on m'a arrêté comme j'allais lui casser un fauteuil sur la tête : je lui ai demandé raison; il m'a répondu que ce serait une manière trop commode de payer ma dette et qu'il ne se battrait avec moi qu'après avoir reçu son argent; que, si j'y tenais, il fallait me presser, attendu qu'il part demain au soir.

» Eh bien, j'ai tant dépensé d'argent l'hiver passé, qu'il m'est impossible de réaliser cette somme avant une semaine. Je viens d'écrire à un oncle pour la lui emprunter. La vieille bête m'a refusé. Je n'ai d'autre ressource que d'aller brûler la cervelle au baron de Wersheim et de m'en faire autant après Mais, dit l'étranger entre ses dents et après avoir examiné le costume de Stephen, à quoi m'amusé-je à vous raconter cela, si ce n'est qu'au moment de prendre une grande résolution on se donne des prétextes pour ajourner sa décision et l'on se plaît à laisser flâner son esprit.

— Allons, dit Stephen, répondant à une idée qui roulait dans sa tête depuis quelques minutes. Allons.

— Monsieur, continua-t-il, peut-être n'avez-vous pas eu tort autant que vous le croyez de me confier votre situation, car je puis vous prêter les quinze mille florins.

— Vous! dit l'étranger avec un doute très-prononcé.

— Moi, dit Stephen.

Et, comme ils étaient près de la maison, il entra, prit un papier et lui dit :

— Voici un contrat qui vaut le double ; il vous sera très-facile de trouver à emprunter dessus vos quinze mille florins ; voici ma procuration.

— Monsieur, dit l'étranger, je ne saurais vous peindre mon étonnement ni ma reconnaissance ; je suis à vous à la vie, à la mort, et je ne serai pas ingrat. Vous me donnez plus que la vie, vous me sauvez l'honneur ; j'accepte votre offre comme un secours qui me viendrait du ciel; demain au soir, vous me reverrez ; donnez-moi votre nom et votre adresse.

Quand il fut parti, Stephen songea qu'il avait peut-être compromis gravement sa petite fortune : « Bah! dit-il, que me fait cet argent, puisque ce n'est pas pour elle! »

Plusieurs jours se passèrent sans qu'il reçut aucune nouvelle de l'étranger.

Pendant ce temps, il alla souvent voir Fritz ; l'aspect du bonheur calme et continu dont jouissait le pêcheur au milieu de sa femme et de ses enfants lui serrait le cœur au point qu'il quittait la maison pour pleurer en liberté, et insensiblement sa douleur farouche se changea en une tristesse morne et en mélancolie.

XC

QUE L'INCONSÉQUENCE EST UNE CONSÉQUENCE NÉCESSAIRE DES PASSIONS

Pendant trois jours, Stephen travailla, bécha, replanta.

Il voulut rassembler autour de lui tous ses souvenirs, fit retendre la chambre bleue, remplacer les livres de M. Müller et refaire son jardin fleuriste.

Le treillage fut relevé autour du vivier, et lui-même refit le berceau au-dessus du petit banc.

Tout autour de lui devint comme si Magdeleine eût été sa femme et eût habité avec lui la petite maison.

Dès le matin, il se levait et allait s'asseoir sur le banc de verdure; là, il tirait de son sein la seule lettre de Magdeleine qu'il eût clandestinement conservée, et, après l'avoir lue, restait la tête pendante sur la poitrine, le regard fixe et immobile.

Cependant le soleil montait à l'horizon. Il colorait d'un reflet jaune la rivière qui coulait au bas du coteau.

Puis, arrivé au zénith, il semblait dévorer la terre.

Puis, dans des flocons de feu et de pourpre, il se couchait.

Et Stephen n'avait pas fait un seul mouvement de tout le jour.

Alors, la voix retentissante de Fritz l'appelait pour dîner; il se levait et lentement descendait à la rivière, où il trouvait le bateau de Fritz.

Et le soir, seul, par les belles nuits calmes, ou souvent encore par ces vents tourbillonnants qui précèdent l'orage et balancent l'eau en larges lames, il prenait le bateau de Fritz et allait errer sur la rivière, et il chantait les airs qu'il avait autefois entendu chanter à Magdeleine, et cette chanson de Goethe qu'elle lui faisait répéter souvent :

> Ma richesse, c'est la feuillée,
> Un ciel d'azur, de verts tapis, etc.

Et alors, pour quelques instants, il revivait de sa vie passée, respirait le même air et retrouvait les mêmes sensations, et restait, n'osant plus ni parler, ni remuer, ni respirer, dans la crainte de rompre le charme et de retomber du ciel, où l'avaient emporté ses souvenirs, sur la terre dure, où se brisait cette dernière illusion.

XCI

DE LA MUSIQUE

> Qui me rendra cet âge où, dans son innocence,
> Le cœur danse aux chansons que chante l'espérance?
> ..... Chacun de nous sur un banc à l'écart
> Humera le soleil, cet ami du vieillard,
> Et souriant encore à l'aspect d'une femme,
> Au feu des souvenirs réchauffera son âme.
>
> C. DELACOUR.

Pour les imaginations exaltées et poétiques, la vie est partagée en deux parts : l'espérance et les regrets.

A leur entrée dans la vie, ces imaginations parent l'avenir, l'amour, l'amitié de couleurs si éclatantes, qu'il est impossible quelque belle que soit la réalité, qu'elles n'éprouvent pas de cruels désappointements et qu'à mesure qu'elles touchent un de ces bonheurs qu'elles ont rêvés, elles ne se disent pas, tristement déçues et découragées : *Ce n'est que cela !*

Puis, quand une à une se sont effeuillées toutes ces illusions comme une rose au vent, quand soi-même, poussé par un stupide amour de la sagesse et de la vérité, on en a péniblement arraché quelques-unes et qu'on a fini par se convaincre que ce bonheur qui colorait nos songes n'est qu'un enfant de notre imagination,

Il advient que l'on n'a plus de foi à l'avenir ou qu'on le trouve si peu savoureux qu'on en détourne les lèvres, et que le passé même nous paraît une mystification, mais qu'on ne peut s'empêcher de regretter, et l'on s'efforce de ruminer et de remâcher sa vie,

Comme les vieilles femmes pauvres remettent plusieurs fois de l'eau chaude sur le marc de café.

Aussi bénissons-nous tout ce qui nous rapporte un souvenir, tout ce qui nous le rend présent et vivant.

Arrivé à moitié de la vie, il n'y a pas une fleur, pas un arbre, pas un brin d'herbe, pas un son, pas une couleur, pas un parfum qui n'apporte avec lui son souvenir.

Ainsi, pour nous qui écrivons ce livre, et qui, pour la première fois, avons vu un noueux chèvrefeuille sur la tombe d'une jeune fille, l'odeur du chèvrefeuille nous rappelle toujours un cimetière, et il nous semble que l'âme emprisonnée dans la bière avec le corps monte avec la séve de l'arbuste et s'échappe de ses fleurs pour retourner au ciel en suave parfum. Pour nous, le chèvrefeuille sent l'âme et l'immortalité.

Des liserons qui rampent et grimpent en laissant retomber leurs fleurs en cloches blanches, roses, violettes, nous rappellent certain treillage de certain jardin où nous ne saurions entrer aujourd'hui sans nous sentir le cœur horriblement serré.

Mais ce qui surtout ramène à nous un souvenir bien complet et bien intact, c'est la musique, c'est un air que nous avons chanté ou entendu à telle ou telle époque de notre vie ; c'est comme un chant magique qui galvanise un moment de notre vie effacée et le fait passer devant nous.

Pour le vieillard dont les genoux tremblent et la tête hoche, je gage qu'entendre l'air que chantait de sa douce voix la première femme qu'il a aimée lui rend, pour cinq minutes, dix-sept ans, ses illusions, son amour, l'éclat de son regard, je dirais presque sa fraîcheur et sa force ; mais au moins j'affirme que, pour un moment, sa tête cesse de hocher et ses genoux de trembler, et que ses cheveux paraissent moins gris.

Aussi, tel air insignifiant pour tous a une harmonie céleste pour un seul, parce que ce n'est pas à l'oreille, mais au cœur qu'il résonne.

Nous ne pouvons fredonner sans émotion l'air sur lequel nous faisait former des pas M. Cornet, notre maître de danse, quand nous étions au collége, duquel M. Cornet les soins ont été perdus, car nous sommes resté le plus mauvais danseur de France.

Cette émotion ne vient pas de regrets pour le collége, car en ce moment nous en étions outrageusement expulsé, et nous avions d'autre part un professeur avec lequel nous nous battions désavantageusement tous les deux jours, le jour d'intervalle étant consacré à un séjour au cachot.

Mais, en ce temps, nous avions dans la tête et dans le cœur quelque chose qui nous intéressait bien autrement que le grec, et le latin, et la danse.

Quand nous voulons préciser une époque de notre vie ou de l'histoire contemporaine, il nous est fréquent de dire : « C'est à l'époque où les orgues de Barbarie jouaient tel ou tel air. » Ainsi, quand advint à Paris la mystification des piqûres, les orgues jouaient l'air *Colin et Colinette dedans un jardinet* ; au moment où fut tué le duc de Berry et où nous entrâmes au collége, on chantait : *C'est l'amour, l'amour, l'amour*, etc. Plus récemment, il y a un petit air allemand qui nous rappelle le jour où nous avons, pour la première fois, savouré un bonheur auquel nous commencions fort à ne plus croire, etc., etc.

Et nous pensons qu'il ne serait pas difficile et surtout qu'il serait très-exact d'écrire pour soi-même l'histoire de sa vie en musique, c'est-à-dire d'écrire l'air que l'on entendait à chaque époque ; la lecture de ces souvenirs ne nous rendrait pas seulement les faits, elle nous rendrait aussi les sensations et l'aptitude aux sensations.

Puisque nous parlons de la musique, nous nous permettrons

d'émettre une idée qui nous a beaucoup tourmenté, c'est que nous considérons comme une absurde monstruosité d'attacher des paroles à la musique.

La musique doit monter au ciel en emportant notre âme après elle. Pourquoi la lester d'un lourd langage qui ne monte pas plus haut que l'oreille des hommes ?

N'est-elle pas elle-même un langage ? n'est-elle pas le langage de l'âme, comme les mots le langage de la bouche aux oreilles, de l'esprit à l'esprit ? Pourquoi la charger d'une traduction interlinéaire toujours inexacte ?

Quand j'entends de la musique traînant péniblement après elle de pénibles paroles, comme en font MM. Planard et autres, il me semble la voir boiteuse; je crois voir un oiseau que des enfants forcent à traîner des chariots de carton, quand il voudrait planer au-dessus de la cime des arbres; je crois voir un hanneton attaché par la patte à un bout de fil.

Le premier qui a mis des paroles à de la musique, était un barbare mal organisé qui, ne pouvant élever son âme à la hauteur de la musique, a voulu l'abaisser jusqu'à lui et s'est servi des paroles comme on se sert du plomb pour faire tomber l'alouette qui, joyeuse, monte au ciel en chantant.

Tout ce que nous venons de dire sur la musique n'est pas un simple bavardage de l'auteur, comme on pourrait nous en accuser, c'est simplement pour bien faire comprendre tout le charme de mélancolie que Stephen pouvait trouver à chanter, la nuit :

<blockquote>Ma richesse, c'est la feuillée, etc.</blockquote>

XCII

A M. STEPHEN, PROPRIÉTAIRE, M. WALFURST, HOMME DE LOI

Monsieur,

Un de mes clients, qu'un duel funeste vient d'enlever à ses amis et à une vie heureuse sous tous les rapports, a déposé entre mes mains un testament dans lequel se trouvent des dispositions qui vous sont relatives.

Veuillez donc vous transporter chez moi ou envoyer quelqu'un muni de votre procuration pour prendre connaissance desdites dispositions.

J'ose espérer, monsieur, que vous voudrez bien me conserver la confiance qu'avait en moi feu M. de Nelseim et me charger de vos affaires, auxquelles j'apporterai le plus grand zèle et la plus grande activité.

En attendant l'honneur de votre visite, j'ai l'honneur d'être, monsieur, votre très-humble et très-obéissant serviteur.

WALFURST.

XCIII

Stephen était assis morne et silencieux depuis le matin.

Les personnes qui sentent fortement, et nous ne rangeons pas dans cette classe celles qui proclament à son de trompe leurs sensations et leurs émotions, sont aussi friandes et avares de leurs douleurs que de leurs bonheurs, renferment les uns et les autres au fond de leur cœur et ne les laissent pas s'évaporer en paroles.

Les paroles, en effet, qui sortent d'un cœur en proie à la tristesse ou à la joie semblent des abeilles qui, sortant du calice d'une fleur, s'envolent toutes couvertes de la poussière jaune des étamines, et les pattes chargées de suc.

Aussi, aux gens qui nous entretiennent longuement de leurs sensations, de leurs plaisirs ou de leurs chagrins, ce que l'on doit réserver pour ses amis, d'abord parce que c'est ennuyeux pour tout autre, ensuite parce qu'il faut que les amis aient quelque chose de plus que les autres, nous sommes véhémentement tenté de dire : « Voilà si longtemps que vous parlez de votre chagrin, que nous gageons qu'il n'en reste plus au fond de votre cœur : c'est un parfum évaporé. »

Le creux de sa vie effrayait Stephen. La seconde moitié ne serait employée qu'à porter le deuil de la première.

Il pensa à se tuer.

Beaucoup ont déclamé contre le suicide.

Nous n'avons au fond de ces déclamations jamais trouvé que la peur de la mort de la part de l'auteur.

On a à ce sujet accumulé un grand nombre de niaiseries.

L'une vient de Cicéron et a été toujours répétée depuis :

« L'homme n'a pas plus le droit de mourir qu'une sentinelle de quitter son poste. »

Nous ne répondrons pas à un raisonnement qui fait de Dieu un caporal, et, d'ailleurs, nous pensons que Dieu s'occupe fort peu de nous ; qu'il y a bien de la vanité à nous, petits, de croire que nous pouvons l'offenser, et qu'il ne prend la peine ni de nous récompenser ni de nous punir, laissant au hasard et au savoir-faire de chacun le soin d'arranger et de conduire sa vie. On dit encore « qu'il y a plus de courage à supporter le malheur qu'à se tuer, que l'on se tue par lâcheté, » ce qui n'est pas vrai ; et ceux qui, dans leur vie, ont eu envie de se tuer savent le contraire.

Nous pensons, au contraire, qu'il n'y a rien de si raisonnable que de quitter un habit qui nous gêne, un lieu où nous sommes mal, de déposer un fardeau trop lourd pour nos épaules.

Stephen pensa donc à se tuer.

Il y avait encore dans la mort quelque chose de poétique qui le séduisait: il enverrait à Magdeleine avec une lettre des cheveux qu'il chargerait un ami de couper sur sa tête morte ; il prendrait encore place dans la vie de Magdeleine au moins pour quelque temps.

Mais aussi il pensa que rien ne lui garantissait que ses dernières volontés seraient exécutées ; qu'on lui promettrait tout ce qu'il voudrait, comme on a fait à un malade ; mais qu'après sa mort on serait retenu par la crainte de faire à Magdeleine un mal inutile, car les plus saintes promesses meurent d'une caresse ou d'une chiquenaude ;

Que Magdeleine ignorerait sa mort ou du moins n'en saurait pas la cause ; que cette mort n'interromprait pas d'une minute ses plaisirs.

Et il s'indigna contre elle, pensant qu'il lui avait sacrifié toute sa vie, qu'il avait rejeté tous les plaisirs de son âge, et qu'elle l'avait abandonné pour un homme plus riche.

— Qui sait, dit-il, si ces plaisirs que j'ai méprisés ne me la feraient pas oublier ? car je veux l'oublier.

» Il y a de la bassesse et de la lâcheté à aimer une femme qui vous méprise ; si ce n'est pas le corps d'une femme que l'on peut aimer, c'est son amour ; et Magdeleine ne m'aime plus ; et il y a d'autres femmes ; et il y a bien des bonheurs que je ne connais pas. »

Comme ses idées avaient pris ce cours, une voix qui venait de la rivière appela:

— Stephen ! ohé !

C'était Fritz, que Stephen avait envoyé chez M. Walfurst.

L'étranger auquel il avait prêté trente mille florins s'était battu et avait été tué; mais, avant de mourir, il avait assuré à l'inconnu qui avait eu la générosité de lui prêter de l'argent, la moitié de sa fortune, qui était très-considérable.

— Monsieur Stephen, dit Fritz en finissant, vous avez plus de dix mille florins de rente.

XCIV

— Mourir, pensa Stephen, et je n'ai pas encore vécu ! Serai-je comme un voyageur qui, sortant de sa ville natale et voyant les faubourgs sales, boueux et pauvres, ne continue pas le voyage ?

» De toute la vie, de tout ce qu'elle renferme de bonheur et de plaisir, de tout ce qu'elle peut offrir au cœur et à l'esprit, je ne connais rien, rien qu'une femme.

» Mon cœur a senti, mais mon esprit, ma curiosité, n'ont point encore eu d'aliments.

» Et, en livrant ainsi toute ma vie à une femme, ne suis-je pas aussi fou que ces horticulteurs qui, au milieu d'un jardin, n'aiment et ne voient que les tulipes, et même qu'une seule variété de tulipes, comme si toutes les fleurs n'avaient pas leur couleur et leur parfum, comme si toutes les femmes n'avaient pas à donner de l'amour au cœur et des plaisirs aux sens.

» Il pensa alors que jamais il n'avait eu une femme à lui dans ses bras, sur sa poitrine ; il rappela le souvenir de Marie.

» Oui, mais, pensa-t-il, ne l'ai-je pas vue aux bras d'Edward ?

» Mais pourquoi exiger des femmes une vertu et une force qui n'est pas en elles ? Pourquoi ne pas se contenter de ce qu'elles ont à donner ? Pourquoi demander des roses au jasmin, du chèvrefeuille aux orangers, au lieu de savourer l'odeur du jasmin et des orangers ?

Et il resta la tête dans les mains.

Car devant ses yeux se formaient des tableaux voluptueux de plaisirs inconnus ; un frisson courait par tout son corps, et sa bouche donnait des baisers à l'air embrasé par les rayons du soleil.

Tout à coup une idée lui vint ; longtemps il resta les yeux fixes et immobiles ; puis tout à coup, se levant :

— Au fait, pourquoi pas? s'écria-t-il; pourquoi ne pas fouiller dans la vie pour voir ce qu'elle a à me donner de plaisirs?

XCV

HURREN-HAUSS

« Jusqu'à l'honneur de vous revoir, dit une vieille femme qui éclairait le haut d'un escalier tortueux.

Et, comme elle n'avait plus rien à attendre de ceux qu'elle éclairait, elle rentra avec sa chandelle et laissa dans une profonde obscurité Stephen et ses amis.

Stephen, qui était entré ivre dans la maison, était alors complétement dégrisé.

— Est-ce donc là, se disait-il, le but d'un amour si poétique et si beau? Voilà où Magdeleine m'a conduit, moi pour qui l'amour était un culte et une religion; je sors des bras d'une prostituée; mes lèvres sont encore humides de ses baisers qu'elle me donnait avec ennui et dégoût, et parce qu'elle ne pouvait s'en dispenser, car je les avais payés d'avance.

» Malheureuse femme, qui n'a pas partagé cette sorte de plaisir que je venais chercher, qui m'a prêté, pour un prix convenu, son corps, pour en faire ce que je voudrais!

» Jusqu'aux plaisirs des sens qui m'ont trompé! Que cela est loin des tableaux qui tourmentaient mes nuits! Je vais chercher un bonheur inconnu, et je n'emporte qu'un horrible dégoût et un amer regret d'avoir collé ma bouche amoureuse sur cette bouche morte et salie par tant d'impurs baisers; d'avoir consenti un moment à être un même corps et une même chair avec cette femme.

— Allons, Stephen, est-ce que tu restes là-haut?

Il se hâta de rejoindre ses compagnons, et ensemble ils allèrent encore fumer et boire du punch, puis rentrèrent dormir.

Depuis quelques jours, la vie de Stephen était bien changée: il était venu chercher à la ville un camarade de son enfance; il était riche, il fut bien accueilli; et, après quelques jours, il était lié avec tous les jeunes gens riches de la ville, qui n'avaient d'autre étude ni d'autre souci que de passer joyeusement chaque jour à mesure qu'il se présentait, sans s'occuper jamais de celui qui devait suivre.

Ce jour-là, après une joyeuse orgie, Stephen, entraîné par l'exemple des autres et plus encore par l'ivresse et la vigueur, jusque-là enchaînées, de son tempérament, les avait suivis dans cette maison.

XCVI

SUZANNE A MAGDELEINE

J'espère, chère Magdeleine, que la santé de ton père ne te cause plus d'inquiétudes et que la vue de sa fille et du bonheur que lui donne l'époux qu'il lui a choisi a ranimé une lampe où il n'y a plus beaucoup d'huile. *Tu es heureuse autant que tu peux l'être.* Ma chère, ne te l'avais-je pas dit? Et une autre fois hésiteras-tu à suivre mes avis?

Aujourd'hui que tu es raisonnable, je puis te parler d'un homme qui a manqué te faire faire une grande sottise, d'autant que les nouvelles que j'ai à t'en donner te rassureront complétement sur les suites de l'*affreux désespoir* auquel tu craignais tant de le livrer.

Si M. Stephen est *désespéré*, si même il a conservé le moindre chagrin, c'est un homme adroit et profondément dissimulé; tu ne le reconnaîtrais pas.

Non pas qu'il soit devenu raisonnable, il n'a fait que changer de folie: le Werther d'autrefois est devenu un *aimable débauché*; il s'est fait dans la ville une sorte de réputation; il n'y a pas un cercle où l'on n'ait sur lui quelque bonne histoire vraie ou fausse à raconter.

Et, pour dire le vrai, si la moitié de ce qu'on raconte de lui est fondé, c'est le cynique le plus spirituel que l'on puisse voir.

Voici une de ces histoires et que je puis te certifier véritable.

Avant-hier, les acteurs avaient annoncé un nouvel opéra; les bruits de coulisses en disaient un grand bien, et, même sans cela, cette représentation eût toujours été un prétexte de se parer et de se faire voir. Pour ma part, je m'étais fait faire la toilette la plus élégante que tu puisses imaginer. Jamais, peut-être, je n'avais eu de si véhéments chatouillements de coquetterie, et le temps brumeux ne permettait pas la promenade. Mais, comme nous dinions, le domestique, chargé d'aller louer une loge, revint nous dire qu'il n'y avait aucun moyen d'avoir des places, qu'elles étaient toutes louées; ne pouvant croire à cet empressement pour aller au théâtre, qui est si souvent vide, nous le fîmes retourner; mais la nouvelle était vraie.

M. Stephen et deux de ses amis avaient trouvé plaisant de louer d'avance toutes les places du théâtre.

Il y avait en dehors une foule de gens qui voulaient entrer et d'autres qui venaient voir ce qui se passait; on se battait avec les employés du théâtre, on criait, c'était un horrible vacarme. Pendant ce temps, les acteurs, qui voyaient trois hommes dans la salle, ne se pressaient pas de commencer; mais, quand l'heure de lever le rideau fut passée, les trois spectateurs firent un affreux bruit, et l'on commença.

L'opéra fut joué assez froidement; cependant, les trois amis applaudissaient ou gardaient le silence selon qu'ils jugeaient que méritaient les acteurs. L'opéra terminé, comme ils sortaient, ils trouvèrent à la porte plusieurs personnes; celles qui les connaissaient firent des questions auxquelles ils répondirent froidement que c'était pour jouir du volume qu'acquièrent les voix et les instruments dans une salle vide.

Si tu sais, Magdeleine, le désœuvrement affreux d'une soirée dont le but a été manqué, le dégoût pour toute chose autre que celle que l'on avait projeté de faire, tu dois comprendre la mauvaise humeur générale et le bruit que fit dans la ville cette plaisanterie, qui a dû leur coûter plus de mille florins.

On ignore la source de sa fortune, mais ce qui est certain, c'est que M. Stephen est devenu riche. Il vient de passer devant nos fenêtres sur un superbe cheval gris.

Tu vois qu'il n'a pas été longtemps à se consoler.

XCVII

SUZANNE A MAGDELEINE.

Comment! ma pauvre amie, ton père est si mal? Je ne te laisserai pas seule dans une aussi cruelle situation.

Après tout, Magdeleine, il faut non pas seulement du courage, mais aussi de la raison: ton père est vieux, et pour lui ne vaut-il pas mieux qu'il meure sans souffrances, sans avoir ressenti aucune des infirmités qui peut-être allaient venir l'assiéger?

Je partirai demain matin pour t'aller rejoindre.

M. Stephen remplit la ville de ses folies ; il s'est battu ce matin.

Au théâtre, hier au soir, il aborda un spectateur fort tranquille.

— Monsieur, je vous demande mille pardons de vous déranger. L'étranger s'inclina. — J'ai, reprit l'autre, un petit service à vous demander. — Parlez. — Il n'y a pas de crime à avoir un grand nez ; le plus honnête homme du monde peut avoir un grand nez. — Où voulez-vous en venir ? — Il n'y a pas de crime à avoir un grand nez ; mais cependant un grand nez, et surtout un nez aussi grand que le vôtre, peut être gênant. — Eh bien ? — Eh bien, je viens vous prier de déranger un peu le vôtre, qui me cache mademoiselle Clara tout entière.

De cette plaisanterie d'assez mauvais goût est advenue une querelle, et, ce matin, deux coups de pistolet ont été échangés, fort heureusement sans résultat.

XCVIII

Comme un soir Stephen, avec quelques-uns de ses compagnons, rentrait fort avant dans la nuit, ils avisèrent qu'ils n'avaient pas soupé et se mirent en quête d'une hôtellerie ; mais tout était fermé, jusqu'aux plus mauvais cabarets, et personne ne voulut leur ouvrir. Ils allaient tristement se séparer, quand Stephen aperçut de la lumière à travers les vitres d'une boutique.

— Nous souperons ! s'écria-t-il.

Et il frappa à la boutique. Un homme à moitié déshabillé vint ouvrir.

— Je vous souhaite le bonsoir, monsieur, dit Stephen. Comment vous portez-vous ?

— Je vous remercie. Qu'y a-t-il pour votre service ?

— Laissez-nous entrer d'abord ; il fait horriblement froid.

Le marchand hésitait.

— N'ayez pas peur, nous ne sommes pas des voleurs. — Et ils déclinèrent leurs noms, qui étaient très-connus dans la ville.

— Eh bien, mon cher monsieur, nous sommes venus sans façon vous demander à souper.

— Je vous remercie, messieurs ; mais il est très-tard ; tout le monde dort dans la ville, et il faut que je sois levé avec le jour.

— C'est égal.

— D'ailleurs, je n'ai absolument rien à vous offrir.

— Nous nous contenterons de ce que vous aurez.

Et Stephen, voyant une armoire, l'ouvrit.

— Vive Dieu ! messieurs, un poulet rôti !

— Messieurs, dit l'hôte, ceci passe la plaisanterie : il faut que chacun soit libre chez soi ; laissez-moi dormir et allez-vous-en.

— Ne nous avez-vous pas compris ? dit froidement Stephen ; nous vous demandons à souper, et nous soupons chez vous ; il me semble que c'est assez clair.

— Mais, messieurs, je ne vous connais pas.

— Nous ferons connaissance à table.

— Je n'ai pas d'appétit.

— L'appétit vous viendra en nous voyant manger.

— Sérieusement, messieurs, vous n'avez pas l'intention de souper ici malgré moi ?

— Nous aimons mieux que vous vous y prêtiez de bonne grâce ; mais, si vous ne le voulez pas, il faudra bien que nous employions la force.

— Suis-je ou non le maître chez moi, messieurs ?

— C'est à vous de le voir, monsieur.

— Eh bien, messieurs, j'exige que vous sortiez d'ici ! dit le marchand en colère.

— Après souper.

— Je vous jette à la porte.

— Nous sommes trois et vous êtes seul.

— Je vais appeler.

— N'en faites rien ; nous nous barricadons ici et nous soutenons un siége ; on brisera vos volets et vos vitres, vous n'en dormirez pas mieux pour cela, et demain, dans toute la ville, on fera une foule d'histoires sur ce qui s'est passé chez vous. Puisque votre nuit doit se passer sans dormir, il vaut beaucoup mieux la passer à boire et à manger qu'à se battre et à crier.

» Et vous vous ferez trois amis.

Comme le marchand restait indécis, frappant du pied, Stephen s'occupa de mettre le couvert.

— Monsieur, où sont les assiettes? Vous ne répondez pas? Je les trouverai bien : les voilà.

— Mais, messieurs, il n'y a pas d'exemple d'un semblable despotisme.

— Ce serait tout simple si vous preniez bien la chose. Est-ce que vous n'avez pas d'autre vin? Voilà trois misérables bouteilles, et nous sommes quatre.

— Je n'ai pas soif, dit le marchand.

— Vous trinquerez pourtant avec nous. Et, d'ailleurs, nous n'avons pas assez de trois bouteilles; allons, conduisez ces deux messieurs à votre cave.

— Vous vous moquez de moi, sans doute?

— Eh! mon Dieu, non! nous voulons souper, voilà tout. Soumettez-vous à la nécessité, et tout ira bien. Voilà des clefs accrochées, la plus grosse est probablement la clef de la cave ; si vous ne voulez pas y conduire ces messieurs, ils iront sans vous ; mais, dans votre intérêt, je vous conseille de les éclairer pour qu'ils ne cassent pas de bouteilles.

Et les deux compagnons de Stephen entraînèrent le marchand.

Pendant ce temps, Stephen acheva de mettre le couvert et de placer sur la table ce qu'il trouva dans l'armoire, le poulet rôti, un morceau de bœuf, de la saürcraüt et des anchois.

Et, comme les autres tardaient à revenir, l'animation de son visage disparut, et il resta la tête dans les deux mains.

Dans tous ses écarts de gaieté et dans ses plus grandes folies, presque jamais le sourire n'animait sa physionomie, non qu'il pensât toujours à Magdeleine, mais il y avait en lui une habitude de tristesse dont il ne se rendait pas compte et le genre de plaisirs auxquels il se livrait était si étranger à sa nature, qu'il avait toujours l'air d'un homme égaré dans un pays inconnu.

Le marchand revint.

Les deux autres le suivaient chargés de bouteilles.

— C'est une horreur! disait le marchand. Je vais appeler.

— Pourquoi faire du bruit? dit Stephen ; dans deux heures, nous serons partis.

» Allons, mettez-vous à table.

Et ils le placèrent de force sur une chaise, et ils lui attachèrent une serviette au cou.

Et ils commencèrent à manger.

— Mais, notre hôte, vous ne mangez pas.
— Je n'ai pas faim.
— Tant pis pour vous.
— Stephen, que pensez-vous de Clara, la danseuse ?
— Je la trouve fort belle.
— Et les deux tiers de la ville pensent comme vous : il y a plus de deux cents jeunes gens amoureux d'elle ; elle est accablée de lettres et de présents.

Stephen parut réfléchir ; l'autre continua :

— Elle a un amant; c'est un homme qui n'est pas disposé à la céder et qui maintient Clara et ses adorateurs par la crainte, car c'est le plus habile tireur à l'épée et au pistolet de toute la ville.
— Je lui enlèverai Clara, dit Stephen.
— Vous l'aimez donc bien ?
— Non ; mais je veux qu'elle soit à moi.
— Il faudra vous battre avec son amant.
— Je me battrai.
— C'est une folie.
— Raison de plus. — Dites donc, notre hôte, si vous ne mangez pas, au moins trinquez avec nous.
— Je n'ai pas soif.
— Il faut pourtant trinquer.
— Je ne trinquerai pas.
— Vous trinquerez.
— Non.
— Nous allons vous entonner le vin dans le gosier.
— Ah çà ! messieurs, n'est-ce pas assez de m'empêcher de dormir, et de boire mon meilleur vin, et d'en boire jusqu'à l'hyperbole ; et de manger tout ce qu'il y a chez moi, sans encore me tourmenter et me faire boire de force ?
— Il y a un moyen bien simple d'éviter ce désagrément.
— Lequel ?
— C'est de boire de bonne volonté.
— Alors, comme j'ai eu l'honneur de vous le dire, on va vous faire boire.
— Je vais crier.

— C'est inutile : dans une demi-heure, vous serez délivré de nous, tandis que, si vous appelez, nous soutenons le siége et nous restons ici jusqu'à ce que les vivres nous forcent à capituler, et nous vous jetons hors de la ville comme bouche inutile.

— Allons, je vais boire, je cède à votre folie.

Et, comme le matin ils sortaient de la boutique, Suzanne entra ; elle venait acheter des étoffes de deuil pour Magdeleine ; M. Müller était mort.

Stephen la reconnut et pâlit.

Puis à ses amis :

— Ce soir, il faut imaginer de nouvelles folies ; j'ai besoin d'en faire. A ce soir !

Il rentra chez lui, et dans la journée il apprit la mort de M. Müller. D'abord il voulait voir Magdeleine.

Puis il changea d'idée et écrivit une lettre où il lui disait qu'il sentait une sorte de bonheur de pouvoir partager une douleur avec elle.

Mais il pensa que sa lettre serait confondue avec les autres compliments de condoléance, et que l'on s'occupait si peu de lui qu'il n'avait pas reçu de lettre de faire part ; il déchira sa lettre et se dit :

— A ce soir de bonnes folies, du vin, des femmes, et je n'y penserai plus.

XCIX

— C'est une imprudence.

— Cela ne fait rien, dit Stephen.

— Aller ainsi provoquer le plus fort tireur de la ville !

— Pfff.

— Et il ne reculera pas, il vous tuera.

Stephen était allé trouver son homme et lui avait dit :

— Monsieur, on m'a dit que vous êtes galant homme et fort obligeant. Vous êtes l'amant de la danseuse Clara ; voulez-vous me la céder ?

— C'est sans doute une plaisanterie ?

— Non, monsieur, je ne plaisante pas et je n'ai pas non plus et encore moins l'intention de vous insulter. Voulez-vous me céder Clara, oui ou non ?

— Eh bien, monsieur, non.

— Pourquoi cela, monsieur ?

— Parce que je la garde.

— Vous feriez mieux de me la céder, parce que, si vous refusez, il faudra que nous nous battions.

— Je ne vous la céderai pas, et je ne me bats pas avec un fou.

— Je ne suis pas fou ; choisissez : ou me céder Clara, ou vous battre avec moi.

— Parbleu ! monsieur, vous avez besoin d'une leçon, et j'accepte le cartel.

— J'aurais préféré que vous me cédassiez mademoiselle Clara; mais enfin, vous avez le choix.

— J'ai aussi le choix des armes ?

— Certainement, dit Stephen.

— Partons.

— Partons.

Arrivés avec quatre témoins au lieu choisi pour le combat, Stephen s'approcha de son adversaire.

— Avez-vous réfléchi à ma petite proposition ?

— J'ai réfléchi que votre proposition est fort impertinente.

— Je ne vous demande pas comment vous trouvez ma proposition ; je demande si vous consentez.

— Je ne consens pas.

— Alors, vous me voyez désespéré ; mais il faut nous battre.

— Comme vous voudrez.

Quand l'adversaire de Stephen fut seul avec ses témoins :

— C'est incroyable, dit-il, malgré son impertinence, ce jeune homme me plaît, et j'ai de la peine à me décider à le tuer, et il est impossible que je ne le tue pas ; allez lui dire qu'il est mort s'il se bat avec moi.

Le témoin s'acquitta de sa commission.

— C'est égal, dit Stephen.

L'adversaire s'approcha.

— Est-ce que vous consentez ?

— Non, monsieur, mais votre opiniâtre imprudence me chagrine. Voyez un peu ce chapeau à terre à quarante pas : c'est la position la plus désavantageuse.

Il tira et la balle traversa le chapeau. Stephen ne manifesta aucune émotion.

— Vous voyez, dit l'autre, que vous êtes mort, car c'est à moi de tirer le premier.

— C'est trop juste.

— Je voudrais au moins rendre les armes plus égales, car je ne puis voir de sang-froid un fou courir ainsi à la mort.

Sur la proposition de l'adversaire de Stephen, on planta deux cannes à cinq pas l'une de l'autre ; chacun partant de sa canne fit vingt-cinq pas ; les témoins les armèrent d'un pistolet dans chaque main : il fut convenu qu'ils marcheraient l'un sur l'autre et que chacun tirerait quand il le jugerait à propos.

Quand ils furent vis-à-vis l'un de l'autre à cinquante-cinq pas :

— Eh bien, monsieur, cria Stephen, consentez-vous ?

— Non.

Stephen s'avança sans s'arrêter jusqu'à sa canne et attendit ; l'autre le coucha en joue, mais en même temps pensa qu'il ne devait pas moins s'avancer que son adversaire et vint aussi jusqu'à sa canne sans que Stephen tirât sur lui ; ils se trouvèrent ainsi à cinq pas l'un de l'autre ; ils se saluèrent.

— Monsieur, dit Stephen, pendant le temps que vous avez mis à venir jusqu'ici, avez-vous pensé à ma petite proposition ?

— Oui, monsieur.

— Et me cédez-vous Clara ?

— Non, monsieur.

— Voyons ; pensez-y encore une minute.

— Ah ! monsieur, c'est trop fort ! et voilà ma réponse.

Et en disant cela, il armait ses pistolets ; mais Stephen, qui avait armé les siens d'avance, le prévint et tira sur lui des deux mains à la fois.

Un coup de feu fut perdu, l'autre traversa le chapeau de l'adversaire et lui toucha les cheveux.

— C'est un peu haut, dit-il.

— Oui, dit Stephen, c'est trop haut.

— Monsieur, votre vie est entre mes mains, mais j'ai de la répugnance à vous tuer ; je ne suis vraiment venu me battre avec vous que par complaisance et pour vous faire plaisir. Répondez à mon obligeance en retirant votre proposition, dont l'impertinence est telle, que, si vous ne la retirez, je suis forcé de vous tuer. Retirez-vous votre proposition ?

Stephen réfléchit une ou deux secondes, et froidement croisa les bras et dit :

— Non, monsieur.

Puis il pencha sa tête sur sa poitrine et attendit le coup.

— Je ne serai pas si fou que vous, dit l'autre.

Et il tira en l'air.

— Vous me cédez donc Clara ?

— Non.

— Alors, il faut recommencer.

— Non, de par Dieu ! car je vous tuerais, et vous êtes un homme brave et original ; je ne me le pardonnerais de ma vie : Clara vous a-t-elle autorisé à me la disputer ?

— Non ; mais devant moi elle a dit qu'elle saurait bon gré à celui qui la débarrasserait de vous.

— C'est une folle : si elle me l'avait dit, je me serais chargé moi-même de la commission. Je me retire : je n'ai pas cédé à la menace ; mais je n'ai pas besoin d'une femme qui ne m'aime plus. Et vous, monsieur Stephen, vous l'aimez donc bien ?

— Vous savez mon nom, dit Stephen.

— Oui, j'étais ami de Nelsheim et hors d'Allemagne lors de sa mort, sans quoi, il n'aurait pas eu besoin de recourir à votre générosité ; grâce à sa reconnaissance, vous êtes riche, et je sens un véritable chagrin de vous voir prodiguer et user, dans des affaires insignifiantes comme celle qui s'est passée aujourd'hui entre nous, tout ce qu'il y a en vous de courage et d'énergie ; mais vous n'avez pas répondu à ma question.

— Vous demandez si j'aime Clara ? Non ; je veux l'avoir, c'est un caprice, et j'ai retranché de ma vie tout ce qui pourrait avoir plus d'importance qu'un caprice.

— Mais, si vous ne tenez pas à cette fille, pourquoi exposer ainsi votre vie ?

— Parce que je tiens encore moins à ma vie qu'à elle ; mais brisons là-dessus. Je vais voir à finir gaiement la journée.

— Monsieur Stephen, je voudrais causer avec vous. Voulez-vous, dans trois jours, venir déjeuner avec moi ?

— Avec plaisir.

C.

CE QUI SE PASSA DANS LA MAISON PRÉPARÉE POUR MAGDELEINE.

C'était dans la petite maison de Stephen ; un des derniers jours d'automne, alors que le soleil, semblable à une lampe qui va s'éteindre, semble se ranimer et nous donne encore quelques beaux jours. Il était dix heures de la nuit.

La lune, au travers du feuillage, répandait sur l'herbe un reflet bleuâtre, un jour incertain qui prêtait aux arbres et aux arbrisseaux mille figures fantastiques. Le feuillage, qui se dessinait et se découpait vigoureusement sur le ciel, paraissait noir; l'air était calme et embaumé par les dernières fleurs des chèvrefeuilles; la journée avait été excessivement chaude et l'air était encore tiède.

Tandis qu'à travers les vitres de la maison on voyait briller les bougies, et que de temps à autre un vent léger apportait par bouffées le retentissement des éclats de rire et de la musique, à travers les arbres deux ombres s'avancèrent silencieuses : c'était un homme et une femme.

— Êtes-vous mieux ?

— Oui, l'air m'a fait du bien : rentrons.

— Déjà! pourquoi ne pas savourer plus longtemps cet air si calme et si pur, ce silence qui n'est troublé que par le tressaillement des feuilles ? Je vous en prie, restons encore un peu.

— Reconduisez-moi au salon, et vous pourrez revenir seul.

— Non. J'ai besoin d'une femme avec moi. Votre présence ajoute encore à la douce émotion que je ressens. Cette belle nature parée et parfumée, cette lune avec sa lumière si douce, tout semble un temple pour l'amour. Si vous n'étiez pas auprès de moi, il me semblerait que mon existence est incomplète.

Et il pressait la main de sa compagne, et tous deux, sans rien dire, allèrent s'asseoir sur le petit banc de verdure.

— Quel calme! quel silence! Dans le tumulte de la ville, l'amour est un plaisir ; ici, c'est un besoin, c'est une condition de la vie, c'est la vie.

Et il passa son bras autour d'elle.

— Laissez-moi, ôtez votre bras : que va-t-on penser de notre absence? On nous attend pour retourner à la ville.

— On ne nous attend plus. Regardez: la maison n'est plus éclairée, tout le monde est parti, tout est fermé : nous sommes seuls sous le ciel.

Elle devint tremblante.

— Nous sommes seuls sur ce tapis de mousse et d'herbe, seuls sous ces arbres.

Et il la pressait contre son sein. Tout doucement elle cherchait à se dégager de son bras, mais avec tant de mollesse, que Stephen n'avait pas grand'peine à la retenir; puis elle cessa de se défendre et s'abandonna au bras de Stephen, laissant tomber sa tête sur son épaule; son cœur battait si fort, qu'elle pouvait à peine respirer. Stephen aussi, son haleine était brûlante et entrecoupée.

Ils étaient tout près l'un de l'autre; leurs pieds, leurs genoux, leurs cuisses se touchaient. Stephen passa le bras autour de son cou, et, l'attirant vers lui, posa sa bouche sur celle de Clara; elle se débattit quelque temps; puis, n'ayant plus de force, elle se laissa faire et bientôt rendit faiblement les baisers; il la serra sur sa poitrine, et ils s'embrassèrent d'un long baiser. Stephen la saisit dans ses bras...

— Laissez, laissez, laissez-moi, je vous en prie; grâce! Oh! je t'en prie, laisse-moi!

Et elle se défendait encore.

Mais, à demi-morte, épuisée par ses propres désirs, sans force pour résister, elle s'abandonna à Stephen, et, pendant quelques instants, on n'eût entendu que de longs soupirs et des gémissements étouffés par des baisers. Ils restèrent longtemps dans les bras l'un de l'autre, et les arbres couvrirent de leurs ombres leurs plaisirs jusqu'au moment où, le vent devenant plus frais, ils rentrèrent dans la maison.

Le matin, Stephen n'était plus le même : sombre et taciturne, il hâtait le départ, et comme Clara, courant la maison et visitant chaque chambre l'une après l'autre, allait entrer dans la chambre bleue, il la saisit par le bras et d'une voix pleine de colère il lui dit :

— N'entrez pas dans cette chambre, n'y entrez jamais, je vous tuerais !

CI

D'UN DÉJEUNER OU IL SE DIT DES CHOSES QUASIMENT RAISONNABLES

Omnia vanitas.
Tout est vide.

L'ami de M. de Nelsheim et Stephen déjeunant ensemble ainsi qu'il avait été convenu, voici ce qui fut dit :

— Vous passez pour avoir de l'esprit et des talents ; vous avez de la force et de l'énergie; pourquoi vous laissez-vous entraîner au hasard par le courant, au lieu de choisir une route et de vous diriger vers un but?

— J'avais un but, et, quand j'allais le toucher il a disparu. C'était un feu follet que j'ai longtemps suivi et qui s'est éteint entre mes mains.

— Il fallait vous tourner d'un autre côté; il y a tant de carrières ouvertes.

— Autant dire à un homme qui aurait dépensé tout son avoir à gréer un bâtiment : « Faites le voyage par terre. » Et d'ailleurs, quelles carrières s'offraient à moi?

— La politique.

— Je ne me sens porté pour aucun parti. Le plus fort aura raison : le but n'a pas assez d'intérêt pour moi pour que je me résigne aux moyens. Par la politique, on arrive à l'argent, aux places et aux honneurs : l'argent, j'en ai assez pour vivre : j'en aurais moins que j'en aurais encore assez ; pour les honneurs et les places, voici ce qui m'arriverait : je dépenserais ma vie, je fatiguerais mon esprit, je renoncerais à la liberté de ma conscience et à la bonne foi, car la bonne foi en politique est une niaiserie, c'est la maladresse d'un homme qui voudrait combattre nu contre des hommes cuirassés. Avec la bonne foi, on n'arriverait à rien ; il faudrait de temps en temps approuver et louer ses adversaires, et on ne les renverserait pas. Il faudrait donner mon âme et mon corps, et, en cas de succès, ce qui est toujours douteux, il faudrait avouer que je ne sais me servir ni des places ni des honneurs. La politique n'est qu'une lutte entre ceux qui ont et ceux qui n'ont pas. Je ne veux la place de personne, parce que, dès que je l'aurais conquise, il faudrait la défendre ; j'aime mieux me faire moi-même une situation que personne ne songe à me disputer.

— Ne vous sentez-vous donc aucune ambition ?

— Je ne comprends de place que la première. Ni mes talents ni ma position ne me permettent d'y aspirer ; mais je ne veux pas de place sur un échelon inférieur : je me tiendrai à côté de l'échelle. D'ailleurs, ma vie ne me semble ni assez longue ni assez importante pour que j'en consume la plus grande partie à niveler et à préparer le terrain sur lequel elle doit se passer. Ceux qui entassent de l'argent et des honneurs pour le temps où, sans forces, sans désirs, ils ne pourront plus en faire usage, me semblent des gens qui, n'ayant qu'une heure à dormir, passeraient cinquante minutes à se faire un lit bon et mou, au lieu de dormir leur heure entière sur l'herbe ou sur la terre dure. Je laisse passer la vie, et je me laisse emporter par elle, et pour rien au monde je ne consentirais à planter un arbre dont j'aurais l'ombre dans six ans; je préfère aller chercher l'ombre des grands arbres ou rester au soleil.

— Les arts, la littérature?

— On pouvait être artiste ou écrivain quand ces deux métiers, placés hors la loi et le droit des gens, faisaient de ceux qui s'y livraient des parias et des hommes maudits, parce qu'alors il fallait y être jeté comme malgré soi et par une véritable vocation.

» Mais, aujourd'hui que tout le monde est artiste ou écrivain, que les arts sont une spéculation, que tout le monde fait son livre, qu'un capitaliste fait marcher de front les constructions et les œuvres d'imagination, qu'il vous dit: « Mes affaires vont bien; mon pont suspendu sera livré à la circulation dans trois jours, et mon drame est en répétition; mon hache-paille à vapeur et mon roman sont à peu près terminés; je crois que mon métier à filer le lin paraîtra avant mes élégies; je fais un chemin de fer pour le gouvernement et un recueil de *Chants d'amour* pour le libraire***, » il n'y a plus moyen de s'en mêler.

» Pour la peinture, on sait par cœur quelques mots : *touché vigoureusement*, qui n'a pas beaucoup de sens ; *clair-obscur*, qui n'en a pas du tout; on en farcit ses discours. On fait des taches noires à la place où on mettait une figure, et on se croit vigoureux ; on fait les bras trop longs, les jambes trop courtes, on se dit hardi ; on peint tout en jaune, et on prétend que c'est la couleur locale.

» En musique, on appelle la musique froide, nulle, insignifiante, *musique savante*, et on se pâme d'aise.

» On se crispe, on pleure, on crie sur des beautés de conventions ; des musiciens mêmes qui ont du talent s'amusent à faire des *difficultés :* ils jouent du violon *sur une seule corde*, au lieu d'employer leur talent à donner plus d'expression à leurs quatre cordes ou à en inventer une cinquième. Ils font des difficultés, de telle sorte que la musique, au lieu de parler à l'âme en passant par les oreilles, a besoin d'être vue et parle aux yeux ; il faut s'étonner et admirer que le musicien joue sans *balancier;* on a peur de le voir tomber.

» Comme si les arts devaient étonner plus qu'émouvoir.

» Je connais un homme qui possède une corde basse dans la voix: c'est un *contre-ut.*

» Toutes ses espérances d'avenir, de gloire, de fortune, de bonheur reposent sur ce *contre-ut*; il travaille sa note, il passe des nuits à la cultiver, à la perfectionner; dernièrement il me disait: « Aujourd'hui, en passant près de***, le célèbre chanteur, j'ai lancé mon *contre-ut*; il s'est retourné surpris et la figure atterée; mon *contre-ut* est désespérant pour ces gens-là. »

» Il est parti avec son *contre-ut* pour l'Italie; il va le perfectionner et reviendra ici réaliser ses espérances. Pour faire ce voyage, il a emprunté trois mille florins et il s'est fait faire à crédit des habits par un tailleur; pour payer tout cela, il compte sur le produit de sa note. Je gage que son *contre-ut* est grevé de dix mille florins d'hypothèques.

» D'autres sont à l'affût des idées; n'en laissez par sortir une, n'en laissez passer ni la queue ni l'oreille, ils vous la voleront. Le matin, ils prennent un papier et vont à la provision, ils empruntent une idée à celui-ci, en volent la moitié d'une à celui-là; rentrés chez eux, ils font un salmis du tout. Ils font un ouvrage comme *on fait* un mouchoir.

» Parlerai-je de l'homme qui, logé au quatrième étage, dans un cul-de-sac, écrit hardiment: *Nous cinglâmes vers..., nous fûmes battus par une violente tempête*, et n'a jamais vu d'eau que dans le ruisseau ou dans sa carafe, donnant pour raison que les gens qui voyagent n'ont pas le temps d'écrire, qu'il faut bien que les voyages soient racontés par ceux qui ne voyagent pas, et que l'on est d'autant plus apte à narrer des voyages, que l'on est plus sédentaire et plus casanier?

» Deux hommes, deux écrivains, hommes de talent, *s'aimaient d'un amour tendre*; ils partageaient ensemble la bonne et la mauvaise fortune, n'avaient qu'une chambre, qu'un habit, qu'une femme.

» Un jour, j'en rencontrai un, sombre, taciturne, le sourcil froncé, enveloppé dans son manteau.

— Qu'avez-vous? lui dis-je. — Je cherche ***. — Pourquoi? — Je veux le tuer s'il ne consent pas à se battre avec moi; j'ai un poignard. — Que vous-a-t-il fait? — C'est un traître, un voleur, un infâme! — Ah! — C'est un homme vil et méprisable! Ah! ah! — Je vous prie de ne plus prononcer son nom devant moi. — Volontiers. — Et, s'il a du cœur, je vais en débarrasser la terre.

» Il me quitta brusquement. Le lendemain, je rencontrai l'autre.

» — Avez-vous vu ***? me dit-il. Ce drôle m'a volé; je veux lui donner une correction, ne fût-ce que pour l'exemple. Ce scélérat non content de me dépouiller, prétend que c'est moi qui lui ai pris ce qu'il m'a dérobé. — De quoi donc s'agit-il? — Nous avons traduit de l'allemand... — Est-ce que vous savez l'allemand? — Non, mais d'après une traduction. Nous avons traduit une expression belle, noble, énergique, telle que l'exige notre littérature *forte*. Cette expression est *existence d'homme*. — Eh bien? — Eh bien, c'est moi qui ait trouvé le mot: il prétend qu'il lui appartient ; nous nous en sommes servis chacun de notre côté, et il va aujourd'hui colporter l'expression comme sienne, disant à qui veut l'entendre que je m'en suis emparé *contras jus et fas*.

» Heureusement que tout se passa sans effusion de sang.

» Il y a encore des gens qui feignent d'avoir de l'enthousiasme et à qui le bonheur ou le malheur n'ont jamais pénétré sous la peau.

» Leur délire est un effort de mémoire ; ils récitent l'impression soudaine. Un de ces hommes vint un jour chez moi, dans ma petite maison que j'ai près de la rivière, à trois lieues d'ici.

» Il me trouva couché sur l'herbe, sous mes arbres.

» Il prit une chaise, me demanda s'il y avait des crapauds et me raconta les plaisirs qu'il avait goûtés au spectacle et dans les cercles; puis tout d'un coup il fit l'éloge de ma retraite ; les yeux levés au ciel, vous l'eussiez cru inspiré.

» Nullement; il commença par un exorde traduit de Virgile :

...... Felices nimium sua si bona norint,
  Agricolæ......

puis continua par une imitation libre de Pétrarque et termina en me disant: « Comprenez-vous comme moi les charmes que donnent *la paix des champs*, *le gazouillement des oiseaux* et *l'ombre des arbres*? — Oui, repris-je, et un peu mieux que vous, car je laisse de côté les plaisirs de la ville pour rester ici, tandis que vous logez dans le quartier le plus bruyant et que vous allez chercher vos loisirs dans les cercles et dans les théâtres. »

» Ce n'était rien. Il me demanda la permission d'amener un ami. Deux jours après, ils arrivèrent. Il conduisit son ami sous mes arbres, et, tout semblable à ce que je l'avais vu, les yeux également levés au ciel, il improvisa de nouveau sa traduction.

» Ces gens, avec leur froid enthousiasme, m'ont dégoûté de la poésie; ils ont pour moi sali la lune et les étoiles; ils ont flétri l'herbe; leurs caresses sont mortelles, ils font mourir tout ce qu'ils touchent.

— Enfin, que voulez-vous faire?
— Regarder la vie comme spectateur, car elle n'a plus assez d'intérêt pour que j'y veuille jouer un rôle; ce qu'il y a de plus beau en elle, ce qu'après de longs tourments, de la fatigue de corps et d'esprit, et d'intrigue, on n'est pas sûr d'atteindre, est encore bien pâle auprès de ce qu'avait créé mon imagination et ne me donnerait qu'un amer découragement.

— Tout cela m'explique bien votre indifférence pour la vie, ce que je ne blâmerais pas si elle n'avait en même temps exposé la mienne, à laquelle je vous avoue que je tiens beaucoup; mais je ne comprends pas aussi clairement cette gaieté qui vous jette dans des folies dont s'entretient toute la ville.

— Ce qui alimente ma vie, ce sont les souvenirs; mais, si je m'y livrais entièrement, je mourrais desséché avant un mois ou je ferais des folies dont la ville s'occuperait moins gaiement.

En sortant de chez son hôte, Stephen rencontra Suzanne et Magdeleine.

Magdeleine était enceinte et sa grossesse avancée se trahissait visiblement. Stephen les salua; elles feignirent de ne l'avoir pas vu.

Pendant plusieurs jours, Stephen ne voulut voir personne; il se frappait la tête contre les murailles et prenait à peine la nourriture nécessaire pour ne pas mourir; puis il alla passer quelque temps seul dans sa petite maison. Peu à peu l'impression s'effaça et il se rejeta avec plus d'ardeur que jamais dans une vie de désordre et de dissipation qui ne lui laissait le temps ni de respirer ni de regarder ce qu'il faisait.

CII

OU L'AUTEUR PREND LA PAROLE — DES JARDINS — DE LA GLOIRE — DU BONHEUR

>J'ai vu les diamants aux vives étincelles
>Briller dans les cheveux d'une femme à l'œil noir,
>Comme l'étoile, au ciel sombre, le soir.
>Et j'aime mieux les fleurs... Les fleurs, quelles sont belles!
>Quand aux feux pourprés du matin,
>Brillantes de rosée, elles ouvrent leur sein!
>Plus que la pourpre et l'or où le prince s'asseoie
>J'aime un long gazon vert qui s'étend, se déploie
>Et semble, sous le vent rouler comme des flots.

Il y a trois choses qui démangent notre plume et dont il faut que nous disions quelques mots.

1º Il est assez bizarre de remarquer l'influence de la civilisation sur les jardins.

Nous ne pouvons sans une pénible sensation voir des fleurs tristement renfermées dans une chambre, loin du soleil et de ses caresses fécondes; il semble voir de pauvres filles cloîtrées qui pâlissent et s'éteignent quand arrive l'âge de l'amour, rongées par les désirs, et la nuit donnant des baisers non rendus au crucifix, au christ d'ivoire, leur époux impuissant, à leur oreiller mouillé de leurs larmes brûlantes.

Pauvres fleurs! le soleil se lève précédé d'un long reflet de pourpre, et elles ne s'épanouissent pas sous son premier baiser; le vent souffle au dehors, mais il ne fait pas tressaillir leurs feuilles; les abeilles bourdonnent contre les vitres, mais elles ne peuvent venir se rouler dans le calice des fleurs et dans la poussière féconde des étamines.

Nous aussi, nous avons, il faut l'avouer, des fleurs dans notre chambre; aujourd'hui encore, on nous a apporté de beaux rosiers : demain, ils auront perdu un peu de leur éclat et de leur fraîcheur, car la douce rosée ne viendra pas les rafraîchir; ce jardin dans notre chambre est un hôpital où les fleurs viennent pour être malades et mourir.

Une fleur seule n'est plus une fleur, il faut qu'elle se balance et nage dans un air pur, qu'elle ait le ciel au-dessus d'elle, et que ses racines ne soient pas emprisonnées dans un pot étroit.

S'il nous faut nous accuser d'avoir un jardin dans notre chambre, qu'il nous soit au moins permis de donner nos raisons, si toutefois une pareille faiblesse est excusable.

Habitué au grand air, au soleil, à l'herbe sous les pieds, nous sommes à la ville comme un pauvre exilé ; et, pour le proscrit, il y a du plaisir à revoir une image, quelque imparfaite qu'elle soit, de la patrie.

Ces fleurs dégénérées et moribondes sont pour nous comme le portrait d'une amie absente ; tout le monde sait qu'un portrait peut ressembler par hasard à quelqu'un, mais jamais à celui qui a servi de modèle. Eh bien, quelque peu ressemblant que soit le portrait d'une maîtresse, ne lui parle-t-on pas, ne le baise-t-on pas, ne croit-on pas voir ses yeux regarder plus tendrement?

Il en est de même de ces fleurs pâles : notre imagination leur rend l'air et le soleil.

Mais à quoi nous n'avons pas d'excuse, c'est qu'elles souffrent et qu'elles meurent.

Au moins n'avons-nous pas à nous accuser d'avoir un jardin sur notre fenêtre, jardin arrosé par l'eau de savon à la rose dont on s'est lavé les mains ; jardin qui a plus d'air mais pas plus de soleil que le jardin dans la chambre, et, par conséquent, produit des plantes maigres, étiolées et comme pulmoniques. C'est sur les fenêtres que l'on voit une prairie dans une assiette, des arbres à fruit dans un saladier et des arbres de haute futaie dans une marmite.

Comme tout à l'heure nous nous mettions à la fenêtre pour fumer et nous distraire, nous avons vu une voisine arrosant avec une cuiller à pot deux sapins qui sont sur sa croisée. Le sapin est un bois de construction ; on en fait des solives et des mâts de vaisseau de ligne. Pendant la chaleur du jour, elle rentre ses sapins et les met sur la cheminée entre la pendule et les flambeaux *sous verre*.

Un voisin a imaginé de s'approprier la cuvette de la gouttière, d'y mettre de la terre et d'y planter des *pensées* et des *marguerites roses* ; il a bouché le conduit pour empêcher l'eau des étages supérieurs d'inonder son jardin, ce qui cependant arrive quelquefois, et alors il injurie les coupables par la fenêtre et les appelle scélérats.

Dans certaines rues désertes et en province, les jardins sur les fenêtres ont encore plus d'importance ; c'est là que règnent la capucine, le haricot d'Espagne à fleurs rouges et surtout le cobæa.

Le cobæa a une grande influence sur les relations de voisinage.

Deux voisins, chacun d'un côté de la rue, plantent des cobæas; celui dont la fenêtre est exposée au sud et à l'est voit les siens croître bien plus rapidement que ceux du voisin. Quand ils ont dépassé les *tuteurs*, le voisin du sud *s'habille* et va faire une visite au voisin du nord.

Dans cette première visite, on ne parle de rien, c'est-à-dire on s'entretient du temps, de M. le maire, on dit que *le commerce va mal*.

C'est un sujet de conversation qui ne manque pas plus que le temps, car, du plus loin que nous nous souvenions, on disait que le commerce *allait mal*, et nous sommes véhémentement tenté de croire que le commerce n'a jamais *bien été*.

Le voisin du nord rend la visite : on se livre un peu plus, on dit du mal des autres voisins, on parle de ses enfants, de la manière de faire des cornichons et de leur donner une belle couleur verte, de ce que l'on ferait si l'on était à la place des ministres et du gouvernement.

Le voisin du sud fait une deuxième visite, et là on aborde la question : il s'agit de cobæas, de tendre à frais communs une ficelle d'une fenêtre à l'autre pour qu'ils se rejoignent et fassent un arceau. Le voisin du sud fait les avances de la ficelle, et quand le voisin du nord rend la deuxième visite, il amène naturellement la conversation sur la ficelle.

Par exemple :

— On n'est pas dupe des ministres, ils laissent voir *la ficelle*. A propos de ficelle, croiriez-vous que l'épicier a eu l'infamie de me vendre trente sous la ficelle pour nos cobæas! » Le voisin du nord s'exécute et paie ses quinze sous.

Et les cobæas se croisent et s'entrelacent au grand plaisir des deux voisins jusqu'au jour où une charrette de paille un peu haut chargée rompt et entraîne la ficelle et les cobæas, et les voisins se plaignent du gouvernement.

Il ne nous reste à parler que d'une sorte de jardin, c'est le jardin à fresque, la végétation à la brosse.

Dans la rue Pigalle ou dans la rue Blanche, un propriétaire a cru ne pouvoir mieux terminer une terrasse que par un jardin, et il a fait peindre des arbres sur le mur par un peintre en bâtiment.

Malheureusement, ce feuillage de moellons a besoin deux fois par an d'une nouvelle couche de couleur, car la pluie le fait déteindre, décompose la couleur, enlève le jaune et laisse une feuillée bleu de ciel.

Nous ne parlerons pas des bouquets coupés et arrangés en cocarde.

Mais nous ne pouvons nous empêcher de dire deux mots des campagnes qui entourent Paris.

Le dimanche le Parisien fait une sortie, et, comme un conquérant, marche sur les légumes, coupe les arbres à fruit pour *faire des cannes*, court les champs en habit noir et en robe de soie, et va chercher la solitude dans les lieux où l'on trouve *une société choisie*.

Il fait trois lieues pour entrer dans un cabaret, et, au milieu des casseroles et de l'odeur des ragoûts, s'écrie : « Comment peut-on vivre dans les villes? Ce n'est qu'à la campagne que l'on respire un air pur ! »

Il danse dans un salon de cent cinquante couverts, et, le soir, revient *de la campagne* sans avoir vu le ciel ni senti le vent dans ses cheveux.

2º Pour ce qui est de la gloire de notre temps, on ne croit plus à la postérité ; on ne veut pas de la gloire posthume et l'on escompte volontiers l'avenir. En France, où nous écrivons ceci, il y a environ trente-deux millions d'habitants, accordons-leur quatre-vingts ans d'existence.

S'ils occupent l'attention publique chacun pendant un temps égal, c'est-à-dire si la gloire est équitablement partagée entre eux, ils auront chacun une minute et un tiers de minute en toute leur vie à être l'objet de l'attention générale, à rester à la surface comme les grains dans le van.

Or, peu se contentent de cette petite partie, et il n'est sorte de ruses que l'on n'imagine pour dérober et s'approprier la part des autres, et beaucoup se trouvent déshérités. Admettez en effet, qu'un homme attire sur lui l'attention générale pendant huit jours, il se trouve que à peu près six mille cinq cents hommes sont dépouillés de leur part de gloire, et que l'on ne parlera jamais d'eux.

Ainsi on se tire cette gloire de tous côtés, on tâche d'en arracher au moins un lambeau, et beaucoup y laissent leurs ongles.

On se résigne à être ridicule pour être en vue; tel littérateur s'illustre par une saleté proverbiale et porte un habit qui n'est battu que lorsque son impertinence lui attire des coups de bâton.

Plus d'un porte envie au criminel que l'on marque ou que l'on guillotine, car il usurpe une part immense de l'attention publique.

3° Nous voici à parler du bonheur.

On se plaint de toutes parts que le bonheur est difficile à atteindre.

Cependant il y a tant de choses dont beaucoup de gens font leur félicité, que, dans le nombre, on doit en trouver quelqu'une à sa taille.

Nous non plus, nous ne croyons pas au bonheur sans nuages : peut-être ne peut-il exister autrement; peut-être le bonheur n'est-il qu'un contraste, mais il y a une foule de petits bonheurs qui suffisent pour parfumer la vie.

Les savants ont beaucoup de ces petits bonheurs.

Certes, le rabbin qui, après plusieurs années de recherches dans les livres saints et dans les ouvrages des anciens auteurs, est parvenu à découvrir que le buisson dans lequel Dieu parla à Moïse est l'aubépine, dut se trouver fort heureux pendant plus de vingt minutes,

Non moins que celui qui démontra que les tables de la loi que Dieu donna sur le mont Sinaï étaient faites de saphir.

Une femme peut être fort heureuse de l'effet d'une robe ou d'un nœud de ruban;

Un homme, de trois parties gagnées aux échecs ou aux dominos sur un joueur reconnu fort.

Pour tous ces bonheurs-là, nous ne donnerions pas la branche de chèvrefeuille qui est sur notre table en ce moment.

D'aucuns aiment à regarder couler l'eau ou à pêcher à la ligne.

Ce sont deux bonheurs méprisés généralement et quelque peu tombés dans la dérision ; aussi nous voulons les réhabiliter.

Nous sommes véhémentement tenté de réunir ces deux bonheurs en un, parce que, pour nous, le résultat a toujours été le même, et que, pour notre part, rien ne prouve qu'il y ait des poissons dans la rivière.

Mais, selon les pêcheurs émérites, il y a un plaisir particulier, et que nous comprenons, à suivre des yeux la plume qui flotte sur l'eau, à sentir sa respiration s'arrêter à la première secousse que lui donne le poisson ; les secousses deviennent plus fortes, et, à leur nature, à la manière dont la plume est entraînée horizontalement ou perpendiculairement, d'un trait ou par saccades, on peut deviner quel est le poisson qui *mord ;* on tire la ligne, et la résistance se communique jusqu'à la main, et l'on amène le poisson se débattant et frétillant : c'est une victoire.

Pour nous, dans un séjour que nous fîmes sur les bords de la Marne, il y a quelques années, nous examinâmes sérieusement lequel paraîtrait le moins ridicule aux yeux du public, de pêcher à la ligne ou de regarder couler l'eau.

Car nous tenons singulièrement à ce petit bonheur.

Nous nous décidâmes pour la pêche à la ligne, et le matin, dès que le jour pénétrait à travers nos vitres sans rideaux, nous nous mettions en route avec trois grandes gaules de coudrier sur le dos et nous suivions le cours de la Marne jusqu'à ce qu'il se présentât un endroit convenable.

Un petit coin surtout avait pour nous des charmes particuliers. Il fallait, pour y parvenir, quitter la blouse et le pantalon de toile, et traverser la rivière en nageant, puis grimper péniblement à l'aide des racines et des branches pendantes. On arrivait la blouse et le pantalon toujours un peu mouillés, mais on était sous des saules épais, dans une petite île escarpée, verte comme une émeraude, sur un beau gazon tout semé de wergiss-mein-nicht et de grandes cloches blanches doucement odorantes qui s'entortillaient après les joncs.

Là nous tendions nos lignes et nous relisions quelques lettres bien chères, puis une douce rêverie s'emparait de nous, et, les yeux fixés sur l'eau, qui coulait en murmurant, penchant les joncs et les wergiss-mein-nicht, nous laissions danser notre imagination et nos idées vaguement dessinées au murmure de l'eau, au frissonnement des feuilles, harmonieuse et céleste musique, jusqu'au moment où le soleil disparaissait derrière les saules.

Il faut dire aussi que c'était un lieu enchanté : sur l'autre rive, la vue était bornée par de vieux saules, et plus près de l'eau par des buissons d'aubépine, et par dessus l'aubépine s'élevaient de belles vignes sauvages dont les pampres rouges retombaient jusque dans l'eau : on ne voyait rien, on ne soupçonnait rien au delà; seulement, de temps en temps, un martin-pêcheur au plumage vert et bleu et fauve s'élançait de sa retraite de verdure, et, déployant ses brillantes ailes, rasait l'eau, rapide comme le vent, et disparaissait dans les joncs.

C'était bien beau, avec le silence, l'oubli de la ville, et d'heure en heure le son lointain de l'horloge, et les abeilles qui bourdonnaient dans les fleurs, et un parfum d'eau et de verdure, et un air pur dont s'emplissaient les poumons avides.

Et plus que tout cela, de belles illusions, de naïves croyances et un espoir mort depuis. Adonc, quand le soleil ne lançait plus que de faibles et obliques rayons à travers le feuillage étroit des saules, nous relevions les lignes auxquelles il n'y avait pas de poisson, nous traversions la rivière, et, les gaules sur le dos, nous rentrions allègre et plein de bonnes et fraîches pensées.

CIII

— J'ai fait l'affaire pour cent florins, dit Stephen à Schmidt.

Car Schmidt, cousin de Magdeleine, faisait depuis peu partie des jeunes gens qu'il voyait.

— Et, ajouta Stephen, il va se trouver dans un bizarre embarras.

Il s'agissait d'un étranger, d'un marquis de Melchior, arrivé de France depuis peu de temps. Stephen et ses amis, en flattant sa vanité, en donnant des aliments à sa crédulité, avaient fini par en faire une sorte de Pourceaugnac.

Il ne savait pas un mot d'allemand, et un domestique qu'il avait amené lui servait de truchement.

Moyennant cent florins donnés par Stephen au truchement, voici qui arriva :

Quand le marquis eut mis ses diamants à ses doigts et à sa chemise, Heinrich, après lui avoir donné ses gants et son chapeau, lui dit :

— Monsieur, je suis désolé de ce que j'ai à vous dire; mais, à moins de trois florins par jour en sus de mes gages, je ne prononce plus un seul adverbe.

Le marquis demanda des explications. Heinrich répéta ce qu'il avait dit. Le marquis furieux, lui dit :

— Fais comme tu voudras, mais tu n'auras pas les trois florins.

Ils sortirent, et le pauvre homme fut malheureux toute la soirée. On l'attendait pour dîner, tout le monde mourait de faim.

— Je suis venu vite, dit le marquis.

— Je suis venu, traduisit Heinrich.

— Nous le voyons bien, répondit-on.

Et l'on trouva assez singulière la réponse de l'étranger.

Pendant le dîner, quelqu'un s'avisa de lui demander quand il se présenterait à la résidence ?

— Bientôt, dit le marquis.

Henreich garda le silence.

Le marquis lui fit signe de traduire aux convives ce qu'il avait dit.

— Moyennant trois florins, dit Henreich en français.

— Trois cordes pour te pendre ! dit le marquis.

— La réponse de M. le marquis, dit Heinrich, est telle, que je ne puis la traduire.

Et les femmes, dans l'incertitude, se mirent à rougir et à baisser les yeux.

— Aimez-vous le vin de Champagne ?

— Beaucoup, dit le marquis.

— Je ne puis prononcer ce mot à moins des trois florins demandés.

— Que le verre de vin que je vais boire m'étrangle si je les donne !

— Monsieur le marquis, traduisit Heinrich, dit qu'un seul verre de vin l'étranglerait.

On versa du vin de Champagne à la ronde, sans en offrir au marquis.

Quand il fut rentré avec son domestique, il voulut le jeter par la fenêtre ; mais Heinrich lui fit observer que, dans la petite ville où ils se trouvaient il n'y avait pas trois personnes qui comprissent le français.

Le lendemain matin, comme Heinrich semblait soucieux :

— Qu'as-tu ? dit son maître.

— Je suis pris d'un profond dégoût pour les substantifs, et, à moins que je n'y trouve un grand avantage, je ne pourrai me décider à en prononcer un seul.

— J'ai vécu hier sans adverbes, dit le marquis, aujourd'hui je vivrai sans substantifs, sauf à te rompre les os sitôt que je pourrai me passer de toi.

Le pauvre marquis fut complétement inintelligible jusqu'au moment où il plut à Stephen de faire cesser la mystification ; de quoi il se fit honneur, et par ce moyen entra fort avant dans les amitiés du marquis.

CIV

Un matin que Stephen s'était battu et avait reçu un coup d'épée parce qu'un homme avait regardé Clara, quelques-uns de ses compagnons parlaient devant son lit de cette fille et de l'amour de Stephen pour elle.

— Il faut qu'il l'aime, dit Schmidt, voilà deux fois qu'il risque sa vie pour elle.

— Elle est belle ! dit un autre, et j'en suis quasiment amoureux ; mais je ne veux pas l'acheter au même prix.

— Je te la donne, dit Stephen, que l'on croyait endormi.

— Vrai ?

— Vrai !

— Tu ne l'aimes donc pas ?

— Non. Je te donnerai une lettre dans laquelle je lui annoncerai que je l'ai donnée à toi, et, par dépit et dans l'espoir de me chagriner, elle me prendra au mot.

— Je comprends, dit Schmidt, c'est que tu préfères Fanny, que tu as depuis deux jours seulement.

— Non, car je te joue Fanny à pair ou impair ou aux dés.

CV

Dans un coin d'un salon, Stephen seul avait les yeux tournés vers la porte, et, chaque fois que l'on annonçait quelqu'un, un sourire involontaire se dessinait sur sa figure.

C'était chez la tante de Magdeleine ; cette dame ne recevait que des personnes graves, et sa maison n'aurait offert que peu d'intérêt aux jeunes gens : depuis la mort de son frère, on ne dansait plus chez elle.

Edward entra.

Stephen pâlit.

Edward salua tout le monde et feignit de ne pas le voir.

— Ma tante, dit-il, ma femme n'a pu se rendre à votre invitation; notre fils souffre beaucoup de ses premières dents, et elle ne veut pas perdre un de ses cris ni une de ses douleurs.

Ces mots : *notre fils*, retombèrent comme du plomb sur le cœur de Stephen ; il sortit brusquement, oubliant ce qu'il attendait en souriant quelques instants auparavant.

Comme dans le salon quelques-uns jouaient au whist, d'autres, et c'était le plus grand nombre, causaient politique, un laquais, étouffant avec son mouchoir un rire convulsif, annonça : « M. le marquis Melchior ! »

Et, à la vue du marquis, les femmes jetèrent d'horribles cris et se cachèrent la tête dans les mains, et des hommes, quelques-uns, étonnés, étourdis, se regardaient entre eux, s'interrogeant des yeux ; les autres se prirent à rire et à se rouler par terre.

Le marquis, sur l'assurance que lui avait donnée Stephen que cette soirée était un bal, avait imaginé de se costumer en Amour ; il était tout vêtu de couleur de chair, avait des petites ailes bleues et un carquois sur le dos, et un arc à la main.

CVI

OÙ L'ON RETROUVE MAGDELEINE

Dans une chambre richement meublée et bien chaude, Edward était à demi-couché sur un canapé, parcourant nonchalamment les gazettes ; Magdeleine avait posé son livre sur la cheminée et regardait un tout petit enfant qui se roulait à terre sur un tapis.

Le temps était sombre et rendait tout triste et lugubre au dehors et au dedans.

Suzanne entra avec son mari.

— Soyez les bienvenus, dit Edward ; nous sommes ennuyés et ennuyeux au dernier point. Avez-vous des nouvelles ? Je gage que Suzanne a quelque bonne histoire.

— Non, dit Suzanne.

— Racontez toujours ; nous avons l'esprit tellement vide, que nous ne serons pas difficiles.

— Sans votre ami Stephen, dit Suzanne, on ne saurait de quoi parler en cette ville ; mais il a soin d'entretenir la chronique.

— Je vous arrête, dit Edward ; mais Stephen n'est pas mon ami, il a été mon camarade d'enfance : c'est un rêveur triste, un fou ennuyeux, et au fond un garçon assez nul.

— On lui dit de l'esprit, répliqua Suzanne ; il est loin de passer pour triste ; qu'il soit fou, je vous l'accorde, et tout le monde sera de votre avis, mais c'est une folie gaie et insoucieuse.

» Il a trouvé on ne sait où un marquis de Melchior, il en a fait un jouet dont il se sert assez adroitement ; il a pris un tel ascendant sur l'esprit du pauvre homme, que, malgré les mauvais tours qu'il ne cesse de lui jouer, le marquis mourrait de chagrin et d'ennui s'il était une journée sans le voir, d'autant que Stephen sait à peu près le français et que lui ne parle pas un mot d'allemand.

» Il y a quelques jours, le marquis vint confier à Stephen qu'il était amoureux d'une danseuse. « Il m'est venu une idée, ajouta-t-il, c'est de lui envoyer des vers ; comme je ne sais pas l'allemand, il faut que vous ayez la complaisance de me les faire traduire. »

» Stephen y consentit et lui donna les vers traduits en allemands et arrangés.

» — Je les porterai demain, dit le marquis.

» Dès le soir, Stephen alla trouver la danseuse, lui fit des compliments et lui glissa les vers.

» La danseuse les lut et les trouva *très-jolis*.

» Comme il est d'ordinaire qu'une danseuse trouve les vers d'un homme fort riche, comme il est d'ordinaire qu'une femme trouve les vers faits pour elle.

» Le lendemain se présenta Melchior avec un superbe bouquet ;

» Il fit quelques compliments et récita ses vers. Au premier, la danseuse fut surprise ; au second, elle tira de son sein le papier de Stephen et se mit à suivre, lisant chaque vers à mesure que le marquis le prononçait ; à moitié du papier, elle ne put contenir une véhémente envie de rire : le héros se fâcha, elle se fâcha plus fort, lui reprochant d'avoir volé les vers d'un autre et de venir les lui réciter comme siens ; il jura qu'il avait fait les vers, elle rit plus fort ; il s'emporta, elle le fit mettre à la porte.

» Depuis ce temps, la danseuse a été la maîtresse de Stephen jusqu'à hier matin, où il a jugé à propos de lui donner un rendez-vous dans un endroit où l'attendaient trois autres femmes, et lui-même de ne pas s'y rendre; toutes quatre se sont réunies, ont causé, une explication est arrivée et ensuite une brouille à tout jamais.

» Il est bien prodigieux, continua Suzanne, que les hommes changent aussi vite et aussi complétement : il y a un an, il portait partout l'air d'un poëte élégiaque; vous l'eussiez pris pour un fossoyeur habitué à demeurer avec les morts et à jouer avec leurs os.

CVII

A peu de distance de la ville, non loin de la demeure de Stephen, mais sur la rive opposée, était une maison de campagne appartenant à une madame Rechteren; c'était une grande maison dont l'aspect donnait des idées de bien-être et de vie confortable; les appartements étaient nombreux, bien clos, bien meublés, de bons vieux meubles et d'excellents lits, sans ciselure, sans dorure, sans rien de tous ces misérables luxes par lesquels on remplace aujourd'hui les matelas et les lits de plume.

Cette maison, d'ordinaire si calme, si déserte, si silencieuse, était encore à onze heures du soir en proie à une sourde agitation : les lumières qui brillaient à la façade dans les différents appartements, s'éteignaient successivement; les domestiques, après avoir remis un peu d'ordre dans les salons, se dirigeaient vers les étages supérieurs pour tâcher de regagner les trois heures de sommeil qu'on leur avait fait perdre; du dehors, on voyait les lanternes qu'ils portaient monter d'étage en étage par les fenêtres des carrés. Puis bientôt la dernière lueur disparut.

A une autre extrémité du parc s'élevait un petit pavillon entre des marronniers dont le feuillage sombre montait jusqu'aux fenêtres et reposait la vue sur leurs cimes aplanies et égales, sur des flots d'une verdure onduleuse. Derrière les marronniers était la rivière, et de l'autre côté de la rivière les peupliers qui entouraient la maison de Stephen.

Derrière les peupliers s'élevait la lune, rouge dans de chaudes vapeurs; des grenouilles coassaient dans les joncs, un doux et incertain parfum s'élevait de la terre. La chaleur avait été forte tout le jour, les plantes relevaient leurs feuillages appesantis, l'herbe était parsemée de vers luisants semblables à de petites fleurs de feu.

Le parc, à cette heure de la nuit, était bien un de ces endroits où, dans les songes riants de la jeunesse, on place et on enferme le bonheur que l'on rêve pour soi.

Seul, un jeune homme se promenait dans les allées sombres et se dirigeait lentement vers le pavillon. C'était le héros de cette fête dans laquelle s'était assoupie la maison de madame Rechteren. Ce dîner, ce bal où on avait invité les voisins à plusieurs lieues à la ronde, avaient pour cause la signature du contrat de Ludwig et d'Hortense. Hortense était une nièce de madame Rechteren, une nièce qu'elle appelait sa fille, et sur laquelle elle avait placé toutes ses affections. Madame Rechteren avait trente-quatre ans; veuve depuis un an, elle avait renoncé à se remarier pour laisser sa fortune à Hortense. C'est le lendemain que le mariage devait se faire ; Ludwig, accoutumé aux longues veillées de la ville, ému du bal et de la naïve beauté de sa promise, n'avait pu rester dans sa chambre et venait passer la nuit dans un des grands fauteuils en tapisserie qui meublaient le pavillon.

Mais le calme, la fraîcheur de la nuit avaient jeté son esprit dans une sorte d'extase contemplative, dont il fut désagréablement réveillé, quand la tante d'Hortense, qui ne pouvait non plus dormir, vint trouver celui qu'elle se plaisait à appeler son gendre ou son neveu.

Cependant, après la première secousse qui fit retomber l'imagination de Ludwig sur la terre, il trouva du charme à l'entendre parler d'Hortense, raconter les détails de ses premières années, expliquer ses goûts, louer ses qualités, dire quelle couleur elle aimait, quelles fleurs elle préférait, et madame Rechteren ne se lassait pas de parler de sa nièce chérie. « Hortense, disait-elle, a les cheveux si fins, si soyeux, d'un blond si doux et si lumineux à la fois ; ses yeux sont d'un bleu si pur ; ses longs cils recourbés, un peu plus bruns que ses cheveux, voilent si pudiquement ses regards ; sa démarche est si modeste, si naturelle... »
Et madame Rechteren avait tellement mis sa vie et son orgueil dans sa nièce, qu'elle avait entièrement oublié, en parlant d'Hortense, qu'elle-même possédait encore une grande partie des avantages qu'elle énumérait.

— Ludwig, disait-elle, rendez-la heureuse, c'est une belle et bonne fille ; vous serez récompensé de son bonheur par tout celui qu'elle vous donnera ; elle a une si haute et si noble idée de ses devoirs d'épouse et de mère ; elle est si persuadée que Dieu la regarde et connaît ses pensées comme ses actions; elle a si complétement répondu aux soins de ma tendresse vigilante; elle ressemble si peu à toutes les autres femmes; si vous saviez avec quel orgueil je la regardais hier au milieu de toutes ces femmes du voisinage les plus considérées et les plus vaines; comme entre elles toutes son innocence et sa pureté entouraient son front d'une céleste auréole.

— Mais dit Ludwig, vous êtes bien sévère pour vos voisines, chère tante, et un peu de coquetterie n'est pas un grand mal.

— La coquetterie des autres femmes n'est un crime à nos yeux que lorsqu'elle gêne la nôtre; mais, moi, je suis aujourd'hui si parfaitement désintéressée dans la vie, que l'indulgence m'est facile; cependant..., sans entrer dans de plus longs détails..., mon enfant mourrait de honte et moi de douleur, si jamais elle pouvait devenir semblable à la plus respectée d'entre elles.

— Quoi! chère tante, cette petite femme dont les yeux sont toujours baissés, dont la robe grenat monte jusqu'à un col blanc et gracieux qu'elle semble ne laisser voir qu'à regret, cette petite femme si modeste..., si prude même...

— Si modeste!... si prude!... voilà comme sont les hommes, injustes pour le bien comme pour le mal, nous contestant nos qualités les plus réelles, doutant de tout, et donnant ensuite tête baissée dans les piéges les plus grossiers. Que je suis heureuse que cet aveuglement et cette injustice ne puissent plus que m'impatienter! Ecoutez donc un peu l'histoire de cette femme si modeste..., si prude..., dont les yeux sont toujours baissés.

CVIII

HISTOIRE DE LA VOISINE A LA ROBE GRENAT

Vous avez vu le mari de Joséphine. M. Muldorf est un homme rempli des meilleures qualités; sa figure est noble et douce; tous deux ont été élevés ensemble et sont même un peu parents. Avant leur mariage, M. Muldorf fut obligé de faire un voyage de quelques mois. Le père de Joséphine, un soir après dîner, ne s'endormit pas comme de coutume, et échangea avec sa femme quelques regards d'intelligence. Quand les domestiques furent prêts à se coucher, à l'heure de la prière en commun, ils se réunirent dans le salon. Le père de Joséphine d'une voix émue, dit : « Mes anciens domestiques, mes fidèles serviteurs, je veux que vous assistiez à un des plus beaux moments de ma vie. Muldorf va s'absenter pendant quelque temps, il faut qu'il emporte avec lui une bonne pensée qui l'accompagne partout et hâte son retour. Ces deux enfants, car Muldorf est aussi mon fils, et son père me l'a légué en mourant, ces deux enfants ont toujours été destinés l'un à l'autre ; ma femme et moi, nous avons suivi avec une grande joie les progrès de l'attachement qu'ils ont l'un pour l'autre ; Muldorf part demain matin ; nous allons ce soir prier pour leur bonheur. »

Il plaça l'une dans l'autre les mains des deux jeunes gens, et toute la famille pria le ciel de répandre ses bénédictions sur les deux époux.

Muldorf partit... comme on part. Joséphine resta... comme on reste ; c'est-à-dire que l'un fut un peu distrait de la séparation par le mouvement, tandis que l'autre resta dans les lieux où tout parlait de l'absent, ou rien de nouveau ne venait exciter l'esprit et entraîner l'imagination.

Peu de temps après, une lettre de Muldorf vint annoncer que le voyage serait plus long qu'il ne l'avait cru d'abord. Joséphine sentit un mouvement d'impatience ; elle aimait autant le mariage que son mari. Le mariage pour elle, c'était sortir de la vieille et triste maison de son père ; le mariage, c'était passer quatre mois d'hiver à la ville dans les plaisirs, dans les bals, dans les fêtes. Et c'était avec un sentiment fort peu bienveillant pour Muldorf qu'elle voyait que l'hiver allait la trouver encore fille ; qu'il n'aurait pour elle que du froid et de la neige, et des jours sombres sous les nuages gris.

Tandis que, pour tant de femmes, l'hiver est la saison des fleurs, des mélodies, des parfums, des danses, des triomphes.

Un jour, c'était à la fin de l'automne, elle se promenait seule et triste dans le jardin de son père ; les dernières feuilles des tilleuls étaient jaunies ; celles des vignes étaient parées des plus riches teintes de pourpre ; par moments, il soufflait un vent d'ouest qui en détachait quelques-unes en tourbillonnant. Le clocher de l'église, que l'on apercevait par-dessus les arbres, déchirait le ciel gris de sa flèche aiguë ; les hirondelles, qui toute la belle saison avaient voltigé autour du clocher, avaient fait place aux lourdes corneilles.

Dans le jardin, quelques *asters*, dernière fleur de l'année, le pied dans les feuilles sèches, ouvraient à un air sans soleil leurs fleurs d'un violet triste.

Joséphine pensa alors à ces longues veillées si monotones, consacrées à des lectures et à des travaux d'aiguille. Son imagination, par un affligeant contraste, la transportait au milieu d'un bal, et par moments il lui semblait que le vent apportait quelques mesures d'une valse dont son cœur suivait le mouvement.

Bientôt les sons devinrent plus distincts, et, à travers la grille du jardin, elle vit une troupe de musiciens, dont l'un jouait du violon en marchant, tandis que les autres portaient négligemment leurs instruments sur l'épaule ou sous le bras.

Joséphine n'était pas la seule qui remarquât ce cortége. Un jeune homme, monté sur un cheval gris, s'arrêta près des musiciens et leur dit :

— Pourrait-on savoir, mes braves, où vous allez ainsi porter le plaisir et la danse? je m'ennuie, et suis fort disposé à vous suivre.

— Hélas ! monsieur, dit le chef de la troupe, nous n'allons nulle part, nous attendons qu'il plaise à quelqu'un de nous engager; les fêtes des campagnes sont terminées, et celles de la ville ne commencent pas encore.

— Et, demanda l'étranger, pourquoi les fêtes des campagnes sont-elles terminées? il y a encore de beaux jours dans cette saison.

— C'est l'usage, monsieur.

— Et combien avez-vous de temps à attendre?

— Deux ou trois semaines.

— Je vous engage pour trois semaines. Soyez demain matin chez moi. Voici mon adresse.

A ces mots, l'étranger mit son cheval au petit galop et disparut à l'angle du jardin.

A deux jours de là, toutes les personnes du voisinage reçurent une lettre d'invitation. Il fallait, disait-on, faire ses adieux à l'automne qui finissait et profiter du dernier beau jour.

— L'invitation était signée de M. Stephen. M. Stephen est une sorte de fou.

— Je le connais, chère tante.

— Je ne vous en félicite pas, cher neveu.

— Pourquoi ?

— Mon histoire répondra pour moi. Je n'ai toujours pas besoin de vous dire, puisque vous le connaissez, que M. Stephen s'est fait un sorte de célébrité par de nombreuses extravagances. On trouva d'abord l'invitation un peu cavalière, mais la curiosité entraîna les plus récalcitrantes, et on se donnait pour excuse à ce laisser-aller, que M. Stephen n'était pas comme tout le monde, que les règles ordinaires ne pouvaient s'appliquer à lui, que c'était à la campagne, etc.

Il n'y eut que Joséphine qui manqua à l'invitation; son père répondit poliment à M. Stephen que sa santé ne lui permettait pas de conduire sa fille au bal auquel il avait bien voulu les engager.

Le bal fut assez gai et eut pour résultat plusieurs rhumes de cerveau. M. Stephen fit splendidement les honneurs de chez lui.

Depuis ce jour, il ne manqua pas de passer fort souvent devant la grille du jardin. Un matin, il vit Joséphine et arrêta son cheval pour la saluer. Joséphine rendit le salut d'une façon assez encourageante pour qu'il descendît de cheval, s'approchât de la grille et lui dit qu'il avait amèrement regretté qu'elle ne *voulût* pas embellir de sa présence le bal qu'il avait donné.

Il parut bien dur à la pauvre Joséphine qu'on crût qu'elle n'avait pas *voulu* aller à cette réunion, dont la privation lui avait fait passer la nuit à pleurer.

— Je n'aurais pas demandé mieux, dit-elle, que de profiter de votre gracieuseté, mais mon père a craint pour moi la fatigue.

— Il n'y a que l'ennui qui fatigue; moi, je n'avais donné ce bal que pour vous, et j'ai été bien attristé de ne pas vous y voir.

— Le mensonge est aimable.

— Je ne mens pas. L'idée du bal ne m'est venue qu'en vous voyant à cette même grille devant laquelle je passe dix fois par jour, épiant l'occasion que je trouve enfin aujourd'hui de vous parler de mes regrets.

M. Stephen salua, remonta à cheval et disparut.

Le lendemain, un hasard, dont je ne prendrais pas la responsabilité, fit que M. Stephen, passant précisément devant la grille à la même heure que la veille, y trouva encore Joséphine.

— J'ai beaucoup pensé, lui dit-il, à votre réponse d'hier; elle est tout à fait évasive, et me fait craindre que la véritable raison que vous ne m'avez pas dite, ne soit blessante pour moi ; vous me donnez le droit d'attribuer votre refus à du dédain.

— Hélas! monsieur, ce refus que l'on a fait pour moi m'a été plus désagréable qu'à vous. J'aime la danse et la musique ; mais mon père m'a dit que mon promis...

— Votre promis! dit M. Stephen.

— Que mon promis, qui a en horreur ces divertissements, trouverait fort mauvais que j'eusse profité de son absence pour me les permettre.

— Les parents sont de grands fous, ils se plaignent des folies de la jeunesse, et cependant la seule différence qu'il y a entre eux et nous, c'est qu'ils font d'autres folies, les font plus gravement et les font à nos dépens, tandis que ce n'est que sur nous que retombent les nôtres; voici un mariage dans lequel les goûts sont si différents, si incompatibles, que l'un des deux époux sera nécessairement la victime de l'autre, à moins que, chacun des deux s'imposant des restrictions et des concessions, ils ne prennent le parti d'être victimes l'un de l'autre et malheureux tous les deux.

» Mon Dieu! ajouta-t-il, que l'on comprend peu tout ce qu'il y a de douce préoccupation à se charger du bonheur d'une femme que l'on aime, à préparer un plaisir pour chaque heure de sa vie, à écarter devant elle les ronces du chemin, à ne laisser poser ses pieds que sur la mousse ou sur les somptueux tapis de Turquie, à remplir de musique et de parfums l'atmosphère qui l'entoure, à faire que son regard ne tombe que sur des fleurs, de riches étoffes, des pierreries; à rassembler autour d'elle, dans l'espace qu'elle habite, tout ce que la nature et l'art ont disséminé sur toute la terre de richesses et de beautés...

M. Stephen se retira. Tous deux restèrent plongés dans une morne rêverie. Joséphine n'avait jamais entendu de semblables paroles; il lui semblait que tout à coup il venait de se révéler à elle ce que c'était que l'amour.

Pour M. Stephen, il était en proie à une de ces sombres préoccupations, qui, dit-on, s'emparent de lui au milieu des plus bouffonnes folies dont il se plaît à étonner le voisinage ; il fut quelques jours sans reparaître.

Il arrive quelquefois que la nature, sur la fin de l'automne, semble vouloir recommencer les plus beaux jours de l'été, semblables à ces femmes qui, quand la jeunesse passe, semblent ne faire que changer de beauté, comme, vers le soir, on quitte la parure du matin pour la toilette du bal.

Ludwig ici regarda madame Rechteren; elle était un des meilleurs exemples qu'on pût voir de cette théorie qu'elle venait de développer sur la seconde beauté des femmes. Elle avait des cheveux soyeux et abondants, une grâce remarquable, des poses naturelles et nonchalantes, quelque chose de suave dans les contours et de si attrayant, que les yeux qui s'attachaient sur elle ne pouvaient s'en détourner.

Elle fut un peu embarrassée de l'application que Ludwig semblait faire de ses paroles, mais elle ne tarda pas à continuer :

M. Stephen trouva Joséphine à la grille et lui dit :

— Vous le voyez, j'ai les musiciens à mes gages, et je ne donne plus de fêtes parce que vous n'y assisteriez pas.

— Hélas! dit Joséphine, il y a bien longtemps que je n'ai seulement entendu la musique.

Le soir, comme tout le monde était couché dans la maison, et qu'on ne voyait plus que la lueur d'une bougie à la clarté de laquelle lisait Joséphine dans sa chambre, une musique douce et majestueuse se fit entendre; Joséphine quitta son livre et se mit à la fenêtre; on joua d'abord une noble et divine symphonie de Beethoven, puis on passa à des airs plus vifs, et des valses rapides semblèrent presque prêtes à entraîner les arbres et les étoiles dans leur mouvement impérieux.

La musique se fit ainsi entendre longtemps sans que personne se fît voir; et, quand la première surprise fut passée, Joséphine s'aperçut que les musiciens étaient en dehors, et même assez loin du jardin. Alors, enhardie, elle descendit. La lune éclairait les allées découvertes et augmentait par le contraste l'obscurité des allées ombragées; elle se promena quelque temps, puis ses pieds suivirent involontairement le rhythme et marquèrent la mesure.

Tout à coup elle jeta un cri.

— N'ayez pas peur, dit M. Stephen, c'est moi qui viens vous demander si ma musique vous plait.

Joséphine ne répondit pas, elle avait peur, peur de Stephen, peur qu'on ne le vît dans le parc encore plus que de lui... mais plus que tout, elle avait peur de son émotion. Elle n'osa cependant pas lui dire de s'en aller, elle le lui aurait dit d'une voix si tremblante, que ç'aurait été presque une invitation de n'en rien faire.

M. Stephen eut l'infernale adresse de ne lui parler que de musique, de ne pas prononcer un seul mot qui pût accroitre son trouble, ainsi que l'eût fait un Lovelace vulgaire ; il parut ne s'occuper que de la prééminence de la musique allemande, si bien que Joséphine ne tarda pas à être honteuse de sa peur, et qu'elle n'eut de soin que pour ne pas laisser voir qu'elle avait redouté un danger dont la crainte donnerait peut-être l'idée de le faire naître. Elle affecta même une telle confiance, que Stephen en fut un moment embarrassé, et qu'il craignit de ne devoir cet abandon qu'à la froideur et à l'absence d'émotion.

Cependant de la musique on passa naturellement à la valse. Stephen fit une peinture enivrante du bonheur de valser avec une femme que l'on aime...

Ses paroles étaient si brûlantes, ses yeux si perçants, la nuit et la musique y ajoutaient une si poignante puissance, que Joséphine recommença à trembler. Stephen s'en aperçut et dit négligemment :

— Je ne sais pas valser.

Toute la terreur de Joséphine s'évanouit encore complétement; la description inquiétante à laquelle s'était livré Stephen n'avait plus aucun rapport possible à Joséphine et à lui, puisqu'*il ne savait pas valser.*

La confiance et l'abandon de la pauvre fille s'accrurent encore de cette peur sans motif, et, lorsque Stephen, qui pendant leur promenade avait jusque-là marché à côté d'elle, lui offrit le bras, elle plaça son bras sur le sien.

— Je n'ai jamais pu apprendre à valser, dit Stephen.

— C'est cependant bien facile.

— Je ne comprends pas même le pas.

— Il n'y a qu'à suivre la musique, les pieds se placent d'eux-mêmes.

— Vous devriez m'apprendre.

— Quelle folie !

— Non, je voudrais devoir à votre *amitié* un plaisir dont j'ai été privé toute ma vie.

Joséphine avait tant redouté d'entendre un autre mot, qu'elle ne pensa pas à élever la moindre chicane sur le mot *amitié*, et elle montra à Stephen le pas de la valse; il y eut un moment où l'élève fit tout à coup d'incroyables progrès, et, suivant la musique enivrante, il entraîna Joséphine en tourbillonnant à travers les allées.

Mais, chaque fois que les deux valseurs passaient dans les allées sombres et ombragées, Joséphine sentait une sorte de frisson qu'elle attribuait à la fraîcheur.

La musique continuait; puis enfin Joséphine, épuisée, tomba sur un banc de gazon. On était loin des grandes allées; quelques faibles rayons de la lune se glissaient à peine dans les intervalles des feuilles. Il n'y avait de clarté que pour montrer à Stephen le trouble, la langueur, la beauté de Joséphine, que pour faire voir à Joséphine le feu magnétique qui des yeux de Stephen passait par ses yeux à elle, pour lui serrer et lui étreindre le cœur.

. . . .

Le lendemain, le soir, Stephen fumait tranquillement chez lui du tabac d'Orient dans une longue pipe de cerisier, lorsqu'une femme entre brusquement chez lui, se débarrasse d'un manteau qui la couvrait, et tombe affaissée et demi-morte aux pieds de Stephen. C'était Joséphine, pâle, les yeux hagards, les cheveux en désordre.

— Je suis perdue! dit-elle. Et elle tendit à Stephen une lettre froissée.

« Me voici de retour, chère Joséphine, ma jolie promise; à mesure que je m'approche de vous, l'air a une pureté que je n'ai trouvée nulle part depuis que je vous ai quittée. Je vais passer deux jours bien près de vous, une lieue à peine nous y séparera, et cependant je ne vous verrai qu'après que ces deux jours seront écoulés. Une mission importante, qui m'a été confiée, peut avoir sur notre avenir une puissante influence. Tout sera fini dans deux jours si je reste, et, peut-être, deux heures que je déroberais pour vous voir nous sépareraient encore pour plusieurs mois. Je ne vous demande pas si vous avez pensé à moi, chère Joséphine, dans ces lieux où tout vous parle de moi, de mon amour, dans ces lieux où j'ai laissé tout mon bonheur. »

— Eh bien? dit Stephen.

— Eh bien, vous voyez que je suis perdue.

— Pas le moins du monde; je ne veux pas être un obstacle à votre bonheur, ni à celui de Muldorf, qui est un de mes meilleurs amis; épousez-le, et je serai enchanté de tout ce qui vous arrivera d'heureux.

— Mon Dieu! s'écria Joséphine, mon Dieu! que dit-il donc? ne sait-il pas que je suis à lui et que je ne puis plus être à personne? Hélas! oui, Stephen, je suis à vous; faites de moi ce que vous voudrez, mais je ne veux pas voir Muldorf; je suis venue à vous pour que vous me sauviez; si vous me chassez, j'irai, en sortant d'ici, me jeter dans la rivière.

Stephen réfléchit un moment, puis il dit:

— Vous resterez avec moi, je vous cacherai dans un asile ignoré de tous, où vous ne serez connue et vue que du plus tendre amant.

Il calma ensuite son émotion, lui fit respirer des sels, la tranquillisa. Joséphine est assez jolie pour que la fâcheuse impression qu'avait produite sur Stephen son entrée imprévue ne durât pas longtemps; il possédait, et probablement il possède encore dans un quartier reculé une petite maison isolée, richement meublée, dit-on, et confiée à la garde d'une vieille domestique qui ne sait même pas son nom.

C'est là qu'il conduisit Joséphine et qu'il passa près d'elle le reste de la journée. Le lendemain matin, au point du jour, il monta à cheval et arriva à***, où était Muldorf; Muldorf était à déjeuner chez quelques amis; Stephen fut reçu avec des cris de joie.

— C'est toi que je cherche, Muldorf, dit-il; il faut me rendre un service: prends une plume et du papier, et écris ce que je vais te dicter.

Muldorf obéit.

Stephen, en se promenant dans la chambre, commença à dicter:

« Infortunés parents... »

Il s'approcha de Muldorf et dit: « Ton écriture ressemble trop à la mienne. Heinrech va te remplacer; » et, quand Heinrech eut pris la plume, il continua:

« Infortunés parents... »

— Où diable veut-il en venir?

— Ne m'interrompez pas.

« Infortunés parents!

» Votre fille, cédant aux lâches obsessions d'un odieux séducteur, s'est enfuie, abandonnant la maison paternelle et la protection d'une tendre mère... »

— Quel style !
— Taisez-vous donc !

« ..... d'une tendre mère. Écoutez une voix amie qui, pendant qu'il en est temps encore, vient vous donner les moyens de la sauver. Je dis *sauver*, car, fidèle aux bons principes qu'elle a reçus de vous, elle a jusqu'ici résisté aux tentatives coupables de l'infâme qui lui a déjà fait trahir une partie de ses devoirs et qui ne négligera rien pour la perdre tout à fait. Hâtez-vous, il n'y a pas un moment à perdre ; voici l'adresse exacte de l'endroit où le monstre cache sa victime.

» *Un ami de la vertu.* »

Un éclat de rire accompagna l'énoncé de cette signature.

Stephen seul ne rit pas, cacheta la lettre et descendit la donner à un exprès auquel il ordonna de prendre un cheval.

Puis il rentra dans la chambre.

— Maintenant, donnez-moi une pipe et faites-moi servir à déjeuner.

Stephen ne rentra que le soir ; il trouva la vieille domestique occupée à s'arracher les cheveux.

— Ah ! monsieur, quel malheur !

— Allons, pensa Stephen, tout va bien.

— Vous savez, la jeune dame que vous avez laissée ici... ?

— Eh bien ?

— Elle n'y est plus.

— Ah !

— Elle n'y est plus, répéta la vieille, croyant, à l'indifférence de Stephen, qu'il n'avait pas compris ; et, en disant ces mots, elle s'affaissa sur elle-même comme si elle s'attendait à être écrasée du pied.

— Elle n'y est plus ! on est venu l'emmener ; j'ai voulu résister, mais ce quartier est si éloigné ; il y avait une vieille dame et plusieurs domestiques : la jeune dame s'est jetée en pleurant dans les bras de l'autre, et elles sont parties en voiture.

. . . .

Deux jours après, Muldorf arriva près de sa fiancée, qui le reçut à merveille, et, huit jours après, le mariage se fit à la satisfaction générale.

Depuis ce temps, c'est une maison fort convenable.

Voilà, mon cher neveu, ce que c'est que cette petite femme dont les yeux sont toujours baissés, dont la robe grenat monte jusqu'au col blanc qu'elle semble ne laisser voir qu'à regret.

— Je vous abandonne celle-là, chère tante; mais cette grande brune vêtue de blanc, dont le profil a tant de noblesse et de dignité !...

— Celle-ci, j'aurais aussi à faire sur elle une bonne histoire, et votre ami, M. Stephen, en est encore le héros. Je vous la conterai, si cela ne vous ennuie pas.

— Non vraiment, chère tante, dit Ludwig en lui baisant la main.

Et il regarda la main de madame Rechteren, qui était fort belle.

C'est une chose bien remarquable qu'une belle main et dont on peut tirer des indices certains de distinction. Le pied, auquel tant de gens attachent leur attention, est un mensonge, et on ne saurait dire combien, à une certaine heure de la matinée, de douleurs, de tortures, de contorsions, de difformités sont cachées sous la prunelle ou le satin, combien il se met de grands pieds dans de petits souliers. Le pied n'a qu'une forme qui ne lui appartient pas toujours; la main, qui ne peut se dissimuler, a plus qu'une forme, qu'une figure : elle a une physionomie.

Il y a certaines mains dont une femme de cœur et d'esprit mourrait de chagrin, si une femme de cœur et d'esprit en pouvait avoir de semblables.

Ludwig se rappela qu'Hortense avait les mains courtes et les ongles écrasés.

CIX

HISTOIRE DE LA GRANDE BRUNE VÊTUE DE BLANC

— N'est-elle pas la femme d'un M. Rodolphe Walstein? demanda Ludwig.

— Oui; mais M. Walstein n'est pas son premier mari, et il y a fort peu de temps qu'elle a épousé celui-ci.

Hélène se trouva veuve à vingt-deux ans; son mari, tué en duel, la laissa au milieu d'un voyage, sans amis, sans appui, presque sans argent. Du moins, ce qu'elle avait d'argent ne suffit qu'à peine pour payer le mémoire de l'hôtelier et les frais d'une maladie de trois mois que lui causa le chagrin. Puis, presque sans argent, elle vint à Munich, pour y toucher une lettre de crédit sur un habitant de cette ville, trouvée dans les papiers du mort.

Le *monsieur* vint lui-même apporter la réponse; elle était peu favorable; il ne pouvait donner d'argent que sur un reçu du mari d'Hélène, jusqu'à ce que de longues formalités eussent constaté sa mort, ainsi que les droits de la veuve. Hélène fut atterrée; se trouver seule, sans ressources, dans une ville étrangère, sans aucun moyen d'attendre ni de s'en aller; c'était en effet une triste et inquiétante situation.

M. Walstein s'aperçut de la torpeur où l'avait jetée cette réponse, et lui offrit de lui avancer de l'argent sur la somme qu'il aurait à lui compter après l'accomplissement des formes légales indispensables.

Hélène ne pouvait pas refuser. M. Walstein demanda la permission de s'informer quelquefois de la santé de la belle veuve et de se charger de hâter la conclusion de ses affaires.

Il faut d'abord que je vous explique ce que c'est que M. Walstein.

— Je m'en doute; un petit homme de quatre pieds neuf pouces, toujours tourmenté par la crainte qu'on ne le prenne pas au sérieux, qu'on ne le compte pas pour quelque chose; parlant haut pour forcer l'attention qu'on ne donnerait peut-être pas sans cela à ses paroles; faisant du bruit en marchant, parce que du bruit ne se fait pas tout seul et que cela prouve que c'est quelqu'un qui passe; toujours fronçant le sourcil pour se donner un air terrible qui démente à l'avance les suppositions peu respectueuses que peut faire naître l'exiguïté de sa taille; ne parlant que de tuer, de briser, de rompre; déployant, pour prendre son chapeau, un appareil de vigueur suffisant pour porter une poutre; ouvrant et fermant les portes avec violence; jurant chaque fois que le lieu où il se trouve peut rigoureusement le permettre; se laissant croître au moins tout ce qu'il a de barbe; en un mot, ne faisant pas un mouvement, n'articulant pas une syllabe qui ne soit une protestation et un manifeste contre les hommes de taille légale, qui ne veuille dire : « Je suis petit, mais fort, mais terrible. »

— Je vois, ajouta madame Rechteren, que vous avez observé l'homme et que vous en avez vu tout ce qu'on peut en voir en quelques heures.

Pour peu que l'on ait dans l'esprit de logique et de science d'instruction, on devine qu'un homme semblable, s'il arrive par hasard qu'il reçoive une femme quelconque, l'étale chez lui, la laisse traîner, en parle à tout le monde, et ajoute à l'indiscrétion un air indifférent et impertinent qui apprenne à tous que semblables choses lui sont familières, que ce n'est pas par accident qu'une femme lui écrit ; que, bien loin de là, il reçoit tant de lettres de ce genre, qu'il ne sait où il les met et n'a que rarement le temps d'y répondre. M. Walstein se montra fort assidu près d'Hélène ; un jour, la trouvant pâle et souffrante, il lui offrit de la mener faire un tour de promenade au soleil couchant. Hélène hésita d'abord par un sentiment de retenue naturelle, puis, regardant M. Walstein orné de tous ses ridicules, elle pensa que c'était un homme *sans conséquence*, qui ne prêtait ni à la médisance, ni même à la calomnie. Il y avait longtemps qu'elle n'avait pris l'air, elle ne pouvait sortir seule, elle accepta.

Dans la préméditation, M. Walstein s'était paré comme une châsse ; la crainte de n'être pas aperçu lui donne un grand amour pour ces couleurs éclatantes qui saisissent douloureusement l'œil. Il y avait dans son costume, ainsi que vous avez pu le voir, ce soir, au moins toutes les couleurs de l'arc-en-ciel.

Hélène se laissa conduire. M. Walstein la mena à la promenade publique. Ce choix remplissait leurs vues à tous deux. Hélène pensait qu'il n'y a pas de mal dans ce qu'on fait aux yeux de tous, et M. Walstein, qu'il ne suffit pas de donner le bras à une belle femme, qu'il faut encore être vu et envié.

Pendant la promenade, Hélène se laissa aller à la douce et mélancolique influence du soleil couchant, et, oubliant et son cavalier et la foule qui s'occupait beaucoup d'elle, elle repassait dans sa mémoire les tristes circonstances de sa vie, et elle voyait avec effroi que, de la manière dont se présentait l'avenir, ces jours si funestes déjà écoulés, seraient probablement la *belle moitié* de sa vie.

Tout à coup elle s'aperçut que Walstein l'avait menée dans une des allées latérales de la promenade les plus écartées et les plus sombres, non que le petit homme rêvât la moindre audace, mais il n'était pas fâché qu'on l'en crût capable.

Hélène se hâta de revenir dans la grande allée ; elle n'avait rien de mystérieux à dire à son compagnon, ni rien à entendre de lui, et, d'ailleurs, elle était assez spirituelle pour comprendre parfaitement que s'écarter ainsi de la foule, ce n'est pas se cacher, mais annoncer que l'on ne veut pas être vu. Néanmoins, elle ne put empêcher les airs mystérieux de Walstein ; elle rentra fort contrariée.

Les affaires ne se terminaient pas : Walstein lui avança une nouvelle somme imputable sur le payement de la lettre de crédit.

Aux questions que l'on fit à Walstein sur la femme qu'il avait accompagnée, il répondit avec un ton discret, le plus impertinent qu'il lui fut possible ; au bout de huit jours, il était parfaitement établi qu'Hélène était la maîtresse de Walstein, qui ne s'en défendait que bien juste ce qu'il fallait pour donner à la calomnie le degré de consistance qui pouvait lui manquer.

Un matin, Walstein vint annoncer à Hélène que son affaire se présentait mal, et que, si tout n'était pas perdu, il y avait au moins à craindre des délais auxquels il était impossible d'assigner un terme.

Tout en feuilletant devant Hélène les lettres qui lui communiquaient ce fâcheux résultat, il en laissa tomber une qu'elle trouva après son départ.

Cette lettre contenait un certain nombre de plaisanteries sur les amours mystérieux de M. Walstein, et sur l'intérêt qu'il portait à la belle veuve.

Il y a des lettres qu'un fat seul peut écrire, mais il y a aussi des lettres que l'on n'écrit qu'à un fat.

Hélène se renferma, réfléchit à sa situation et passa le reste du jour à pleurer amèrement. Sa première idée fut de ne plus voir Walstein. Mais elle était sa débitrice d'une somme assez importante, et, sans lui, sans de nouveaux secours, elle ne pouvait ni rester ni partir. Elle eut envie de se tuer ; mais elle pensa à sa jeunesse, à cette part de bonheur à laquelle chacun croit avoir droit, et qu'elle avait tout entière à attendre ; elle pensa à la solitude de cette mort sans regrets pour personne, et elle s'attendrit sur sa malheureuse destinée.

Enfin elle se détermina à écrire à Walstein :

« Monsieur,

» Je ne vous l'ai pas caché, je n'ai d'autre moyen de m'acquitter envers vous que le succès de ma réclamation auprès des autorités de cette ville. Votre intérêt aujourd'hui doit, autant que le mien, vous porter à hâter l'issue de mes incertitudes ; j'ai reçu de vous déjà la moitié de ma lettre de crédit, je ne ferai pas un nouvel emprunt ; je vais prendre un logement plus modeste, diminuer toutes mes dépenses, et, avec l'argent qui me reste de votre dernier prêt, je pourrai vivre jusqu'à une solution.

» Je vous ferai connaître la résidence que j'aurai choisie ; vous m'obligerez en me faisant savoir par écrit ce qu'il y aura de nouveau ; un sentiment de convenance que vous comprendrez facilement m'impose la nécessité de ne recevoir désormais aucune visite. »

Walstein fut de fort mauvaise humeur à la lecture de cette lettre. Il était amoureux d'Hélène ; sa vanité, plus encore que le peu qu'il a de cœur, était intéressée à la possession d'une femme que lui envieraient les plus beaux cavaliers. Après de longues réflexions, il répondit :

« Madame,

» Quelque dur et pénible qu'il me soit de cesser de vous voir, je ne puis qu'approuver l'exquise délicatesse qui dirige toute votre conduite. Je vous avouerai même que quelques aventures, dont j'ai été le héros, appellent sur moi une attention qui peut être dangereuse pour une femme. Vous savez cependant, madame, de combien de respect je vous ai entourée, mais vous êtes la première femme qui m'avez inspiré des sentiments aussi purs et aussi désintéressés.

» Je vous aime, madame, et, si je n'ai pas encore mis à vos pieds mon cœur, mon nom et ma fortune, c'est que j'ai cru plus convenable d'attendre la fin de votre deuil : cependant il se présente une occasion de terminer en une heure l'affaire, si ennuyeuse pour vous et si heureuse pour moi, qui m'a fait vous rencontrer. Le comte ***, dont dépendent ces sortes d'affaires, s'arrêtera une demi-journée à cinq lieues de Munich ; permettez-moi de vous présenter à lui. Seulement, étrangère, jeune, charmante, votre position éveillera la rigidité du comte. Je ne puis, dans votre intérêt, vous présenter à lui que sous un titre que je brûle de vous donner et que je vous offre devant Dieu. Si vous acceptez mes propositions, permettez-moi de **vous présenter comme ma future épouse.**

» W. »

Hélène avait parfaitement remarqué les nombreux ridicules du petit homme, mais il était riche ; c'était un moyen peut-être unique que lui offrait la Providence de sortir de la cruelle position où elle l'avait jetée. Elle songea qu'ayant perdu un homme qu'elle aimait, un mariage ne pouvait être pour elle qu'une affaire, et qu'aucun autre ne plairait davantage à son cœur plein de souvenirs, et que, d'ailleurs, choisir un homme qui n'avait en lui rien d'agréable, était une sorte de fidélité qu'elle gardait à son cher mort. Je ne vous ferai pas le détail de tous les prétextes qu'on se donne à soi-même en pareil cas, toujours est-il qu'Hélène accepta.

Le comte promit de s'occuper de l'affaire.

La visite faite, Walstein remercia Hélène avec ardeur de sa condescendance aux désirs les plus vifs qu'il eût jamais formés.

— Maintenant seulement, lui dit-il, je puis vous avouer les noires calomnies dont vous êtes l'objet de la part des vieilles femmes de Munich, ennemies acharnées de tout scandale dont elles ne peuvent plus être les héroïnes. Aussi jaloux que vous-même de votre honneur qui doit devenir le mien, je ne pense pas que vous deviez rentrer dans Munich sans être ma femme ; il s'écoulera encore quatre mois avant la fin de votre deuil. Allons l'attendre dans une autre ville. Vous y passerez pour ma femme, et mon nom vous mettra à couvert de toute fâcheuse interprétation.

Hélène fit de nombreuses objections, puis céda encore sur ce point, et l'on se mit en route.

Arrivé, Walstein fut plein d'égards pour la veuve ; il prit de nouveaux domestiques pour éviter les indiscrétions des anciens, il loua une maison avec des appartements sans aucune communication, puis il mena Hélène au théâtre, dans les promenades, dans les assemblées. La beauté d'Hélène faisait beaucoup rechercher *monsieur et madame Walstein ;* ils étaient de toutes les fêtes, de toutes les réunions ; Hélène trouvait sa nouvelle situation fort heureuse, Walstein se montrait le plus respectueux des hommes.

Un jour, ils reçurent une invitation pour la campagne ; le maître et la maîtresse de la maison les envoyèrent prendre dans leur voiture. Le soir, quand il s'agit de retourner à la ville, le cocher vint dire qu'un des chevaux s'était blessé, et qu'on n'en pouvait trouver un autre aux environs. « Eh bien, dit l'hôte à

M. Walstein, vous coucherez ici. Rien ne vous rappelle à la ville, vous me donnerez encore la journée de demain, et, le soir, nous serons en mesure de vous reconduire convenablement. » Walstein accepta. Hélène, un peu embarrassée, ne put cependant refuser une invitation nécessaire.

Elle espérait bien d'ailleurs qu'on leur donnerait deux chambres séparées. La discrétion ordinaire de Walstein lui garantissait qu'il aurait le soin de faire les choses ainsi, et elle n'osait lui manifester à ce sujet des craintes qui eussent pu faire naître une pensée dangereuse. Elle vit arriver le soir avec une anxiété difficile à peindre. Mais que devint-elle quand le maître de la maison, en souhaitant le bonsoir à son monde, dit à Walstein : « Vous connaissez la maison, vous trouverez bien *votre* chambre. »

Hélène devint pâle comme une morte, et resta comme fixée au parquet. Puis elle suivit machinalement *son mari*.

A la porte de la chambre, elle s'arrêta et lui dit :

— Monsieur, c'est une lâche perfidie, je n'entrerai pas dans cette chambre, je passerai plutôt la nuit dans le jardin.

— Chère Hélène, dit Walstein, n'ai-je pas toujours été pour vous soumis et respectueux? vous ai-je donné le droit de me manifester la moindre défiance ? J'avais demandé deux chambres ; la maison est petite et il y a beaucoup de monde, on n'a pu me les donner, mais mon respect vous tiendra plus à l'abri qu'aucune porte de chêne.

Hélène allait répondre, mais on entendit des pas dans le corridor. Walstein la poussa dans la chambre. Quand ils furent entrés, il protesta encore de son respect, puis il s'enveloppa de son manteau et s'arrangea de son mieux dans un grand fauteuil.

Je ne sais si la crainte permit à Hélène de dormir. Elle repassait dans son esprit par quelles transitions elle était arrivée à une situation aussi bizarre, et comment chaque pas avait rendu le suivant inévitable. Peut-être, par une autre raison, Walstein ne dormit-il pas non plus.

Le lendemain, Hélène fut un peu honteuse au déjeuner. Dans la journée, on projeta une promenade en bateau pour le lendemain, et il fut convenu qu'on restait encore cette nuit-là. Hélène, rassurée sur le compte de Walstein, ne fit aucune représentation.

Le soir, comme la veille, Walstein fit son lit dans un fauteuil ;

mais à peine Hélène fut-elle couchée qu'il se leva et se promena dans la chambre à grands pas. Puis il lui demanda si elle dormait.

— Et comment dormirais-je, reprit Hélène, au bruit que vous faites en marchant ?

— C'est dans six semaines que nous pourrons nous marier, chère Hélène, dit-il.

— Je serai bien heureuse, dit Hélène, de voir la fin d'une situation aussi embarrassante que la mienne.

— Et moi, dit Walstein, il est temps que je voie finir le tourment de n'être votre mari que le jour.

Il prit un fauteuil et s'assit auprès du lit.

— Puisque vous ne dormez pas, causons.

Et il lui parla de la vie qu'ils mèneraient quand ils seraient mariés. A ce tableau de bonheur conjugal, Hélène s'endormit profondément. Mais elle ne tarda pas à se réveiller en poussant un cri.

— Au nom du ciel, Hélène, dit Walstein, ne *vous* perdez pas ; que penserait-on de vos cris, après qu'au su de tout le monde vous avez déjà, dans cette maison, passé une nuit avec moi, et que celle-ci est plus d'à moitié écoulée ?

— Tout m'est égal, dit Hélène, j'aime mieux passer pour votre maîtresse que de l'être réellement ; je vais crier, appeler.

— Ne sommes-nous pas époux ? dit Walstein ; les quelques jours qui nous séparent ne nous empêchent pas d'être unis par notre consentement mutuel.

— N'importe, je n'écoute rien, allez-vous-en ou j'appelle.

— Et moi alors, dit Walstein, je serai forcé de dire que ce n'est qu'un caprice, que ce caprice ne s'est pas manifesté hier ni les jours précédents.

— Mon Dieu ! mon Dieu ! dit Hélène, je suis perdue !

— Non, chère Hélène, dit Walstein, vous êtes ma femme, mon épouse chérie ; et mon amour et mon bonheur vous sont garants qu'aussitôt votre deuil fini, nous ratifierons devant les hommes une union jurée devant Dieu.

Hélène pleura, supplia, se fâcha. Walstein répondit par des protestations ; Hélène céda ; elle était si compromise, que, si la vérité était connue, personne ne lui tiendrait compte de sa résistance, et tout le monde l'accablerait de mépris pour ce qu'elle avait permis auparavant et qui seul avait amené la nécessité de cette résistance.

Les jours suivants, elle s'accoutuma à l'idée qu'elle était la femme de Walstein, et elle commença à considérer sa honte comme un devoir.

Mais, quand les six semaines furent écoulées, Walstein retarda le mariage sous divers prétextes : tantôt il attendait des papiers, puis le consentement d'un vieil oncle, puis ses affaires le rappelèrent impérieusement à Munich ; là, il présenta Hélène encore comme sa femme, et dit qu'il l'avait épousée dans la ville qu'il venait de quitter.

La malheureuse Hélène passait les jours et les nuits à pleurer.

Un jour, Walstein vint lui dire : « Mon oncle, dont dépend une partie de ma fortune, refuse son consentement; il est vieux et malade, nous ne pourrons nous marier qu'à sa mort ». Hélène apprit, peu de temps après, que Walstein n'avait aucun oncle vivant; elle comprit alors l'étendue de son malheur ; elle s'y résigna pour n'en rien laisser deviner, mais elle annonça à Walstein qu'elle ne serait plus sa femme qu'aux yeux du monde, et, quoi que pût faire le petit homme, elle tint opiniâtrément sa résolution. On ne tarda pas à concevoir des doutes sur la réalité de son mariage; d'autant que Walstein ne pouvait se priver longtemps du plaisir de se parer d'une scélératesse au-dessus de sa taille, et qu'il ne démentait les médisances qu'avec de perfides restrictions. Hélène vit sans chagrin qu'on ne l'engageait plus nulle part, elle ne désirait que la solitude et la retraite ; un regard lui semblait un reproche et une insulte, et elle ne se pouvait pardonner à elle-même un égarement qui n'avait pas l'amour pour excuse et pour cause.

Walstein ne tarda pas à s'ennuyer de cette solitude; il lui fallait le monde, il avait besoin de spectateurs; il ne pouvait se passer d'étaler magnifiquement toutes les qualités qu'il n'avait pas.

Il se trouva un jour au théâtre; il était arrivé tard, et il fut obligé avec quelques autres personnes de se tenir debout. Malheureusement, il y avait devant Walstein un homme d'une taille assez haute qui l'empêchait de voir le théâtre, et le rendait entièrement étranger à ce qui se passait sur la scène. Le voisin de Walstein s'en aperçut, et lui dit poliment :

— Voulez-vous passer devant moi?

Walstein répondit sèchement qu'il voyait parfaitement bien.

A dire vrai, il n'avait encore vu que le dos de son obligeant voisin, mais cette condescendance, cette quasi-pitié pour sa taille lui semblait insultante. A l'acte suivant, il s'était fait un reflux parmi les spectateurs, et Walstein se trouva devant à son tour. « Monsieur, lui dit le voisin qui lui avait déjà parlé, obligez-moi d'ôter votre chapeau, je ne vois absolument rien. »

Deux personnes se retournèrent, et sourirent en voyant que le chapeau du petit homme n'allait pas au menton de celui qui s'en prétendait si fort empêché. Walstein, enchanté de gêner quelqu'un, heureux de trouver un obstacle à quelque chose, se confondit en excuses, ôta son chapeau, et à plusieurs reprises offrit à M. Stephen sa lorgnette et un journal qu'il lisait pendant les entr'actes.

Depuis ce jour, quand il le rencontrait, il le saluait avec le sourire le plus gracieux qu'il lui était possible; si l'endroit où la rencontre avait lieu était fréquenté, il y avait dans son sourire quelque chose de plus familier. Il était si heureux d'être l'ami d'un homme de grande taille! Un jour, quelqu'un dit à Stephen :

— Est-ce que vous connaissez M. Walstein? — Non, reprit-il. — Tant pis pour vous, sa femme est fort belle. » Comme on achevait ces paroles, Walstein, qui faisait un second tour sur la promenade, fit un salut de la main à Stephen, qui cette fois le lui rendit si affectueusement, que Walstein s'arrêta, et vint lui demander des nouvelles de sa santé. Pour lui, il avait monté à cheval et fait des armes le matin. Cependant il n'était pas fatigué le moins du monde, il avait des muscles si puissants, une organisation si robuste! En quittant Stephen, il lui tendit la main ; Stephen avança la sienne. Le lendemain, une carte de Walstein fut remise à Stephen, qui envoya la sienne en échange.

Un matin, le petit homme vint inviter son ami à un dîner qu'il donnait quelques jours après. Stephen accepta et fut présenté à madame Walstein. Celle-ci connaissait d'avance, et sans l'avoir vu, et M. Stephen et les bizarres aventures qu'on lui prête. Le moins que puisse rapporter un amour malheureux, c'est douze amours heureux, année commune. Stephen, d'ailleurs, a sur le visage une mélancolie naturelle, une froideur et une sévérité qui donnent beaucoup d'intérêt au rare sourire qui vient quelquefois effleurer ses lèvres ; sans être plus spirituel qu'un autre, il a soin de ne dire que ce qui lui arrive de spirituel; il lui vient à l'esprit autant de sottises qu'aux autres, mais il les garde et ne dit rien quand il n'a rien dire. Il ne s'empresse pas auprès des femmes ; d'ailleurs, pris d'une passion qui absorbe sa vie, il apporte toujours dans une lutte de coquetterie un sang-froid, un tact, une justesse de coup d'œil, que son adversaire, qui n'a pas le même préservatif, ne peut y mettre de son côté.

— En un mot, chère tante, vous voulez expliquer comment Stephen plut à Hélène. Mais plaît-on pour quelque chose ? On plaît parce qu'on plaît, et je crois que les autres causes qu'on en produit ne sont imaginées qu'après coup. L'amour que l'on éprouve est tout dans la personne qui aime : la personne aimée n'est que le prétexte.

— Vous avez raison jusqu'à un certain point, dit madame Rechteren, mais il faut laisser chaque femme admettre une exception. Toujours est-il que, par une influence secrète, magnétique, inexplicable, les yeux de Stephen et ceux d'Hélène s'étaient rencontrés, et Hélène avait senti une pression de cœur ; elle avait voulu éviter ce regard qui la fascinait, et ses yeux n'avaient pu ni se baisser, ni se détourner.

Stephen et Walstein se rencontraient quelquefois. Walstein venait toujours de battre un charretier, ou de *bien arranger* un gaillard de cinq pieds huit pouces, ou de dire son fait à un spadassin. S'il sortait le soir d'une maison, il se faisait donner avec son manteau des pistolets qu'il avait apportés.

— Et par quelle forêt passez-vous, lui dit un soir Stephen à la sortie du théâtre, que vous avez besoin d'une semblable artillerie ? La famille des Walstein est-elle une nouvelle race de Guelfes contre laquelle s'acharne sans relâche une race de Gibelins ? Êtes-vous impliqué dans quelque conspiration contre le prince ? Allez-vous seul reculer nos frontières de l'autre côté du Rhin ?

Walstein prit un air mystérieux, et, d'une voix basse et bruyante à la fois que possèdent certaines gens qui veulent paraître cacher ce qu'ils brûlent de faire savoir à l'univers, il cria tout bas à Stephen : « Non, c'est une femme ! »

Il y avait dans la prononciation du mot femme un merveilleux mélange de toutes les prétentions de Walstein ; le mépris pour un sexe *faible* ; le peu de prix que l'habitude donnait pour lui à ces sortes d'aventures ; l'emphase destinée à dire que la femme était jeune, belle, riche, élégante, et une foule d'autres choses qu'exprimait le plus clairement du monde l'aspiration de

Walstein, aspiration que nous ne rendons qu'à moitié en écrivant le mot de cette manière : *phame*.

— C'est à la campagne, je ne reviens que dans deux jours.

Le lendemain, Stephen s'empressa d'aller lui faire une visite chez lui ; il ne trouva qu'Hélène ; tous deux, après les premiers compliments d'usage, s'aperçurent qu'ils n'avaient absolument rien à se dire que ce qu'ils ne pouvaient pas se dire ; ils ne pouvaient continuer la conversation muette qu'avaient eue leurs regards. Ils ne pouvaient non plus rester dans l'indifférence d'un dialogue ordinaire. Chacun à son tour cependant cherchait à soutenir une conversation générale, mais on ne pouvait empêcher les intervalles de silence ; il vint un moment où leurs regards se rencontrèrent encore comme la première fois qu'ils s'étaient vus ; Hélène pâlit et mit la main devant ses yeux, puis tout à coup elle se leva, et, d'une voix faiblement accentuée, elle dit :

— Venez, emmenez-moi d'ici, conduisez-moi hors de la ville, dans un endroit où il y ait de l'air et de ces beaux arbres que vous disiez l'autre jour que vous aimiez. — Stephen la regarda avec étonnement : elle avait revêtu un grand châle et un chapeau. Il obéit sans répondre, et une voiture les conduisit non loin d'ici, dans une charmante habitation qui appartient à Stephen. On n'entendait d'autre bruit que le coassement des grenouilles sous les nénufars. La lune, cachée sous des nuages auxquels elle donnait une frange d'argent, répandait une lueur, mais pas de lumière.

Hélène, oppressée, commença à respirer plus librement.

— Écoutez-moi, dit-elle à Stephen, peut-être dans deux heures, peut-être dans deux jours, peut-être dans deux mois, vous m'auriez dit : « Je vous aime ; » j'aurais pu attendre et vous faire attendre deux mois encore pour vous répondre que je vous aime aussi, moi. Si la vertu est une négation, elle doit consister à ne pas faire le mal, mais non à le faire un peu plus tard ; vous m'aimez et je vous aime, je ne sais quelle puissance vous exercez sur moi, mais, du jour où je vous ai vu pour la première fois, je suis à vous.

Elle fut quelque temps sans parler ; puis, se frappant le front des deux mains, elle dit : « Mon Dieu, que peut-il penser? Écoutez, ajouta-t-elle, ne me croyez pas une femme légère, frivole, une femme qui ferait pour un autre ce que je fais pour vous : l'avenir vous apprendra que c'est toute ma vie que je vous donne; vous saurez demain le mystère qui me fait agir ainsi.

Et, comme la lune, sur le bord des nuages, répandait une lumière plus vive, elle contemplait Stephen ; elle aspirait avec avidité les parfums incertains répandus dans l'air, elle regardait la verdure et le feuillage des arbres. Puis ses yeux se reportaient sur Stephen...

— Voilà, dit Ludwig, une charmante situation.

En ce moment, la lune au bord d'un nuage, éclairait un peu plus le paysage ; il se mit à aspirer les vagues parfums de la nuit, et ajouta :

— C'était une nuit comme celle-ci.

Madame Rechteren reprit son récit.

— Vous me permettrez de ne pas entrer dans de grands détails sur les transports des amants.

— Je vous en dispense d'autant plus volontiers, dit Ludwig, que jamais je ne les ai si bien compris qu'en ce moment.

— Hortense est bien capable de les inspirer, dit madame Rechteren.

— Hortense! reprit Ludwig ; ah diable! je ne pensais pas à Hortense.

Madame Rechteren ouvrit la bouche pour dire : « Et à quoi donc pensez-vous ? » mais elle prévit si bien la réponse, qu'elle ne fit pas la question.

. . . .

Hélène se leva brusquement, tendit la main à Stephen, le regarda encore, jeta un coup d'œil sur le ciel, sur les arbres qui les entouraient; ses yeux s'arrêtèrent une dernière fois sur Stephen, et elle lui dit :

— Adieu, ne me suivez pas. Puis elle partit, remonta en voiture et se fit conduire chez elle.

Stephen resta écrasé. — Hélène n'est pas *une femme facile*, se disait-il ; il y a quelque chose d'inintelligible dans sa manière d'agir avec moi. Une femme, quelque légère, quelque facile qu'elle fût, ferait quelques simagrées que celle-ci n'a point faites.

Le lendemain, il reçut la lettre suivante :

« Stephen, je vous aime. Vous êtes le seul amour de ma vie. Je n'aimerai jamais que vous. Ma vie est finie, vous avez le droit de savoir les causes de ma conduite plus que bizarre ; les voici : du moment où je vous ai vu, je vous ai aimé; j'avais

13.

toujours ri de ces passions subites dont parlent les poëtes, cela s'est réalisé pour moi. Il m'a semblé d'abord que cet amour m'ouvrait un nouvel horizon. Puis, je ne sais par quelles transitions j'ai pensé à ma situation. J'ai réfléchi qu'il ne suffisait pas de vous aimer, qu'il fallait encore être aimée de vous, et que l'amour, dans un cœur comme le vôtre, devait être un si noble sentiment, que la femme qui l'inspirerait était une femme pure et sans tache. « Mon Dieu ! m'écriai-je en mon cœur, il ne
» sait pas encore ce que suis ; mais demain, ce soir peut-être, on
» l'instruira. Il me prend pour une femme honnête, il saura que
» je ne suis que la maîtresse de l'homme qu'il croit mon mari. »

» Et je vis alors s'effacer comme une ombre tout ce bonheur dont vous m'inspiriez le rêve. C'est alors que je compris toute l'étendue de mon malheur et de ma honte, en voyant tout ce que je perdais de bonheur. Être aimé de lui !

» Vous fûtes quelques jours sans revenir. Il sait tout, me disje, et je me mis à pleurer, puis à penser à vous comme à un rêve fugitif et impossible. Que devins-je quand je vous revis, quand je ressentis encore la même impression de ce même regard qui m'avait déjà si fort troublée ? « Ah ! dis-je, il ne sait rien, il
» m'aime ! » Mais ma joie fut de courte durée, je pensai bientôt que ce bonheur ne me resterait que le temps de le perdre, et que la première rencontre, la première question amenée par le hasard vous apprendrait mon sort ; et, dans ces moments de silence où nous nous isolions l'un de l'autre pour penser l'un à l'autre plus librement, je contemplai tout ce bonheur que je n'aurais pas ; j'envisageai avec désespoir ce regret qui ne suivait pas, mais qui précédait cette félicité. « Mon Dieu ! dis-je, un moment aimée
» de lui et que je meure. » Puis il me vint une subite inspiration : « Ce moment, je l'aurai aujourd'hui, demain peut-être
» il ne serait plus temps » ! Et je vous emmenai. J'ai eu deux heures d'un bonheur dont je me contente pour la part de toute ma vie. Je voulais mourir, me tuer ; je n'en ai pas eu le courage, et puis j'ai trouvé quelque chose de doux à me souvenir pendant toute ma vie de ces deux heures.

» Vous ne me reverrez jamais, je ne gâterai pas ces deux heures si belles. Vous ne pouvez plus m'aimer, maintenant que vous savez tout. — Adieu. »

— Elle a raison, dit Stephen, il ne faut pas gâter ces deux heures. Même dans une vie en proie à un autre amour, elles ont été belles et enivrantes ; je ne la reverrai pas, quelque tentation que j'en puisse avoir ; je ne la reverrai pas, malgré la régularité et la noblesse de son visage, malgré la souplesse de sa taille, malgré ses beaux cheveux ; je ne la reverrai pas, malgré le feu de ses regards, malgré son amour.

Et Stephen fit une si longue et si riche énumération des choses *malgré lesquelles* il ne reverrait pas Hélène, qu'il ne pensa plus qu'à la revoir.

— Et il fit bien, dit Ludwig.

— Et il fit mal, dit madame Rechteren.

— Pourquoi, reprit Ludwig, se faire toujours une vie de lutte et de fatigue, accepter la peine sous le nom du devoir, et repousser le plaisir sous le nom de crime ? Tout sentiment vrai qui traverse le cœur est légitime.

— Pourquoi, reprit madame Rechteren, quand on a savouré un délicieux breuvage, délayer le fond de la coupe avec de l'eau pour en tirer une boisson insipide qui ne rappelle la première que pour la faire regretter et en gâter le souvenir ?

— Chère tante, dit Ludwig, vous avez le cœur on ne peut plus spirituel.

— Le petit Walstein rencontra un matin votre ami Stephen. Walstein était fort heureux, il venait de s'accrocher à une des choses sérieuses de la vie. Il avait un procès, on lui envoyait des assignations comme au premier venu. Il ne sortait plus sans un portefeuille plein de papiers timbrés, il en étalait dans son salon, il disait *mon* procès, *mes* adversaires, *mes* juges, *mon* avocat.

Au milieu de sa joie, il dit à Stephen :

— A propos, il y a chez moi un grand changement, *ma femme* est à la campagne.

Walstein avait encore une manière toute particulière de prononcer le mot femme en parlant d'Hélène : l'expression de sa figure et de sa voix disait parfaitement : « Je suis un séducteur, un scélérat. Je dis *ma femme* par respect humain, mais Hélène n'est point ma femme ; je l'ai séduite, trompée ; je suis un homme petit, il est vrai, mais horriblement dangereux et entraînant pour les femmes, un tyran féroce »

— Il lui a pris subitement, ajouta-t-il, une profonde horreur du séjour de la ville ; elle est à cinq lieues d'ici, dans une charmante habitation, et j'y vais quelquefois le soir ; cela me donne une occasion de monter à cheval ; je vais partir dans une heure, vous devriez m'accompagner un bout de chemin.

Stephen accepta avec empressement.

Walstein aurait pris pour un aveu humiliant, pour une honteuse concession, de prendre un cheval de petite taille, et il se perchait sur un énorme animal dont la comparaison le rendait encore plus petit; par une foule de raisons qu'en qualité de femme je ne suis pas forcée de connaître, ce grand cheval était pour Walstein beaucoup plus difficile à conduire qu'un autre. Dans une lutte qui ne se serait pas terminée à son avantage sans l'intervention de Stephen, il perdit sa cravache et Stephen lui prêta la sienne.

— Ma foi, mon cher ami, dit le lendemain Walstein, j'ai eu beaucoup de peine à vous rapporter votre cravache; *ma femme* la trouvait si jolie, qu'elle voulait absolument la garder.

— Permettez-moi de la lui envoyer, mon cher Walstein.

— Très-volontiers, voici son adresse; c'est du reste très-facile à reconnaître: une maison grise, un jardin dont le mur est couvert de giroflées.

— Y allez-vous aujourd'hui ?

— Je ne sais ; je vous le dirai après dîner.

Après dîner, il lui dit :

— Je n'irai à la campagne ni aujourd'hui ni demain ; sans cela, je me serais chargé de votre hommage.

Stephen monta à cheval et partit; il se fit annoncer et trouva Hélène seule.

— Stephen, lui dit-elle, pourquoi venez-vous ici? pourquoi troubler mon repos? Le souvenir de deux heures suffit à remplir ma vie, je me suis éloignée de toute distraction. Et Hélène se mit à déduire toutes les excellentes raisons qu'avait Stephen de ne pas venir ; et Stephen répondit n'importe quoi, et Hélène fut persuadée et convaincue. De sorte qu'ils ne se séparèrent que le lendemain. De ce jour, Stephen s'assurait si Walstein allait à la campagne ; quand il restait à la ville, Stephen montait à cheval, arrivait près d'Hélène à minuit et repartait le lendemain avant le jour.

Il y eut en ce temps-là une sorte de conspiration politique dont on rechercha soigneusement les complices. Walstein, qui n'y était pour rien, ne manqua pas l'occasion de paraître être quelque chose dans une affaire extrêmement grave. Il coupa ses énormes favoris, et annonça à tout le monde que c'était pour ne pas être reconnu et dépister la police qui était à ses trousses.

Il ne s'arrêtait qu'un moment avec celles de ses connaissances qu'il rencontrait dans la rue ou dans un endroit public. « Je me cache, leur disait-il, tout est découvert. » Quelquefois il se livrait à des épanchements plus intimes : « *Nous* n'avons pas réussi, il faut attendre une meilleure occasion. »

Il ne couchait pas chez lui dans la crainte d'être arrêté : « On veut en finir avec moi, disait-il, nous avons été trahis. » Il fit si bien, il se cacha si bruyamment, qu'on crut un peu plus qu'il ne voulait à sa complicité et à ses forfaits, et il lui fut enjoint de se rendre à la résidence pour expliquer les bizarreries de sa conduite. Cela n'eut d'autre résultat pour lui qu'un voyage de quelques jours dont Stephen profita pour aller s'établir près d'Hélène.

Un matin, il ne crut pas devoir s'astreindre à ses habitudes matinales, et Hélène le reconduisit comme de coutume à travers le jardin.

Le soleil commençait à traverser le feuillage des arbres de ses premiers rayons. L'herbe et les fleurs étaient couvertes de rosée. Les deux amants s'arrêtèrent pour respirer ensemble cet air frais et parfumé ; ils se regardèrent. C'était la première fois qu'ils se voyaient le jour. Hélène vit que Stephen avait les cheveux moins noirs qu'elle ne l'avait cru. Stephen aperçut des taches de rousseur qui ne paraissaient pas à la lumière.

Certes, Hélène n'eût pas cessé d'aimer Stephen, parce que la nuance de ses cheveux n'était pas précisément telle qu'elle l'avait pensé.

Stephen n'eût pas cessé de voir Hélène pour quelques taches de rousseur, petit inconvénient qui constate par compensation la finesse et la délicatesse de la peau ; mais chacun des deux comprit que le petit désappointement qu'il avait ressenti avait été également éprouvé par l'autre, et, sans être fâché de la découverte qu'il faisait, chacun était mécontent d'être l'objet d'une découverte analogue, et d'avoir produit un moment une défavorable impression.

Toujours est-il que Stephen, au lieu de revenir le lendemain, écrivit à Hélène ; puis les lettres devinrent rares, puis furent supprimées, et ils ne se sont jamais revus.

— En effet, dit Ludwig, ils auraient mieux fait de ne pas terminer d'une façon aussi vulgaire une aventure pleine d'un tel charme poétique. Pourquoi ne pas garder dans sa vie une sorte de rêve qui se détache de la vie réelle, parce qu'il n'a ni commencement ni fin, parce qu'il ne tient par aucun fil à rien du reste de la vie ?

Les femmes ont toujours une marche fixe dans les affaires du cœur qui ne permet jamais ni d'abréger ni de modifier les préliminaires; une rupture a ses règles comme le commencement d'une liaison; chaque mot doit arriver à sa place, on suit exactement la *carte du pays de Tendre*, de mademoiselle de Scudery. Il fallait s'arrêter au village de *Petits Soins* pour arriver au bourg d'*Inclination-sur-Estime* ; de là, on passait à *Mots Galants*; l'étape suivante était *Aveu Timide*, etc., etc., Si une femme aime, elle est à l'homme qu'elle aime; si elle n'aime pas, c'est trop de souffrir les soins et les assiduités.

Madame Rechteren interrompit Ludwig :

— Avez-vous remarqué une jolie femme très-jeune et excessivement gaie qui n'a pas manqué une contredanse?

— Oh! pour celle-là, dit Ludwig, je gage que vous n'aurez à dire contre elle que des calomnies; elle est trop jeune, trop gaie, trop insouciante; il ne peut y avoir eu jamais rien de sérieux dans sa vie.

CX

HISTOIRE DE LA JEUNE FEMME SI GAIE, SI INSOUCIANTE, QU'IL NE PEUT Y AVOIR EU JAMAIS RIEN DE SÉRIEUX DANS SA VIE.

Il y avait, dans un faubourg de la ville, une grande maison divisée entre plusieurs locataires.

Dans la cour étaient deux escaliers: l'un, spacieux, en forme de perron, conduisait aux appartements; l'autre, humide, étroit, tout vert de mousse et de quelques herbes étiolées, montait aux jardins.

Les jardins, au nombre de six, se composaient d'un terrain assez vaste, sans contredit, pour en faire un seul de médiocre grandeur. Chaque jardin était entouré d'un treillage de trois pieds de haut, muraille peu sûre, sorte de dieu Terme, impuissant en apparence, mais respecté par tous, parce que la peine du talion était trop imminente pour les infracteurs, et que d'ailleurs chacun, tout en reculant à sa guise les bornes de la vertu ou de la bonne foi d'une manière tout à fait arbitraire et incertaine, s'impose cependant des limites quelles qu'elles soient. Tel homme dévaste sans pitié toute propriété non close, fait des bouquets avec les fleurs et des cannes avec les cerisiers, qui sera arrêté par un brin de fil tendu en travers ; telle femme a sans scrupule un amant, qui méprise celle qui en a deux, et se croirait déshonorée s'il lui arrivait un semblable malheur ; tandis que celle qui a deux amants ne parle pas à celle qui en aurait trois.

Cinq de ces jardins appartenaient aux cinq logements dont se composait la maison ; le sixième, par droit de tolérance ou de conquête, était devenu la propriété du concierge ; mais il arriva un jour qu'un des logements fut divisé en deux, et qu'un sixième jardin devenant nécessaire, le concierge fut obligé d'abandonner le sien ; ce qu'il fit de la plus mauvaise grâce du monde, non sans se plaindre amèrement de la tyrannie et de l'ingratitude du propriétaire.

On avait, autant que possible, réparti également entre les jardins les quelques arbres dits à fruits que le hasard avait disséminés sur le terrain, des abricotiers qui donnaient des feuilles, des cerisiers qui se couvraient de cerises qui n'avaient jamais dépassé la grosseur d'un noyau, attendu que les moineaux et les rossignols des jardins les dévoraient de primeur, et des pruniers qui produisaient des chenilles. Le concierge, qui se laissait appeler le père Lorrain, exigea du preneur de son jardin une somme de quinze francs pour lui abandonner *la récolte du prunier*, à laquelle il avait, disait-il, des droits inattaquables. Puis il s'occupa des soins paternels à donner aux plantes dont il avait enrichi son parterre, il en vendit la plus grande partie aux locataires qui les lui avaient données. Puis il avisa qu'une allée qui divisait les jardins par trois de chaque côté, que l'on appelait l'allée commune et à laquelle on avait donné trois pieds de largeur, n'avait pas besoin de singer ainsi le Palais-Royal, et serait fort suffisante avec une largeur de deux pieds et demi. D'ailleurs, il avait pu se résigner à se séparer de ses fleurs, parce que les fleurs étaient un objet de *simple agrément*; mais il n'en était pas de même du persil, du cerfeuil, de la petite chicorée, des petits radis roses, et surtout d'une remarquable oseille à feuilles rondes, attendu que ces végétaux étaient des nécessités du ménage et de la table du concierge. Il prit donc un demi-pied sur la largeur de l'allée commune, bêcha et fuma ses terres qui ne ressemblaient pas mal à celle que les Hollandais ont conquise sur la mer. Puis il les garantit d'un pied distrait ou malveillant par une palissade de huit ou dix pouces de hauteur; ensuite il sema les radis roses devant le jardin du premier, le persil devant le jardin du second, et la précieuse oseille à feuilles rondes devant le jardin du quatrième.

Il est bon de dire ce qu'était le père Lorrain, après avoir dit cependant ce qu'était son oseille : cette oseille n'a été classée que depuis peu d'années sous le nom d'*oseille à feuilles cloquées*. Voici ce qu'en pense un horticulteur français, M. Vilmorin : « L'oseille à feuilles cloquées est une très-belle race encore peu répandue. »

Trente ans auparavant, étaient arrivés à la ville deux amis, *deux pays*, dans l'intention de s'y mettre au service. Ainsi qu'il arrive de la plupart des résolutions humaines, Lorrain était devenu maître chapelier, et son pays Robert, marchand de vin. Puis Robert s'était enrichi et avait fait construire la maison; puis Lorrain avait fait de mauvaises affaires et était devenu concierge de Robert.

Robert s'était trouvé très-embarrassé. Tout le monde s'était soumis au respect que l'on devait à sa fortune, excepté Lorrain, qui affectait pour lui une amitié beaucoup plus vive et beaucoup plus familière surtout qu'elle n'avait existé entre eux auparavant. Robert avait cessé de tutoyer Lorrain, mais Lorrain n'avait pas cessé de tutoyer Robert. Celui-ci avait été jusqu'à dire : « Monsieur Lorrain ; » mais, quand il lui arrivait de dire : « Monsieur Lorrain, obligez-moi de me tirer le cordon, s'il vous plaît, » Lorrain répondait : « Enchanté de faire quelque chose qui te soit agréable. »

— Monsieur Lorrain, vous me ferez le plaisir de dire que je n'y suis pas.

— Tu peux être tranquille, personne ne montera.

Il y avait dans l'empressement même de Lorrain quelque chose qui voulait dire qu'il était domestique par amitié et portier par dévouement.

Les façons de M. Lorrain n'avaient pas tardé à rendre moins respectueux les domestiques de Robert, qui avait soin de les chasser, mais voyait avec désespoir leurs successeurs tomber dans les mêmes errements.

Vingt fois Robert eut envie de chasser Lorrain. Mais pourquoi ? sous quel prétexte ? Lorrain était excellent concierge, il n'était que familier et amical, et, d'ailleurs, on ne pouvait mettre un pays, un ancien camarade sur le pavé.

Un jour cependant que Robert avait du monde à dîner, Lorrain vint sans façon au dessert, prit une chaise, s'empara d'une demi-tasse de café.

Le lendemain, Robert lui dit : « Monsieur Lorrain, mettez, je vous prie, l'écriteau pour mon logement, je vais aller demeurer sur le boulevard. Vous serez ici mon homme de confiance. Vous louerez, vous recevrez les loyers, vous donnerez les quittances, etc. » Deux mois après, Robert quitta la maison. Lorrain se trouva d'abord un peu isolé, mais il se mit à lire, puis il fit l'important à loisir, ne dit plus que *nous*, et n'eut plus rien à regretter quand il eut imaginé un moyen de suppléer la joie qu'il avait perdue de tutoyer le propriétaire devant tout le monde.

Entre les locataires qui habitaient alors la maison, il fallait remarquer celui du premier et ceux du quatrième.

Celui du premier était un monsieur qui avait loué ce logement récemment.

Du reste, il disait étudier le droit, et se faisait appeler Hubert.

Madame A..., la locataire du quatrième, dont le mari était en voyage, avait deux filles : la plus jeune jouait à la poupée, l'aînée avait quitté la poupée et ne l'avait encore remplacée par rien.

Elle passait bien déjà un peu plus de temps à lisser ses cheveux bruns ; elle n'allait plus au jardin sans gants pour ne pas hâler ses mains. Mais tout cela se faisait par instinct ; elle ne cherchait à être belle que pour être belle.

L'inconnu, qui se faisait appeler Hubert, et que rien ne vous empêche d'appeler Stephen...

— Encore Stephen ? dit Ludvig.

— Encore Stephen ! dit la tante.

L'inconnu était un matin au jardin. Les abeilles bourdonnaient autour des fleurs, desquelles elles sortaient toutes jaunes d'un pollen odorant ; le soleil colorait l'herbe et les fleurs d'un reflet de vie et de bonheur. Le doux murmure du vent dans les feuilles, le bourdonnement des abeilles, les parfums des fleurs, tout semblait une céleste harmonie, un hymne qui montait au ciel en s'exhalant de la terre comme une dîme volontaire de toute la création offerte au Créateur. Le vent, les oiseaux et les abeilles se mêlaient pour chanter hosanna; les fleurs, comme des cassolettes de topazes, d'émeraudes, de rubis, confiaient au soleil leurs plus douces senteurs.

L'homme alors sent un vague besoin de mêler une voix à ce saint concert, de joindre à cet holocauste ce qu'il y a en lui de plus noble, de plus pur, de plus digne du ciel. C'est alors que son âme s'exhale en pensées, en rêves d'amour, en élans impuissants vers une insaisissable félicité; c'est alors qu'il semble se souvenir du ciel, et qu'il se rappelle quelques notes sans suite et sans liaison des chants des séraphins et des archanges.

Louise entra au jardin et traversa l'*allée commune*. Il sembla à Hubert que ces douces senteurs printanières s'exhalaient de ses cheveux, que le frottement de sa robe et le bruit léger de ses pas sur le sable de l'allée étaient mille fois plus doux que les harmonies qui lui avaient tant troublé le cœur.

La longue robe de Louise s'accrocha aux palissades qui protégeaient les usurpations de M. Lorrain. Hubert s'élança pour la dégager, puis il s'arrêta saisi d'un mystérieux respect; Louise, qui était devenue plus rouge qu'une rose de Provins, leva sur lui un doux regard de remerciement.

Le lendemain, quand M. Lorrain vint voir les progrès de son oseille à feuilles rondes, il vit sa palissade enlevée et sa propriété sous la seule protection de la foi humaine et du dieu des jardins.

Après de longues et de mûres méditations, M. Lorrain décida dans son esprit que le coupable ne devait être que Hubert, et il passa une partie de la nuit à chercher les moyens les plus adroits, les ruses les plus fallacieuses pour amener son ennemi à avouer son crime; et, quand le lendemain il vit Hubert monter au jardin, il le suivit de près, l'aborda d'un ton tout amical, lui offrit du tabac et lui dit :

— Le vent tourne au nord-est, et j'ai de sérieuses inquiétudes pour mes pois de primeurs.

— A propos, père Lorrain, dit Hubert, j'ai arraché vos palissades.

M. Lorrain, qui n'espérait obtenir cet aveu qu'après de longs ambages, fut un peu atterré, et eut besoin de laisser écouler quelques secondes avant de dire :

— Et pourquoi avez-vous arraché mes palissades?

— Parce qu'elles gênaient le passage et ne servaient qu'à accrocher et déchirer les robes.

— Monsieur, dit M. Lorrain, les personnes dont les robes étaient déchirées n'avaient qu'à se plaindre; et, comme, à coup sûr, ce n'est pas votre robe qui a été déchirée, cela ne vous regardait en aucune façon; vous trouverez bon que je les rétablisse.

— Et vous ne trouverez pas mauvais que je les arrache de nouveau.

— Mais, monsieur, dites-moi donc une fois, ce que vous ont fait mes malheureuses palissades! quelle robe ont-elles déchirée?

Hubert ouvrit la bouche et la referma sans dire une parole; il ne voulut pas prononcer le nom de mademoiselle A...; il tourna le dos au concierge et continua à se promener dans l'allée commune; puis machinalement il s'arrêta devant le jardin de mademoiselle A...

Mais il fut tiré de sa rêverie par M. Lorrain, qui vint se mettre à deux genoux devant le jardin pour voir si son oseille sortait de terre. Or il est bon de dire que la graine d'oseille trop vieille ne lève plus, et que c'était précisément le cas de celle qu'avait semée le concierge.

Il se releva en grommelant et jurant entre ses dents.

— Ohé! père Lorrain, lui dit Hubert, sur quelle herbe avez-vous donc marché aujourd'hui?

— Monsieur, dit M. Lorrain d'un ton sec, si je me permettais de marcher sur de l'herbe, ce ne serait pas sur l'herbe d'autrui, et vous, vous avez marché sur mon oseille.

Ce jour-là était un jour heureux pour Hubert, aussi ne s'impatienta-t-il nullement, quand, le soir, M. Lorrain ne lui ouvrit la porte qu'au quatrième coup de marteau; il avait passé la soirée où madame A... et sa fille allaient d'habitude. Après avoir fait plus d'intrigues qu'il ne lui en aurait fallu pour être roi de France, il avait réussi à s'y faire présenter: il avait causé avec madame A... et adressé quelques paroles à Louise.

Madame A... lui avait offert une place dans la voiture qui devait les ramener, et c'était en compagnie de la mère et de la fille qu'il attendait au dehors le bon plaisir de M. Lorrain.

M. Lorrain ne dormait pas, il préparait le discours qu'il devait tenir le lendemain à l'heureux Hubert.

— Il avait, interrompit Ludwig, le choix entre l'exorde *ex abrupto* de la première Catilinaire : *Quousque tandem, Catilina...* et l'exorde *Ex insinuatione* de l'oraison *pro Milone*.

— Je ne puis vous éclaircir ce point, dit madame Rechteren, mais voici à peu près ce qu'il médita.

» L'allée commune a été instituée pour permettre aux différents locataires des divers jardins d'arriver chacun au sien sans traverser celui des autres ; le jardin d'Hubert est le premier à droite en entrant; il ne connaît pas les personnes dont les jardins sont plus éloignés; en fait, l'allée commune est un trajet et non une promenade ; le trajet est l'espace que l'on parcourt d'un point à un autre. Or, en droit, Hubert n'allant nulle part, ne peut donc être dans l'allée commune que comme promeneur, ce qui est entièrement contraire à son institution ; c'est pourquoi, au nom du propriétaire de la maison, M. Robert, mon intime ami, lequel m'a laissé ses pleins pouvoirs, j'intime à M. Hubert la défense formelle de ne plus à l'avenir circuler ni vaguer dans l'allée dite commune.

Armé de cette foudroyante préméditation d'éloquence, M. Lorrain devança Hubert dans le jardin, et l'attendit avec impatience; mais que devint-il quand il vit arriver Hubert, causant familièrement avec madame A.., et que, traversant ensemble l'allée commune, ils entrèrent dans le jardin de cette dernière ?

L'argument victorieux était détruit. Hubert allait dans l'allée commune pour se rendre au jardin de madame A... Il n'abusait plus de l'allée comme promenade, il en usait comme passage, comme trajet. M. Lorrain était battu.

Quel gâteau de miel apaisera Cerbère ? Le Cerbère de l'antiquité était un roquet auprès d'un portier.

De ce jour, il arriva ce qui arrive toujours dans les romans comme dans la vie, ou plutôt dans la vie comme dans les romans, car les romans font les mœurs, comme le vaudeville a créé le Français.

Louise aima Hubert.

Il est un âge, l'extrême jeunesse, où l'on aime le sexe ; une femme aime un homme, un homme aime un femme, comme on prend un breuvage, parce qu'on a soif. Ce n'est que plus tard qu'on choisit, qu'on aime l'individu, lui parce qu'il est lui, elle parce qu'elle est elle.

Dans la jeunesse, on a le cœur ou la tête remplie de perfections imaginaires, qu'on applique à la première femme de bonne volonté, et l'on en fait une de ces madones de plâtre, chargées de colliers de perles et de bagues d'or, que l'on voit dans les églises italiennes.

Regards échangés, douces conversations si pleines d'amour, quoique l'on ne parlât de rien qui eût le rapport même le plus indirect à l'amour.

M. Lorrain monta un jour chez madame A..., et demanda à lui parler en particulier pour une affaire importante. Louise se sentit rougir, parce qu'elle ne savait rien d'important au monde, si ce n'est l'amour qu'elle commençait à ressentir pour Hubert.

M. Lorrain voulut dévoiler à madame A... les rendez-vous des deux jeunes gens au jardin, et leurs longues conversations ; mais madame A... refusa de l'entendre, et le mit à la porte.

M. Lorrain est encore battu : malheur à Hubert ! malheur à Louise !

Le jour où M. Lorrain a semé son oseille, Louise a semé au pied du treillage qui sépare son jardin de l'allée commune des liserons dont aujourd'hui les longs rameaux enveloppent les treillis de leur feuillage d'un vert sombre, d'où sortent des cloches des plus riches nuances, de bleu, de violet, de pourpre, de rose et de blanc.

Et l'oseille à feuilles cloquées n'est point encore sortie de terre.

Madame A... n'avait pas voulu écouter les révélations de M. Lorrain, mais elle les avait entendues : elle y joignit certaines observations qu'elle avait faites elle-même depuis quelques temps : l'indifférence de sa fille sur tous les plaisirs qui autrefois étaient pour elle autant de bonheurs, ses distractions fréquentes, son amour tout nouveau pour la solitude.

Madame A... se sentit alarmée, et se promit de surveiller les jeunes gens.

A quelque temps de là, comme Louise cueillait des fleurs au jardin, Hubert vint dans l'allée commune, tout contre la haie de liserons, et ils se prirent, comme de coutume, à causer de choses indifférentes.

— Comment trouvez-vous mon bouquet ? demanda-t-elle à Hubert ; c'est pour ma mère, qui s'appelle Jeanne.

— Et moi aussi, dit Hubert, je m'appelle Jean; c'est un assez vilain nom.

— Il n'y a pas de noms, il n'y a que des personnes. Nous attribuons à un nom les qualités, les défauts, la beauté ou la laideur de la personne qui le porte. On ne pourrait prononcer le nom d'Alice, sans réveiller en moi la pensée d'une jeune fille blanche, élancée comme ma sœur.

— Et comment faites-vous quand deux personnes différentes portent le même nom?

— Oh! vous, quand je pense à vous, je vous appelle Hubert. Avez-vous reçu un bouquet ce matin?

— Non.

— Je veux vous en donner un.

Et elle ôta du bouquet une belle rose blanche dont le milieu était légèrement carné; elle la tendit à Hubert.

Pendant qu'ils tenaient tous deux cette même tige de rose, une flamme électrique et une violente commotion se communiqua de l'un à l'autre par ce *conducteur* inusité.

A ce moment entrait au jardin M. Lorrain, que suivait d'assez près madame A... Cette dernière cependant n'avait pu voir le mouvement de sa fille donnant une rose à Hubert, mouvement qui n'avait pas échappé à M. Lorrain, non plus que les dernières paroles de Louise.

Madame A... fronça le sourcil en voyant Hubert près de sa fille; cependant elle fut distraite par Louise, qui vint, en l'embrassant, lui offrir son bouquet, et, sans aucun doute, ce léger nuage se fût dissipé entièrement sans l'intervention de M. Lorrain.

— Madame, dit M. Lorrain, permettez-moi de vous offrir mes vœux pour le jour de votre fête; ainsi qu'à vous, M. Hubert, car vous paraissez avoir l'un et l'autre le même patron.

Louise et Hubert rougirent un peu. Madame A... remarqua la rose que Hubert tenait à la main; mais cela ne prouvait rien, et même ne signifiait pas grand'chose; il y a une foule de jardins qui fournissent des rosiers, et une foule de rosiers qui fournissent des roses blanches.

M. Lorrain continua en s'adressant à madame A...

— Mademoiselle s'entend admirablement à faire des bouquets; cela me rappelle qu'il faut que j'en porte un dans quelques jours à mon ami Robert. L'année passée, il en fut enchanté, et me dit même avec cette familiarité qui a toujours existé entre nous : « Lorrain, pourquoi n'est-ce pas ton épouse qui m'offre ce bouquet? — Robert, lui répondis-je avec dignité, c'est que c'est aux messieurs à offrir des bouquets aux dames, et non point aux dames à offrir des bouquets aux messieurs. — Lorrain, me dit-il, tu as parfaitement raison. »

« Vous avez là, continue M. Lorrain, parlant toujours du bouquet sur lequel madame A... jetait des regards alternativement et sur sa fille, dont le soin et la mémoire de cœur la touchaient sensiblement, vous avez là des roses blanches ; aucun des locataires n'en a de semblables ; non, je ne *sache* même pas qu'aucun jardin du quartier en possède de la même espèce.

Cette perfide remarque fit porter de nouveau à madame A... les yeux sur la rose blanche de Hubert.

Hubert s'occupait en ce moment fort peu de l'improvisation de M. Lorrain, et, sous prétexte de respirer le parfum de la rose, il la tenait sur ses lèvres.

Madame A... emmena Louise et lui dit :

— A l'avenir, tu ne causeras plus avec les *voisins*.

Cette défense eut le résultat qu'elle devait avoir. Le lendemain, Hubert fit à Louise, qui l'écouta de fort bonne grâce, une déclaration d'amour qu'il n'eût osé risquer que trois mois plus tard, sans la prudence maternelle de madame A... Il fut convenu entre les deux jeunes gens *qu'on obéirait* à madame A..., qu'on ne causerait plus dans le jardin, mais qu'on s'écrirait ; que Hubert mettrait ses lettres dans une touffe de roses trémières, où Louise placerait à son tour ses réponses.

M. Lorrain, triomphant, pensa à son oseille à feuilles cloquées et désormais à l'abri du pied de Hubert.

Cependant, pour être plus certain de sa victoire, il ne manqua plus de monter au jardin aussitôt qu'il y voyait arriver mademoiselle A..., et jamais Hubert n'entrait dans l'allée commune.

Cependant M. Lorrain, qui avait abandonné Boileau et Cicéron pour se livrer tout entier à sa haine, ne croyait pas tout à fait à l'obéissance des jeunes gens ; aussi, comme *le jardin de madame A... était le dernier de l'allée, que la porte du jardin s'ouvrait au commencement du treillage, personne n'avait le moindre prétexte de dépasser cette porte*, il imagina un moyen de déjouer l'intelligence des deux amants.

Il s'habilla et alla trouver son ami Robert. Son ami Robert n'était jamais extrêmement flatté de sa visite ; outre sa redoutable familiarité, il ne venait guère que pour demander des réparations locatives ou autres dépenses toujours désagréables aux propriétaires.

M. Lorrain venait de lui faire observer qu'il devenait nécessaire de faire sabler l'allée commune, que tous les locataires le demandaient avec instance, que c'était une dépense de six francs pour un tombereau de sable, etc.

— Monsieur Lorrain, dit Robert, que votre volonté soit faite sur la terre que je vous ai confiée. Faites sabler ; je vous donne encore à ce sujet mes pleins pouvoirs.

— Tu le peux sans risque, répondit M. Lorrain, je n'en abuserai pas. Fais-moi donner un petit verre de cassis, et je pars.

Dès le lendemain, l'allée commune était sablée ; M. Lorrain disait à tout le monde : « Je suis allé dire à mon ami Robert : « Robert, il faut sabler l'allée commune ; quand il » pleut, elle est glissante et inabordable. » A quoi Robert me répondit : « Tu sais bien que tu es le maître. Présente mes » respects à ton épouse. »

M. Lorrain ratissa lui-même l'allée, et surtout depuis le jardin de madame A... Le lendemain, il trouva des traces de pas devant le jardin de madame A...

Comme il venait de faire cette découverte, madame A... entrait au jardin. M. Lorrain feignit de ne pas la voir, et, se parlant à lui-même, habitude qui ne s'est guère conservée qu'au théâtre :

— A coup sûr, ces pieds n'appartiennent pas au locataire du deuxième étage, qui ne met jamais que des souliers, ni à celui du troisième, qui ne dépasserait pas son jardin pour l'empire de Trébisonde. Madame A... ne le dépasse guère non plus, et sa demoiselle ne met pas de bottes.

On ne pouvait guère mieux désigner *l'infortuné Hubert*.

— Il faut, ajouta-t-il, que l'on en veuille bien à mon oseille à feuilles rondes pour venir ainsi marcher jusque sur le jardin de madame A...

Madame A... emmena sa fille à la campagne. Stephen les suivit et se logea à peu de distance de leur maison. Louise ne tarda pas à connaître sa retraite, et ils continuèrent à s'écrire. Stephen, à son insu, commençait à prendre à cette aventure plus d'intérêt que depuis longtemps il n'en avait pris à aucune autre.

Un matin Louise lui écrivit : « Je serai dans une heure à me promener avec une domestique dans le bois, près de la maison du garde ; je renverrai la domestique sous un prétexte. »

Quand il fut arrivé, elle lui dit : « Mon père veut me marier, il s'est prononcé d'une telle façon, que je ne pense même pas à lui résister ; mais je ne donnerai pas à l'époux qu'il me destine tout cet amour que vous avez fait naître en moi. Il ne respirera pas le parfum des fleurs que vous avez plantées ; ce n'est plus le temps de montrer la niaiserie et l'ignorance d'une petite fille ; mon mari n'aura de moi que ce que vous lui laisserez. En forçant une fille à épouser un homme qu'elle n'aime pas, on la condamne infailliblement à l'adultère, et, même au prix d'un crime, elle ne peut se donner à son amant sans lui imposer les terreurs humiliantes, les ennuis, les incertitudes ; quelque haine qu'elle ait pour son mari, quelque amour qu'elle ait pour son amant, il faut qu'elle donne à celui-là la meilleure et la *première part*. Je serai adultère comme les autres, mais je ne tromperai qu'un seul homme, quand toutes en trompent deux ; et celui que je tromperai, ce ne sera pas mon amant ; mon dessein est arrêté, la veille de mon mariage, je serai à vous. »

— Et, dit Ludwig, elle a tenu parole ?

— Elle a tenu parole, dit madame Rechteren. Le jour du mariage, elle était triste et abattue, puis par moments elle semblait secouer un poids qui oppressait sa poitrine, et un sourire ironique passait sur son visage. Stephen assistait à la noce.

Des amis et des parents chantèrent à table ; on chantait encore à table alors des chansons où l'on félicitait l'*heureux époux* de l'*ignorance* de la timide épouse. On fit cent allusions au bouquet blanc et à toutes les plaisanteries plus ou moins indécentes qu'on ne se permet que dans les familles vertueuses, le jour le plus grave de la vie.

Une tante causa une demi-heure en secret avec la *pauvre petite*, pour l'initier aux mystères et aux devoirs de sa nouvelle position.

Stephen disparut alors, et on ne le revit plus dans la maison.

M. Lorrain s'en réjouit d'abord, mais cependant l'oseille à feuilles cloquées ne leva pas, parce que, ainsi que je l'ai déjà dit, la graine, qui n'est bonne que pendant trois ans, en avait environ vingt-cinq quand elle avait été semée.

— Mais, dit Ludwig, c'est un héros que Stephen, et de plus un héros fort estimable, qui ne procède ni par sacrifice ni par dévouement, met sa gloire dans son plaisir, et excite autant d'envie que d'admiration ; tandis que dans l'admiration que l'on accorde aux héros vulgaires, il y a toujours un peu de reconnaissance pour les corvées dont ils veulent bien se charger à ce prix. Néanmoins, chère tante, dans ces aventures, il y a toujours de sa part quelque chose d'ironique qui lui fait quitter la partie à peine gagnée, alors qu'aux yeux de beaucoup de joueurs il semble n'avoir ramassé qu'une partie des enjeux.

— Ah! dit madame de Rechteren, c'est qu'il y là-dessous un mystère, il y a une grande passion. On dit que Stephen a beaucoup aimé une fille, et que cette fille s'est mariée ; on dit que, blessé à mort, son cœur sent un perpétuel besoin de vengeance; mais, par une bizarrerie qui n'étonnera pas un investigateur du cœur humain, Stephen aime naturellement *les femmes*, et il a été trompé par une. Eh bien, sa vengeance s'exerce contre *les femmes* et est un sacrifice perpétuel, un sacrifice de l'amour le plus constant à celle qu'il hait et qu'il a le droit de haïr.

— Et quel est l'objet de cette passion ?

— Personne ne le sait précisément, car jamais il n'en parle à personne, quelque familier que l'on se puisse croire avec lui. Cependant on dit que c'est la fille de M. Müller.

— Et qu'est-ce que M. Müller ?

— M. Müller est un original assez spirituel et assez peu passionné pour avoir une passion raisonnable, non qu'elle ne soit dans l'occasion aussi injuste, absurde, frénétique, que quelque passion que ce soit ; mais c'est une passion qui ne trompe pas, qui donne au moins ce qu'elle promet, ne blase pas par la jouissance, et au contraire s'accroît des débris de toutes les autres.

— Chère tante, à moins que ce ne soit une passion pour vous, je ne comprends pas.

— Cher neveu, le jeu de mot est misérable. M. Müller aime les fleurs. Vous m'obligerez de ne pas entrer plus avant dans la voie des fadeurs et de ne me comparer à aucune rose.

— Il n'y aurait cependant rien de si facile que d'improviser trois cents vers sur un semblable sujet. Mais ne savez-vous absolument rien sur les premières amours de Stephen ?

— Absolument rien. Je ne connais même pas la fille de M. Müller; pour le père, c'est différent. On m'a raconté le seul orage qui ait traversé la vie la plus calme qui ait jamais été. Mais je vous conterai cela une autre fois. Voici que la lune descend derrière la maison, il serait bon de rentrer.

— Pourquoi ? nous ne dormirions ni l'un ni l'autre.

— Je commence à sentir quelques bouffées d'air plus frais. Encore une heure, et le jour va paraître.

— Voulez-vous vous promener un peu?

— Volontiers.

Mais à peine ils avaient fait le tour du parc, qu'au moment où on repassait devant le pavillon, madame Rechteren dégagea son bras de celui de Ludwig et se replaça dans un des fauteuils. Ludwig se remit auprès d'elle, et tous deux restèrent plongés dans un morne silence.

Madame Rechteren avait cru sentir le bras de Ludwig presser doucement le sien, et Ludwig avait cru la sentir trembler. Tout à coup madame Rechteren, comprenant la nécessité de rompre brusquement un pareil silence, dit :

— Voici l'histoire de M. Müller.

CXI

UN ORAGE DANS UNE VIE PAISIBLE

M. Müller était encore jeune, et madame Müller, morte aujourd'hui, *embellissait* depuis quelques années la retraite de cet ami des jardins. Leur existence était calme et réglée. Rien dans le cours d'une année ne distinguait un jour d'un autre. M. Müller s'occupait de ses fleurs, madame Müller de son ménage. Pourvu que les forficulaires respectassent ses œillets, pourvu que la détestée larve du hanneton n'attaquât pas les racines chevelues de ses rosiers, pourvu qu'il ne fît de mauvais temps que ce qui était nécessaire pour pouvoir dire aux admirateurs d'une belle rose unique, blanche : « Elle était encore bien plus belle l'année dernière ; le temps a été si contraire, etc., » M. Müller était content, ne se plaignait de rien, ne redoutait rien.

Madame Müller n'était pas moins heureuse quand le linge était bien reprisé ; quand une proportion convenable de racine d'iris avait donné à la lessive une légère odeur de violette ; quand les cornichons étaient d'un beau vert ; quand la servante Geneviève n'avait rien brisé dans la maison; quand le pain n'était ni trop ni trop peu cuit.

Peu de temps après son mariage, M. Müller était sorti, non sans beaucoup de trouble, d'une position difficile. L'Europe s'occupait de la culture des tulipes. On trouvait à l'article des nouvelles étrangères dans les gazettes:

« AMSTERDAM. — *La couronne jaune* a parfaitement réussi chez M. Van Berghem.

» Une vieille baronne donnait pour un oignon de tulipe appelé *Ethelwienne* 2,000 *francs*, 200 *livres de beurre salé, et sa belle robe gorge de pigeon.* »

Tout à coup on avisa que les tulipes à fond jaune n'étaient plus belles, que c'était à tort qu'on les admirait depuis si longtemps, que les seules tulipes qu'on dût avoir et cultiver étaient des tulipes à fond blanc. Les amateurs se divisent; on écrit des lettres, des pamphets, des gros livres. Les amateurs de tulipes jaunes furent traités d'obstinés, de gens enveloppés de préjugés, d'illibéraux, de ganaches, de rétroactifs, d'ennemis des lumières et des progrès.

Les partisans des tulipes blanches furent déclarés audacieux révolutionnaires, tapageurs, démocrates, jeunes gens!

Des amis se brouillèrent, des ménages furent désunis, des familles divisées; il n'est rien de si féroce que les passions douces.

Un soir que M. Müller jouait aux dominos avec un de ses camarades d'enfance, on parla des tulipes jaunes et des tulipes blanches. M. Müller tenait aux jaunes, son ami était pour les idées nouvelles. Aussi, chacun d'eux, en homme de bon goût et de savoir-vivre, mettait-il la plus grande modération dans ses paroles, et évitait-il d'arriver jusqu'à la discussion.

— Certes, disait M. Müller, la nature n'a rien fait de trop; il n'est pas une pierrerie de son riche écrin qui ne réjouisse la vue; il est triste de voir des personnes procéder par exclusion. Il est certainement quelques tulipes à fond blanc que j'admettrais volontiers dans ma collection, si mon jardin était plus grand et si madame Müller n'avait fait protéger le potager contre un empiétement par une double haie de groseillers épineux, et de ces ignobles rosiers simples (*rosa canina*) qu'elle ne veut pas me laisser arracher.

— De même, reprit l'ami désireux de rendre politesse pour politesse, concession pour concession, j'avouerai que *Érymante* [1], toute jaune qu'elle est, est une plante fort présentable.

— Je ne méprise pas *l'unique de Delphes* [2], malgré son fond blanc, reprit M. Müller.

— Elle n'est pas très-blanche, répliqua l'ami. Ce n'est qu'au bout de trois ou quatre jours qu'elle se débarrasse d'une teinte jaune qu'elle a en ouvrant pour la première fois ses pétales, aussi n'en faisons-nous pas très-grand cas.

— C'est cependant de votre collection celle que je préférerais.

Les deux amis étaient dans ces excellents termes, quand madame Müller sortit pour ordonner à Geneviève de remplir le pot à la bière que ces messieurs avaient vidé.

Il est difficile de bien dire par quelles imperceptibles transitions ils en vinrent alors à l'aigreur, à l'injure, à l'insulte. Mais toujours est-il que, lorsque madame Müller rentra, dix minutes après, elle les trouva sous la table, se gourmant de tout cœur. M. Müller avait jeté les dominos au visage de son ami, et la lutte s'était engagée.

On comprend de quelle honte furent saisis les deux antagonistes après que la première effervescence fut passée.

Aussi, dès le lendemain, M. Müller écrivit à son ami :

« Je suis une bête féroce et un homme mal élevé, recevez mes excuses ; notre ancienne amitié effacera ce moment d'égarement. Peut-être avions-nous bu trop de bière. Ma femme vous prie de nous faire le plaisir de dîner avec nous aujourd'hui, il y aura des *noulls* et des *kneps*.

» Votre ami, Muller. »

» P.-S. — Vous m'obligerez, mon cher ami, de me mettre de côté quelques-unes de vos belles tulipes blanches, auxquelles j'ai réservé pour l'année prochaine une de mes meilleurs plates-bandes. Je tiens surtout à *Palamède* [3] et à l'*Agathe royale* [4]. »

Il reçut immédiatement la réponse suivante :

« Je serai chez vous à cinq heures moins un quart ; vous me

---

[1] Erymante, fleur. Feuille-morte, rouge et *jaune*.
On trouve dans un catalogue imprimé à Paris en décembre 1666 : « C'est l'une des plus belles tulipes de notre temps. »

[2] Panachée violet, pourpre et *blanc*.

[3] Colombin, rouge et *blanc*.

[4] Pourpre, pâle ; rouge et *blanc*.

permettrez, mon excellent Müller, de vous mener un horticulteur qui désire admirer vos magnifiques tulipes.

» Il désire surtout voir votre *Ténébreuse*[1], votre *Joldcourt*[2] et votre délicieuse *Lisa*[3]. »

Par une délicatesse que tous deux comprirent, M. Müller faisait porter son admiration sur les plus blanches d'entre les *tulipes blanches*, et son ami n'était pas moins poli à l'égard des *fonds jaunes*.

Ils se réconcilièrent, se firent à l'automne de riches présents d'oignons ; présents, on peut le dire ici sans exagération, plus agréables à celui qui donnait qu'à celui qui recevait.

Trois ans plus tard, l'ami Walter était en France, fournisseur à l'armée qui entrait en Espagne.

Cependant le mouvement de générosité de M. Müller ne pouvait se maintenir toujours à la même hauteur ; Walter n'avait fait qu'une concession aussi durable que le sentiment et l'impulsion qui l'avait causée. Celle de M. Müller, au contraire, devait lui survivre. A la seconde année, quand six mois après il fallut planter les tulipes, la terre dans laquelle on mit les tulipes blanches ne fut ni soignée, ni amendée, ni tamisée comme celle destinée aux *fonds jaunes*.

La seconde année, M. Müller s'aperçut qu'elles encombraient le jardin.

La troisième année, elles furent placées sous une gouttière, elles fleurirent mal, et M. Müller, après avoir montré ses tulipes jaunes dans tout leur éclat, disait aux visiteurs : « Voici ce qu'il y a de plus beau en tulipes blanches ; elles m'ont été données par mon ami Walter, et j'y tiens on ne saurait davantage. » Et, quand dix minutes après il disait : « Je ne comprends pas que l'on puisse cultiver des *tulipes blanches*, » on se trouvait naturellement de son avis.

Vers la fin de la floraison, il reçut une lettre de M. Walter.

---

[1] Panachée rouge et *jaune*.

[2] Couleur de tuile *jaune* et rouge, qui sont deux couleurs qu'on recherche à présent. (Catalogue 1667.)

[3] Rouge orangé et *jaune* par menus panaches.

« Mon cher ami,

Nos patriæ fines et dulcia linquimus arva.

. . . .

. . . . *Tu, Tytire, lentus in umbra.*

» Tu cultives en paix ces fleurs qui nous sont si chères et qui remplacent pour nous toutes les ambitions, plus creuses à proportion qu'elles sont plus retentissantes.

» Vous le savez, cher Müller, le coup porté à ma fortune et l'héritage qui me permettait de réparer le patrimoine de mes enfants, ont conduit mes pas en France. Là, au lieu d'argent comptant, j'ai trouvé de riches affaires commencées, et j'ai abandonné ma douce vie oisive pour l'existence la plus bruyante et la plus horrible qui se puisse imaginer. Je voyage avec un corps d'armée aux besoins duquel je suis chargé de subvenir ; mais encore un an, et je reviendrai à mes fleurs et à mes amis.

» Mon corps d'armée est en ce moment dans les montagnes de la Navarre, je vous écris par un blessé qui retourne en France. Il a été blessé hier dans une occasion où il aurait bien pu m'en arriver autant ou même pis.

» Comme nous marchions à cheval à la suite de l'avant-garde, avec une confiance autorisée par la tranquillité de notre marche jusque-là, tout à coup des cavaliers, tombés dans une embuscade de paysans, se replient en désordre ; moi, j'étais arrêté à considérer un rosier dont le bois bizarre, grêle, et les feuilles étroites me sont totalement inconnus ; j'avais tiré mon couteau pour en couper une branche que j'aurais pu greffer ; mais un de mes compagnons eut à ce moment son cheval abattu d'un coup de fusil, et roula dans la poussière ; moi, je fus entraîné dans la fuite générale. Le pauvre diable en est quitte pour un pied foulé, mais il est dégoûté du métier et rentre en France. Pour nous, ignorant le nombre de nos assaillants, nous avons rétrogradé ; je ne sais ce qu'on fera demain. Écrivez-moi à mon adresse à Paris, vos lettres me seront envoyées avec les paquets que l'on m'expédie tous les jours. »

M. MÜLLER A M. WALTER

« Vous faites-là un singulier métier, mon cher ami ; je vous plains et j'ai frémi du danger que vous avez couru. J'ai pensé à votre rosier; serait-ce par hasard le *Berberidifolia*[1], cette rose jaune dont nous avons lu la description, et que nous nous sommes accordés à regarder comme fabuleuse à l'égal des sirènes et des néréides ?

» J'espère, mon excellent Walter, que la bravoure des Français ne se démentira pas, et qu'au moment où je vous écris, vous avez continué de marcher en avant et conquis la précieuse greffe. Envoyez-la-moi sans perdre un instant. »

11º LETTRE DE M. MULLER A M. WALTER

« Voici quinze jours que j'ai répondu à votre lettre, mon excellent ami, et je n'ai pas eu de récentes nouvelles de vous. Je n'ose croire que vous soyez encore en observation ni que vous avez continué à reculer ou à changer de chemin : ce serait honteux pour les troupes dont vous faites partie. »

M. WALTER A M. MULLER

« Non, mon ami, nous n'avons pas cédé à une poignée de paysans dont l'attaque nous avait étonnés; le lendemain du jour où je vous ai écrit, nous les avons attaqués et mis en fuite, nous ne nous sommes arrêtés qu'après les avoir poursuivis pendant plus de cinq lieues. » (Suivent de longs détails sur l'expédition.)

M. MULLER A M. WALTER

« Mais la rose ? la rose ? »

M. WALTER A M. MULLER

« Nous allons si vite, qu'il n'y a pas eu moyen de la revoir, et elle est aujourd'hui loin derrière nous. » (Suivent dans la lettre originale de plus longs détails encore sur l'expédition, et un éloge encore plus long des tragédies de M. de Voltaire.)

M. WALTER A M. MULLER

« Il n'est pas impossible, mon cher monsieur Müller, que demain matin je sois fusillé à cause de vous.

---

[1]. La rose Berberidifolia se voit maintenant depuis trois ans chez M. Hardy, au Luxembourg, et chez MM. Ryskoyel et D. Hoorbreuk, boulevard Montparnasse, à Paris.

» Il y a une heure, le général m'a fait demander ; il était pâle et tremblant de colère. « Monsieur, m'a-t-il dit, vous avez failli perdre l'armée. Voilà deux lettres saisies sur un soldat ; l'une des deux vous est adressée ; toutes deux semblent vous désigner comme complice d'une infâme trahison.

— Qui ? moi ? m'écriai-je, c'est impossible.

» — Je ne sais si c'est impossible, mais c'est vrai. Connaissez-vous cette écriture ?

» — Oui, c'est celle d'un compatriote, d'un ami.

» — Alors, je ne vous félicite pas de votre position. Vous allez garder les arrêts forcés ; demain, avant de nous remettre en route et de quitter ce village, votre sort sera décidé.

» Que diable renferment vos lettres, mon cher monsieur Müller ? J'attends que le général me fasse appeler. Je viens de lui écrire pour ne pas me laisser dans une insupportable incertitude. »

Onze heures du soir.

« Je sais tout, et mon affaire n'est pas beaucoup meilleure. Comment ! vous m'écrivez, à moi, que vous désirez que l'ennemi nous repousse jusqu'au rosier ! Vous me racontez que vous connaissez un paysan navarrais auquel, grâce à mes explications, vous allez donner par écrit toutes les instructions nécessaires pour traverser notre corps d'armée sans être arrêté, afin de couper la greffe tant désirée !

» Le malheur veut que l'on trouve la lettre sur le paysan, avec des instructions admirablement précises.

» J'ai eu beau expliquer et commenter les lettres, on n'a pas voulu croire un moment qu'il fût question d'un rosier, et la mention que vous en faites dans vos lettres n'a paru qu'une sorte de *chiffre*, un langage de convention signifiant autre chose. »

— Je ne vous raconterai pas, continua madame Rechteren, le chagrin du pauvre M. Müller ; toujours est-il qu'on finit par comprendre l'innocence de Walter et qu'au lieu d'être puni comme traître, il obtint de ne l'être que comme maladroit, bavard et imprudent, c'est-à-dire qu'on le renvoya en France. En s'en retournant, M. Walter retrouva le rosier et en envoya une greffe à son ami.

Un an après, elle donna des fleurs. C'était précisément la

même rose dont madame Müller protégeait son potager contre l'invasion des fleurs et que M. Müller voulait arracher depuis si longtemps. — *Rosa canina.*

Voilà toute mon histoire. Je dirai comme la sultane des *Mille et une Nuits* : Voici poindre le jour, si Votre Hautesse le permet, je continuerai ce soir.

— Ah! chère tante, dit Ludwig, le sultan était plus heureux que moi.

— Parce qu'il pouvait faire tuer Sheherazade, et interrompre ainsi la première histoire ennuyeuse qu'elle s'aviserait de lui conter?

— Chère tante, vous ne voulez pas me comprendre; vous avez la même mauvaise foi avec laquelle vous n'avez pas entendu ces regards qui tant de fois se reposaient sur vous, même quand nous parlions de votre nièce, et quand, avec cette douce autorité de votre voix, vous me forciez de dire d'elle ce que je ne pensais que de vous.

— Êtes-vous fou, Ludwig?

— Je le crois; mais, si en ce moment je consulte mon cœur, je n'aime que vous, je ne désire que vous.

Et il lui prenait les mains et il les couvrait de baisers brûlants.

— Mon Dieu, Ludwig, dit madame Rechteren, cessons ce jeu; pensez ce que nous sommes désormais l'un pour l'autre, pensez à cette jeune fille dont vous avez rempli l'insomnie, songez avec quel ravissement elle voit de loin une lueur pâle qui se montre à l'horizon et qui annonce le jour où nous entrons; soyez raisonnable, mon ami; j'ai eu tort de me fier à mon titre de tante et de rester ainsi avec vous.

— Depuis que nous sommes là, dit Ludwig, n'avez-vous donc pas pensé une seule fois que c'était vous que j'aimais, vous que je voulais épouser quand vous m'avez dit : « Je suis décidée à ne pas me remarier, j'ai pour vous une vive amitié, épousez ma nièce, nous vivrons ensemble, vous serez mes enfants? »

— C'est ce que je vous dis encore, reprit madame Rechteren.

— Et vous aurez longtemps à le dire; je ne vous accepterai ainsi pour aïeule que lorsque vous en aurez l'âge et la figure; mais, chère tante, écoutez-moi : aujourd'hui, je passe le plus périlleux défilé de la vie, je laisse en arrière bien des illusions, bien des libertés ; dans quelques heures, vous serez réellement ma tante; dans quelques heures, nous aurons mis entre nous d'insurmontables barrières ; je vous demande une faveur que vous ne refuserez pas à un véritable neveu. Voyez quelle douce fraîcheur est répandue dans l'air, quel voile d'obscurité nous enveloppe; vous consentirez à payer d'un seul baiser, le seul que j'aie jamais eu, le seul que j'aurai jamais de vous, tout l'amour que j'ai eu pour vous, tout l'amour que vous voulez que je sacrifie aux devoirs que vous m'imposez.

Pendant ce temps, madame Rechteren, qui avait d'abord voulu retirer sa main de celles de Ludwig, avait fini par l'abandonner : son esprit et son corps étaient plongés dans une espèce de torpeur.

Ludwig avait passé doucement sa main autour de la taille de madame Rechteren, et celle-ci ou n'avait pas senti ce mouvement, ou n'avait pas la force de le repousser. Graduellement le bras se serrait, et il vint un moment où madame Rechteren parut se réveiller en sursaut sur la poitrine de Ludwig ; celui-ci lâcha un peu son bras, de manière qu'elle fût moins près de lui, et laissa tomber sa tête sur le sein de sa belle tante. Puis le bras se resserra, et tous deux furent si proches, que Ludwig sentait la chaleur du corps de madame Rechteren. Pour elle, elle tremblait. Ludwig, relevant la tête, voulut prendre le baiser qu'il avait demandé ; madame Rechteren se débattit et inclina sa tête sur sa poitrine, de façon à rendre impossible le succès de l'entreprise de son audacieux neveu. Ludwig alors appliqua avec force ses lèvres sur le col de madame Rechteren, à l'origine des cheveux, et lui donna un baiser qui semblait devoir aspirer tout son sang et toute son âme. Madame Rechteren fut prise alors d'une grande agitation nerveuse et d'un tremblement convulsif; elle voulut repousser Ludwig, mais celui-ci la tenait dans ses bras, et d'ailleurs il semblait que le col de madame Rechteren ne pouvait se détacher de ses lèvres, qui s'y étaient comme scellées par ce premier baiser suivi de cent autres.

A ce moment, on entendit des pas dans une allée voisine; madame Rechteren alors retrouva de la force ; elle se débarrassa des bras de Ludwig et s'enfuit à travers les broussailles, bénissant celui qui, à son insu, l'avait sauvée de Ludwig ; pour lui, il marcha quelque temps à grands pas ; puis, comme le jour commençait à poindre, il rentra dans la maison.

Vers neuf heures de la matinée, madame Rechteren reçut une lettre.

« Madame,

» J'ai beaucoup pensé à la nuit que nous avons passée dans le jardin et aux récits que vous m'avez faits sur vos voisines ; je suis resté convaincu que la fidélité conjugale est une chose très-rare, qu'il ne dépend pas toujours des femmes de conserver; et qu'à moins d'être assez sot pour se croire une chance et une prédestination particulières, on ne peut guère espérer qu'on la rencontrera. Remarquez bien, je vous prie, que je ne dis pas de mal des femmes, mais du mariage.

» On demande en général à la vie plus qu'elle ne renferme; nous sommes accoutumés à mettre notre bonheur dans des choses impossibles, et notre malheur dans des choses inévitables.

» Pardonnez-moi, madame, la modestie qui m'empêche de courir des chances qui m'épouvantent. Peut-être va-t-on me blâmer de faire manquer ainsi un mariage au dernier moment. C'est un tort, mais c'en serait un plus grand, incontestablement, d'être malheureux et de rendre conséquemment votre nièce malheureuse pendant tout le reste de notre vie. N'écoutez pas trop l'opinion et les ressentiments de vos conviés; ils me pardonneraient volontiers dix ans d'ennuis et de tortures que je ferais subir à Hortense, ils ne me pardonneront pas de les faire renvoyer sans dîner, ou au moins de faire renvoyer les violons. Je crois agir en honnête homme. Après le premier mouvement d'indignation, vous m'approuverez. Agir autrement serait faire à la fois une mauvaise affaire et une mauvaise action. »

Madame Rechteren fut atterrée de la lecture de cette lettre, elle la relut, sonna, envoya à l'appartement de Ludwig. On ne l'avait pas vu depuis la veille, si ce n'est un vieux jardinier auquel, en traversant le parc au point du jour, il avait ordonné de porter un paquet et de rapporter cette lettre ; elle voulut elle-même visiter l'appartement et interroger ce jardinier.

— Mon Dieu! dit-elle, et que diront tous ses voisins? et ma pauvre Hortense? comment oserai-je lui apprendre une si triste nouvelle? par quelles paroles pourrai-je calmer son désespoir ? pauvre enfant!

Et elle fut longtemps encore sans oser approcher de sa chambre; elle dort, pensait-elle, elle est en proie à des rêves séduisants, pourquoi la réveiller? — Ah! pourquoi? — Parce qu'il faut qu'elle sache son malheur avant tous ces gens qui sont ici. Et, faisant un effort sur elle, madame Rechteren frappa, elle écouta avec anxiété, se reprochant d'interrompre ce sommeil si heureusement trompeur. Elle frappa plus fort, on ne répondit pas; alors elle aperçut l'acte à terre, elle ouvrit et entra ; la chambre était vide, il n'y avait qu'un papier sur le lit :

» Bon pour une fille que je tiendrai dans une semaine à la disposition de ses parents.

» STEPHEN. »

CXII

SOUS LES TILLEULS

Stephen et plusieurs de ses compagnons devaient déjeuner ensemble; on avait persuadé au marquis que l'on en faisait un pique-nique, que l'on aurait des dames, et qu'il eût à se montrer galant et somptueux; c'était simplement un moyen de lui faire donner à déjeuner à douze ou quinze personnes. En effet, il se piqua de vanité et arriva avec une voiture chargée: personne n'avait rien apporté, mais la part du marquis suffisait et au delà.

Comme on allait se mettre à table, on chercha partout Stephen : on attendit, puis on envoya chez lui. Il venait de partir à cheval, n'avait pas emmené de domestique ni dit quand il rentrerait; on se mit à table sans lui.

En vain Stephen se livrait à tous les plaisirs, se jetait dans toutes les folies, dans toutes les extravagances; au milieu de ses écarts de gaieté, son cœur n'avait pas cessé un instant d'être cruellement rongé par ses souvenirs et par ses regrets.

Partout, dans les plus somptueuses orgies, dans les bras des femmes les plus séduisantes, partout un dégoût amer venait le poursuivre.

Car ce n'était pas là le bonheur qu'il avait rêvé, auquel il avait sacrifié sa jeunesse si pleine de sève et d'énergie.

Tous ces plaisirs étaient pour lui horriblement creux; la vie lui paraissait longue, et, chaque soir, il ne savait que faire du jour qui allait venir : l'ennui, l'affreux ennui, qui fait désirer la tristesse; l'ennui, qui met sur le crâne un lourd bonnet de plomb, qui émousse les sens et les rend inaptes à aucune impression, s'emparait de lui au milieu de ses plaisirs les plus vifs; souvent il pensait à se tuer, et il l'aurait fait si cette effroyable situation laissait assez d'énergie pour prendre une résolution.

La nuit qui précéda le déjeuner, il avait un fait un songe.

Il avait rêvé qu'il était assis dans un coin d'un salon et que, au son des violons et des flûtes, il regardait danser et rigoler les jeunes filles.

Un valet traversa le salon avec précipitation et lui remit une lettre ; il la lut et s'élança vers la porte, renversa d'un coup de coude le plateau sur lequel on portait des rafraîchissements et embarrassa son pied dans les jambes d'une jeune fille qui roula avec le plateau dans l'orgeat et le sirop de vinaigre.

Il monta dans une voiture ; la voiture allait lentement ; plus il pressait le cocher, plus il allait lentement.

La lettre disait : « Je vais mourir ; le médecin m'a condamnée ; demain, je serai morte. Vous avez gardé une de mes lettres, rapportez-la-moi ; il me semble que cette lettre fait une tache sur la robe blanche avec laquelle je dois paraître devant Dieu.

» MAGDELEINE. »

La voiture le conduisit chez lui ; il prit la lettre et se fit conduire chez Magdeleine ; le cocher se trompa de route ; Stephen sortit de la voiture et le battit ; une patrouille voulut l'arrêter ; après une longue résistance, il s'échappa avec un coup de baïonnette dans le bras.

Comme il courait, il fut arrêté par un coup de fouet dans la figure ; c'était le cocher qui lui demandait de l'argent ; il fouilla dans ses poches, il avait perdu sa bourse ; il donna au cocher un coup de pied dans le ventre.

Enfin il arriva en courant ; toutes les horloges des églises sur la route sonnaient minuit ; les cloches avaient l'air de rire de lui. Le portier refusa de lui ouvrir ; il fit un bruit affreux, le portier sortit et lui donna un coup de bâton sur la tête.

Stephen tomba par terre ; des passants le firent transporter chez lui. On le coucha ; comme il sommeillait, une voix lui dit à l'oreille :

— Vous n'êtes pas venu m'apporter ma lettre, je viens la chercher.

Voilà ce qu'il rêva.

Alors, à cette voix, il se réveilla en sursaut; il n'y avait personne autour de lui, il était baigné dans la sueur.

Tout à coup il entendit feuilleter des papiers : il frissonna de tout le corps, s'enfonça les ongles dans la chair pour s'assurer qu'il ne dormait pas; il était bien éveillé, mais il avait une fièvre horrible, il ne pouvait distinguer ce qu'il avait vu dans son rêve de ce qu'il entendait, il ne savait où finissait ni où commençait le songe.

Et d'ailleurs il entendait toujours feuilleter des papiers.

— Ma chambre est fermée : un être vivant ne peut y entrer... Si elle est ici, c'est qu'elle est morte... c'est son âme.

Ses cheveux lui faisaient mal sur la tête.

Et toujours on feuilletait les papiers.

Il prit un couteau à son chevet, se leva d'un bond, et d'un coup de poing ouvrit un volet et une fenêtre; un rayon bleuâtre entra et lui montra, tombant sous son bureau, les plis d'une longue robe blanche comme un linceul.

Et il entendait toujours feuilleter les papiers.

Alors, il sauta par la fenêtre, tomba sur l'herbe humide et froide, et s'évanouit; mais bientôt le froid le fit revenir à lui.

La fenêtre était basse, il n'était pas blessé; le jour commençait à poindre. Il rentra dans sa chambre, il courut à son bureau et retrouva la lettre de Magdeleine qu'il avait conservée. Il vit sa robe de chambre sur son fauteuil, et des poissons dans un vase et nageant sur le sable faisaient entendre le bruit de papier que l'on feuillette.

Il sonna un domestique et lui ordonna d'aller chez Edward savoir des nouvelles de sa femme; puis il changea d'idées et y alla lui-même. Mais toutes les portes étaient fermées, il se promena longtemps dans la rue; la porte s'ouvrit, il demanda si tout le monde se portait bien chez Edward.

— Parfaitement bien, et l'on prépare les chevaux, car ils vont déjeuner en ville.

Stephen s'en alla; il était blessé de la voir tranquille et dans sa vie ordinaire, tandis qu'il avait tant souffert à cause d'elle toute la nuit.

— Elle a dormi calme; ses songes ont été agréables et ne lui ont parlé que des plaisirs du lendemain; je n'y ai aucune place, moi, malheureux, qui ai usé pour elle mes plus belles années et décoloré tout le reste de ma vie.

Puis il pensa que le sommeil de Magdeleine n'avait été interrompu que par les caresses d'Edward ; il frappa du pied et éclaboussa un officier qui passait.

Il se plaignit en jurant; Stephen était de mauvaise humeur et lui répondit brusquement. Ils allèrent chercher des épées et se battirent. Stephen donna un coup d'épée à son adversaire et lui demanda pardon de sa brusquerie.

La matinée était un peu avancée, et d'ailleurs il n'eût pu, dans la situation d'esprit où il se trouvait, aller se mêler à une orgie ; il monta à cheval et partit revoir la maison de M. Müller.

Elle était déserte depuis la mort de son propriétaire. Dans la cour, l'herbe avait cru entre les pavés.

Le jardinier seul l'habitait.

— Une belle bête ! dit-il, en caressant de la main le cheval gris de Stephen et en lui arrangeant la crinière. Vous rappelez-vous, monsieur Stephen, quand vous êtes parti d'ici un matin, que j'ai porté votre malle sur mon bidet? Je l'ai vendu, le pauvre animal, car il n'y a pas grand'chose à faire ici : M. Edward et sa femme n'y viennent jamais.

Stephen croyait revivre au jour où il partit le matin si pauvre d'argent, si riche de courage, de force et d'espoir, si riche de son amour et de celui de Magdeleine.

Il monta au jardin. Le jardinier le suivit.

Les tilleuls étaient nus, ainsi que les chèvrefeuilles; l'aubépine était couverte de baies rouges comme des grains de corail, et, à leur approche, une foule d'oiseaux qui les becquetaient s'envola en criant.

Il regarda tout, reconnut tout, les deux lettres sur l'écorce du vieux tilleul, le banc de verdure.

— Je prends soin du jardin de M. Müller, dit le jardinier; et, si vous venez au printemps, vous verrez qu'il n'a jamais été plus beau. Le pauvre cher homme, s'il revenait, je suis sûr qu'il serait content; c'était là un bon maître. Pour M. Edward, dont je ne veux pas dire de mal, il n'est pas capable de distinguer une tulipe d'une renoncule, et il est bien brusque avec les domestiques.

Il faisait très-froid.

Stephen remonta à cheval après avoir donné de l'argent au jardinier, puis il partit.

Mais, comme il retournait la tête pour voir encore une fois la maison, son cheval eut peur, se cabra; Stephen, surpris, voulut se retenir à la bride; le cheval se cabra davantage et roula par terre avec son cavalier.

Le jardinier, qui le regardait partir, accourut. Stephen était relevé, mais un de ses bras et une de ses jambes étaient très-meurtris.

CXIII

Il rentra chez le jardinier, et l'on alla chercher un chirurgien pour le saigner. Cet accident le retint deux jours dans la maison de M. Müller; il coucha dans la petite chambre qu'il avait occupée autrefois.

Pendant ces deux jours, une révolution se fit dans l'esprit de Stephen; il regarda la vie qu'il menait et la trouva tellement vide qu'il en fut effrayé.

Il vit que Magdeleine avait gardé son âme, et que son corps seul et ses sens lui restaient; il comprit que la seconde moitié de la vie n'est que la conséquence de la première moitié;

Qu'il fallait bien récolter ce qu'il avait semé;

Qu'un amour violent comme celui qu'il avait éprouvé ne se dépouille pas avec les vieux habits; qu'il est comme une liqueur corrosive qui ne teint pas seulement l'écorce du bois, mais pénètre jusqu'à la moelle et le colore;

Et qu'il fallait livrer le reste de la vie à l'amour, qui en avait pris le commencement, quelques souffrances qu'il eût à endurer, car ce n'était pas une résolution volontaire : il était comme un malheureux qui, laissant prendre dans la meule d'un moulin à eau le bout de son vêtement, y passe tout entier et est broyé, bras, corps et tête, sans qu'aucune force le puisse sauver.

— Eh bien, dit-il, je cède; je suis à elle corps et âme; à elle mon passé et mon avenir; à elle ma vie de ce monde, et encore une autre vie, s'il y en a une après celle-ci; à elle mes pensées, mon souffle, mes regards; à elle moi tout entier.

» Mais elle sera à moi.

» Car la vengeance est une chose douce au cœur et plus juste qu'aucune autre.

» Magdeleine sera à moi et je me vengerai d'Edward.

» Il n'y a pas d'autre droit ni d'autre justice que la force; le plus fort a raison : je serai le plus fort.

» Foulé aux pieds, méprisé, j'ai vu froisser tout ce qu'il y avait en moi de naïf, de bon, d'honnête et de grand ; et le bonheur est pour ceux qui sont méchants, perfides et petits : je l'aurai aussi, le bonheur, je serai méchant et perfide.

» Magdeleine sera à moi.

» Je me vengerai d'Edward.

» J'en jure par tout ce qui m'entoure, par le ciel et la terre, par mon corps et mon âme, par mon amour pour Magdeleine.

» Oui, Magdeleine sera à moi ! répéta-t-il. »

Il s'arrêta comme en proie à une pensée soudaine : ses yeux brillèrent comme des charbons ardents, et il répéta :

— Oui, elle sera à moi... et...

Il finit sa phrase par un rire infernal.

CXIV

Stephen, de retour à la ville, fit quérir les meilleurs tailleurs.

CXV

Beaucoup ont, de notre temps, et précédemment, et de tout temps, déclamé contre les habits, et ont paraphrasé de toutes les manières *l'habit ne fait pas le moine*.

Nous-même, de notre côté, il y a eu un moment de notre vie où nous ne pouvions voir qu'avec la plus grande indignation la préférence que de prime abord on accordait ou paraissait accorder à un homme *bien mis* sur nous, qui l'étions assez mal, pour deux causes : c'est que, fils fugitif, nous étions trop pauvre pour qu'on pût nous appeler *enfant prodigue* ; la seconde, c'est que, plein d'illusions que nous regrettons parce qu'elles étaient grandes et belles, plus mille fois que la vérité, nous professions un souverain mépris pour tout ce qui ne venait pas de l'âme.

Ce mépris pour la beauté extérieure était une sottise : il est évident qu'elle produit une forte attraction, et que, pour un chien, pour un cheval, pour une femme, pour un homme, nous nous sentons comme entraînés à un accueil plus affectueux par leur beauté.

Nous ne voyons pas pourquoi, dans la vie et dans les relations sociales, on ne prendrait pas sa part de ce qu'il peut y avoir d'avantageux et de propre à les rendre plus agréables ; pourquoi on ne ferait pas tous ses efforts pour acquérir sur les autres cette puissance d'attraction que quelques-uns ont sur nous : on ne peut nier non plus que la parure n'ajoute à la beauté.

Nous n'entendons pas par là des cravates raides de telle sorte qu'un homme qui arriverait de la lune penserait que ceux qui les portent sont des criminels condamnés à un long supplice. Nous ne faisons pas l'éloge non plus du costume de notre temps, qui se prétend *artiste*. Nous entendons par la parure, l'emploi de certaines couleurs et de certaines formes qui dessinent plus avantageusement le corps.

Une fois accordé que la parure ajoute à la beauté, la cause des habits est gagnée; nous avons naturellement une sorte de reconnaissance pour l'homme qui nous offre un aspect agréable à reposer les yeux, tandis que celui qui se montre peu soucieux de sa beauté se montre aussi peu désireux de nous plaire et de nous attirer à lui, et par conséquent n'a pas droit à notre accueil ni à cette bienveillance vague qui précède les relations amicales.

Il n'est pas donné à tout le monde de discerner tout d'abord l'âme à travers l'enveloppe du corps. Il faut être Virgile pour savoir *tirer les perles du fumier d'Ennius*. Quelque belle que soit votre âme, vous ne pouvez vous en revêtir, et vous le pourriez, que vous ne voudriez ni l'exposer à tant de froissements, ni prostituer à tous ce qui n'appartient qu'aux amis.

Si vous repoussez de vous les regards, tel homme dont l'âme a avec la vôtre une sorte de confraternité, ne prendra pas la peine de s'en assurer, ou, s'il le fait, il aura une sensation désagréable : « Dans quel vilain vase ce parfum a-t-il été renfermé ! »

Tandis que la beauté qui arrête agréablement les yeux fait désirer que l'âme, dont elle est comme l'enseigne, vienne compléter le charme ;

Comme on désire qu'un bel oiseau ait une voix mélodieuse.

Une fleur éclatante un suave parfum.

Il nous semble une niaiserie et une affectation ridicule de feindre de mépriser la beauté du corps comme on le fait ordinairement. D'une part, ce mépris est simulé, car autant l'on s'occupe peu de parer et de cultiver l'âme, autant on soigne, on lave, on parfume le visage et les mains, on se met des fausses dents et de faux cheveux, on se peint des veines et des sourcils, on met du blanc et du rouge.

Le peu de préceptes que l'on prend la peine de connaître pour régler sa nature morale sont méprisés et nullement suivis ; les meilleurs ne sont pas estimés à l'égal du dernier cosmétique, et Guerlain le parfumeur a plus de clients que n'en ont à eux tous les philosophes de cette ville.

D'autre part, ce mépris feint pour les avantages physiques, vient, selon nous, de ce que, si l'on en est dépourvu, il est assez difficile de se les attribuer, tandis que, pour les qualités du cœur, il suffit, pour être cru par le plus grand nombre, de dire : « Je suis sensible, généreux, brave, franc, etc. » On ne fait semblant de mépriser la beauté que parce qu'on ne peut pas persuader aux autres que l'on est beau, comme on leur persuade que l'on est vertueux ; la beauté est, dans le domaine des sens, le juge qui trompe le moins l'homme ; la vertu est hors de leur domaine.

La plupart des hommes sont obligés de vous croire sur parole si vous leur dites que vous êtes vertueux ; ils n'ont pas la même confiance si vous dites que vous êtes beau. Le mépris pour la beauté est le mépris du renard pour les raisins qu'il ne peut atteindre.

Nous ne voyons pas de cause à la préférence que l'on accorde à la beauté morale sur la beauté physique, en admettant que le mépris pour la dernière soit véritable.

Parce qu'une rose a un suave parfum, faut-il mépriser son feuillage dentelé et épais d'un si beau vert, ses pétales d'une couleur si fraîche et si tendre, humide de rosée, de fraîcheur et de jeunesse ?

Parce qu'un oiseau a un chant harmonieux, faut-il ne pas s'apercevoir que son plumage est éclatant, que son œil est vif et que ses ailes entr'ouvertes au vent sont brillantes ?

Et encore, quand l'oiseau est caché sous les feuilles, sa voix peut prévenir en sa faveur avant qu'on l'ait aperçu ; le vent du soir peut vous apporter de loin le parfum de la rose cachée dans un buisson ; mais chez l'homme les qualités du cœur sont cachées ; il faut, comme dit un vieux proverbe, *avoir mangé avec un homme un boisseau de sel pour le connaître.*

Il serait donc stupide de rejeter des avantages qui attirent à vous et donnent le désir de connaître ce que vous avez de bon au dedans.

Nous n'avons pas voulu ici prouver que la beauté est une chose bonne et estimable. Tout le monde est de notre avis quoi qu'on en dise ; nous avons seulement cherché à établir que l'on peut avouer que l'on tient à être beau, que l'on peut dire : « J'ai le nez bien fait, » comme on dit : « J'ai du sang-froid : » « J'ai de jolis yeux, « comme : « J'aime tendrement mes amis. »

Nous ajouterons qu'il y a entre la beauté du visage et celle de l'âme une sorte de corrélation sympathique, et qu'un homme d'esprit ou un homme de cœur n'est jamais bien laid, et a une beauté à lui particulière.

Ceux qui nous connaissent personnellement seront peut-être surpris que nous, qui avons la triste habitude d'inspirer presque toujours un grand éloignement aux personnes qui nous voient pour la première fois, nous fassions l'éloge de la beauté, comme un prisonnier parlerait de la liberté.

La beauté étant admise comme une chose bonne et utile, et la parure ayant évidemment le pouvoir de l'augmenter, la parure est donc d'elle-même une chose également bonne et utile.

L'homme mal habillé inspire de la pitié ou de la répugnance aux indifférents, et chagrine ses amis, et lui-même, se voyant l'objet d'une sorte de mépris, a des manières âpres et haineuses, ou, se sentant au-dessous des autres, devient timide et maladroit.

Il faut avoir des habits.

Quand on devrait les voler, car les gendarmes, les huissiers, les jurés, le procureur général auront plus d'égards pour vous sur la sellette des accusés, si vous êtes bien mis que si vous êtes déguenillé, et votre tailleur même sera plus poli et plus accommodant si vous lui refusez de l'argent, ayant sur vous l'habit neuf que vous lui devez.

CXVI

Un jour de décembre, à l'hôtellerie du *Cheval noir*, quatre hommes étaient assis à une table dans un coin.

Tous les buveurs étaient partis, les lampes éteintes, et les garçons de l'hôtellerie bâillaient et se frottaient les yeux, car l'heure où ils se couchaient d'ordinaire était depuis longtemps passée.

Mais les quatre étrangers avaient des droits évidents au respect de l'hôte ; les plats vides couvraient la table, et un nombre prodigieux de pots de bière, les uns vides, les autres pleins, attestaient qu'ils étaient là depuis longtemps, et que leur écot récompensait le maître de la fatigue de ses garçons.

Les buveurs, au milieu d'épais nuages de tabac, parlaient entre eux à demi-voix.

— Cinquante florins pour attaquer une voiture, recevoir quelques coups de canne et nous en aller chacun chez nous ; *mein Gott!* c'est une affaire d'or.

— Tu vois les choses en beau. Qui sait si les gens de la voiture ne seront pas armés, si demain quelqu'une des places que nous occupons à cette table ne sera pas vide à l'heure du souper?

— Il n'y aura qu'une femme, son mari et le cocher, et personne ne sera armé. D'ailleurs, n'avons-nous pas, quand on a réparé le clocher de la ville, exposé cent fois notre vie pour un demi-florin par jour?

— Et toi, dit le premier interlocuteur à un de ses compagnons qui avait la tête dans les deux mains, que penses-tu?

— Je pense que, si nous ne sommes pas des imbéciles, l'affaire peut être excellente pour nous.

— Comment?

— Celui qui nous a payés pour attaquer la voiture nous a dit que l'homme et la femme revenaient du bal! L'eau ne vous vient-elle pas à la bouche en songeant aux belles bagues, aux bracelets et au collier dont elle sera parée? Si nous pouvions nous emparer de tout cela et de la bourse du mari!

— Par les crânes des onze mille vierges qui sont à Cologne dans l'église Saint-Pierre, l'idée est grande et belle, mais l'exécution est difficile.

— Nullement. Quoi qu'il arrive, celui qui nous paye ne pourra nous dénoncer sans se dénoncer lui-même ; nous devons aller attendre la voiture à une heure un quart dans le petit bois, il faut arriver une demi-heure plus tôt et l'attaquer presque à la sortie de la maison de campagne du baron : ensuite, si jamais nous rencontrons notre homme, nous jurerons que tout est arrivé par sa faute, qu'il s'est trompé d'heure et de lieu, et que nous avons volé ses gens pour garder une contenance.

— Mais il est possible qu'il nous ait devancés au rendez-vous et que les cris l'attirent.

Nous bâillonnerons les bavards, et, s'il arrive, on lui donnera par distraction un coup de bâton sur la tête, juste ce qu'il faut pour l'étourdir sans le tuer.

— Tope là !

— Partons.

Il faisait un froid singulièrement piquant, le vent du nord faisait entre-choquer les branches nues des arbres.

Stephen, depuis longtemps déjà, tenant son cheval par la bride, se promenait pour réchauffer ses pieds engourdis ; il fit sonner sa montre.

— Minuit et demi ; encore trois quarts d'heure : c'est effrayant ! il y a de quoi mourir de froid. Magdeleine sera à moi, se disait-il ; la posséder est aujourd'hui le seul but de ma vie ; il me semble maintenant que l'air remplit mieux mes poumons, que ma vie est plus pleine ; la vengeance aussi est une bonne chose ; elle sera à moi !

Et encore il fit entendre un cruel ricanement.

— Ce n'est peut-être pas un mal, ajouta-t-il, de ne l'avoir pas épousée, car il est certain que ce que j'aimais, ce n'était pas elle, c'était une belle et poétique fille de mon imagination ; ce qu'elle aimait aussi, c'était le résultat de ses rêves de jeune fille.

» Et ce qui me le prouve, c'est que, si je l'avais vue manger seulement, si je l'avais vue soumise aux mêmes besoins et aux mêmes nécessités que les autres femmes, mon amour eût été froissé ; Magdeleine à moi ne m'eût donné qu'un cruel désenchantement de chaque jour ; de même, elle voyait en moi plus qu'un homme ; sitôt qu'elle aurait vu que je ne suis rien de plus que les autres, elle ne m'aurait plus aimé. L'amour que nous avions l'un pour l'autre était un culte semblable à celui que l'on donne à Dieu.

» Au bout d'un an, nous nous serions haïs.

» Mais, comme nous n'avons pas été l'un à l'autre, comme nous nous sommes tenus à une assez grande distance l'un de l'autre pour que l'on ne pût distinguer les inégalités de la peau, je suis toujours pour elle cet homme poétique et exalté, ce héros de roman qu'elle aimait ; et je dois revenir dans ses rêveries avec d'autant plus d'avantages qu'elle a eu un homme à elle, qu'elle l'a vu comme elle m'aurait vu, si elle avait été ma femme, avec toutes les faiblesses et tout le prosaïque de l'humanité ;

» Que, toujours de loin, je n'ai rien perdu de ma grandeur, que la petitesse de celui qu'elle a vu de près doit accroître encore à ses yeux.

» Et il faut qu'elle remplisse ma vie, c'est pour moi un besoin invincible; et ces folies, ces extravagances auxquelles je me suis livré par ces derniers temps, n'étaient pour moi qu'un prétexte de faire du bruit pour être entendu d'elle.

» Magdeleine sera à moi. »

A ce moment, des cris se firent entendre; il se jeta sur son cheval, et, au galop, courut vers l'endroit d'où ils semblaient partir.

C'était la voiture d'Edward, que quatre hommes entouraient; le cocher fouettait ses chevaux de toutes ses forces, mais un coup de bâton le renversa de son siège: Stephen s'élança au milieu des brigands, persuadé que sa présence les ferait fuir, selon qu'ils en étaient convenus. Edward était tenu par deux hommes dans la voiture, tandis qu'un autre essayait d'enlever les bagues des doigts de Magdeleine évanouie.

Stephen donna un coup de cravache à ce dernier, mais celui qui avait renversé le cocher vint par derrière lui asséner sur la tête un coup de bâton.

Le hasard, le chapeau de Stephen ou un mouvement fit que le coup tomba sur l'épaule et la lui brisa plus d'à moitié. Furieux, il saisit un pistolet et étendit le brigand à ses pieds; un second coup, tiré sur celui qui dépouillait Magdeleine ne l'atteignit pas, mais lui fit prendre la fuite; le cocher s'était relevé, et les deux autres brigands suivirent leur camarade.

La supercherie de Stephen avait manqué; mais le résultat était le même : il s'agissait pour lui de renouer avec Edward pour revoir Magdeleine.

Ce ne fut qu'à sa voix que Magdeleine le reconnut; il fut comblé de remerciments.

— Je me féliciterais, dit-il, de l'heureux hasard qui m'a amené à votre secours si je croyais au hasard; laissez-moi croire qu'un instinct secret et sympathique m'a averti du danger que couraient mes amis.

Puis on continua la route sans parler.

Chacun des trois personnages avait le cœur, ou l'esprit au moins, assez plein de pensées et d'émotions.

Edward n'était pas fâché de voir Stephen : leur ancienne amitié n'avait pu manquer de laisser des traces. Stephen était riche et lié avec tout ce qu'il y avait de mieux dans la ville; mais il craignait que son amour pour Magdeleine n'eût laissé quelque étincelle sous la cendre.

Magdeleine, qui plus d'une fois, dans son cœur, avait comparé Edward à Stephen et n'avait pas trouvé dans le premier cet amour exalté et poétique que l'autre exprimait si bien, était émue à la fois de crainte et de plaisir. Cet amour, qui avait survécu au temps et à l'abandon, et dont il venait de lui donner une nouvelle preuve, flattait, sinon son cœur, du moins sa vanité; mais, quand, à la lueur incertaine de la lune, elle aperçut sa pâleur et la maigreur de ses joues, elle songea à tout ce qu'il avait souffert pour elle, il lui sembla qu'il venait lui demander compte de ses douleurs, et de ses nuits sans sommeil, et de ses larmes.

Cependant elle pensa qu'Edward était son mari et son protecteur; elle se reprocha ce moment d'intérêt qe'elle avait senti pour Stephen, elle se rapprocha d'Edward et pencha la tête sur sa poitrine.

Pour Stephen, la présence de Magdeleine, sa voix, tout lui semblait une image fantastique; il n'osait respirer de peur que son souffle ne la dissipât et ne la fît évanouir. Il était presque fâché de sa supercherie; mais le mouvement que fit Magdeleine pour se rapprocher d'Edward lui fit froncer le sourcil, et on eût vu sur sa figure un ricanement muet. Arrivés à la ville, ils se séparèrent; Edward tendit la main à Stephen.

CXVII

UN AMI

Stephen souffrait de son bras, il ne put dormir; et, d'ailleurs, les caresses affectueuses de Magdeleine pour Edward lui déchiraient les entrailles; il lui semblait les voir dans les bras l'un de l'autre; il se rappela son amour et ses souffrances, les promesses de Magdeleine et le jour de son mariage avec Edward.

» — Il faudra bien que quelqu'un paye tout cela, dit-il, et encore la force que j'ai eue hier de ne pas briser cette main que je tenais dans la mienne.

Edward entra, son accueil fut embarrassé; Stephen le prévint, et, après quelques instants d'une conversation insignifiante, lui dit :

— Tu m'as vu bien fou, mon cher Edward, ne voulant écouter ni ta raison ni celle de mes autres amis, qui me disaient que mon amour était une fièvre qui se consumerait elle-même.

» Je suis guéri : j'ai vu hier ta femme sans la moindre émotion ; la douleur de mon bras m'a empêché de dormir, je me suis examiné, et mon amour est bien mort. Ce n'était pas elle que j'aimais, c'était un vain songe, il s'est évanoui ; je n'ai plus vu en Magdeleine que ta femme, et l'affection que je me sens disposé à avoir pour elle n'est qu'un reflet de notre ancienne amitié à nous deux.

» Assez longtemps je me suis éloigné de mon ancien ami ; j'ai voulu goûter tout ce qu'il y a dans la vie ; j'ai vu que la seule chose vraiment bonne est l'amitié, et je suis heureux de pouvoir me rapprocher de toi sans danger pour ma tranquillité. »

Les deux amis se serrèrent la main et se rappelèrent leur joyeuse pauvreté, et les jours plus éloignés encore de leur enfance, et le voisin dont ils volaient les pommes, et le précepteur dont ils brisaient le fauteuil et cachaient la perruque, et la vieille servante qu'ils enfermaient dans la cave.

Le lendemain, Stephen reçut d'Edward et de sa femme une invitation à dîner. Il montra une douce et aimable gaieté ; il y avait du monde ; son esprit fut très-goûté. On dansa : il ne savait pas danser ; il vit avec dépit qu'Edward, qui dansait fort bien, prenait un avantage sur lui.

Le soir, il sortit ; ses nerfs étaient dans une horrible agitation par suite de la contrainte qu'il s'était imposée ; son air riant disparut de son visage comme un masque qu'il eût ôté avec sa main.

« — Ils n'ont pas eu de pitié de moi ; ils ont eu la cruauté de s'embrasser devant moi. Malédiction ! ils ne savent pas ce qu'ils m'ont fait de mal ; j'ai eu la force de le cacher, car il faut arriver à mon but. »

Le lendemain matin, il fit appeler un maître de danse et un maître de chant.

Edward de son côté s'était d'autant plus volontiers rapproché de Stephen qu'il le savait riche et se proposait de lui emprunter de l'argent pour rétablir ses affaires, qui étaient fort dérangées.

CXVIII

Stephen voyait Edward et sa femme presque tous les jours ; le soir, en les quittant, il savait qu'ils allaient se coucher, et il avait une peine incroyable à cacher la fureur qui le brûlait.

Il s'était fait présenter dans leurs sociétés ; il dansait et chantait agréablement ; personne n'était mieux mis que lui, n'était mieux informé des nouvelles et ne les racontait avec plus d'esprit, et, quand il arrivait tard dans un salon, il trouvait tout le monde désœuvré et ne sachant que faire sans lui.

Sa fortune et son esprit lui avaient procuré les plus brillantes connaissances.

Le frère de l'électeur, auquel il avait rendu un petit service, avait parlé de lui à son frère, qui l'avait invité à aller passer quelque temps à la résidence.

Il s'était concilié l'amitié des artistes et des littérateurs ; il ne paraissait pas un livre nouveau qu'il ne l'eût le premier pour le faire lire à Magdeleine ; pas un opéra n'était représenté qu'il n'eût une loge à offrir à Edward et à sa femme. Par moments, Edward se défiait de cet empressement ; mais il ne le voyait faire aucune impression sur l'esprit de Magdeleine, et, d'ailleurs, il devait beaucoup d'argent à Stephen, et il se voyait sur le point d'être obligé de lui faire de nouveaux emprunts.

CXIX

MAGDELEINE A SUZANNE

Je ne sais si c'est à ton absence, chère Suzanne, que je dois attribuer l'ennui que j'éprouve ; ce n'est pas bien de m'abandonner ainsi ; voilà tantôt trois mois que tu es à la résidence, et tu ne m'as écrit qu'une mauvaise petite lettre de dix lignes.

Je ne puis comprendre ce que j'ai, Suzanne ; je ne souffre pas, mais je suis découragée.

Je suis aussi heureuse avec mon mari qu'il est possible de l'être ; je ne vois aucune autre femme qui le soit plus que moi, et je ne sais trop ce que je pourrais demander de plus ; il m'aime et se montre pour moi bon, complaisant et empressé; je ne forme pas un désir qu'il ne s'occupe de le satisfaire; les femmes me félicitent et me portent envie.

Et pourtant je me sens amèrement découragée; l'âme d'Edward n'est pas en harmonie avec la mienne; il y a une foule de mes sensations que je ne puis lui communiquer, parce qu'il ne les comprendrait pas ; il n'y a rien en lui qui exalte et échauffe l'imagination et qui inspire l'amour. J'ai pour lui une bonne et tendre affection; mais il ne peut alimenter l'amour, et il ne peut même servir à l'amour de prétexte suffisant, car lui-même il n'a ni exaltation ni poésie; il m'aime tranquillement et à son aise; l'amour a sa place marquée dans sa vie et ne dépasse jamais les bornes : il n'y pense que quand il est au lit.

J'ignore si toutes les femmes sont comme moi, ma chère Suzanne; mais cela ne suffit pas à mon cœur, que je sens douloureusement mourir d'inanition. J'ai un époux qui m'aime et que j'aime, et cependant je ne puis partager avec lui toute ma vie, il faut que je garde pour moi seule certaines peines et certains bonheurs qu'il ne pourrait comprendre et qu'en souriant il traiterait de rêves et de folies.

CXX

SUZANNE A MAGDELEINE

Ta lettre m'inquiète, Magdeleine; comment se fait-il que jusqu'à ce jour tu n'aies pas senti ce vide dont tu te plains, et que tu t'en avises quand, depuis deux mois, ton ancien amant est auprès de toi?

Comment se fait-il que tu ne me parles pas de lui? C'est pourtant une chose qui a quelque importance.

Comment se fait-il aussi que tu ne me parles pas de ton enfant, de l'enfant d'Edward?

J'ai peur, Magdeleine, car ce qui autrefois était une folie, serait aujourd'hui une folie plus grande encore, et, de plus, un crime.

Mais je suis folle de m'inquiéter ainsi et de te faire part de mes inquiétudes à propos d'une lettre que tu auras peut-être écrite un jour de mauvais temps et de mal de tête.

Rassure-moi et écris-moi souvent, car nous passerons la fin de l'été à la résidence; les occupations de mon mari le retiennent auprès de l'électeur.

CXXI

MAGDELEINE A SUZANNE

Tu me fais injure, Suzanne, de croire que j'use avec toi de dissimulation. Il faudrait que je fusse bien folle de renoncer ainsi à une amitié qui a toujours été pour la plus grande part dans ce que j'ai eu de bonheur.

Non, dans mon vague ennui, la présence de celui que tu appelles mon ancien amant n'est pour rien.

Il est devenu raisonnable, et l'amitié qu'il nous témoigne, à Edward et à moi, n'a rien qui puisse alarmer. Je te l'avouerai, à toi, femme, que ses succès dans le monde, le rang qu'il y occupe par son esprit et son caractère, peuvent justement rendre un peu fière la femme qui a été aimée de lui comme je l'ai été, car il m'aimait bien, ma bonne Suzanne!

Il est peu changé; seulement, le chagrin paraît avoir laissé sur son visage des traces profondes. Il y a du deuil dans ses yeux incertains, dans ses habitudes de corps nonchalantes, dans sa voix qu'il semble laisser tomber de sa bouche sans dessein. Mais, quand il s'anime, quand quelque chose va à son cœur ou à son esprit, son regard, comme autrefois, brille comme un éclair.

Ce qu'il y a de plus remarquable en lui, c'est son sourire. Quand il vient colorer son visage, ce n'est plus le même homme; ce sourire fait l'effet du soleil sur la verdure. Comme le bonheur l'aurait rendu beau, Suzanne! Il y a quelques jours, une femme remarquait combien il y a de jeunesse dans ce sourire.

— C'est vrai, dit-il en souriant encore, mais amèrement : mon sourire est jeune, je m'en suis si peu servi! »

Non, ma Suzanne, il n'est pour rien dans ma tristesse; j'éprouve au contraire un grand plaisir à le rendre heureux par notre amitié. Tout ce que je peux lui donner de bonheur me paraît une restitution et une expiration de ce qu'il a souffert à cause de moi.

Il n'y a pas d'amour possible entre lui et moi. Mon Edward et mon enfant me protégeraient contre le danger, si le danger se montrait.

Stephen est pour nous un bon ami, et l'affection que lui témoigne Edward m'est un sûr garant qu'il ne voit pas plus de danger que moi.

C'est donc ainsi que toi, et ton mari, que je déteste, vous sacrifiez l'amitié à la fortune et à l'ambition? Je suis bien tentée de te détester aussi. Mais qui aimerais-je, ou du moins qui aussi bien que toi comprendrait mon cœur et toutes mes folies?

CXXII

Voici ce qui avait confié à Magdeleine une partie des souffrances de Stephen.

C'était dans un salon, il était tard : une grande partie des conviés était partie ; le peu de personnes qui restaient s'étaient resserrées autour de l'âtre, et on en était venu à causer plus intimement. La franchise de Stephen avait excité celle des autres, et chacun racontait des histoires qui lui étaient personnelles.

Quand ce fut au tour de Stephen, il reprit les derniers mots d'Edward, qui avait raconté gaiement quelques-unes des anecdotes de leur bonne et insouciante pauvreté.

— Non, dit Stephen, la pauvreté n'est pas toujours une bonne chose, et j'ai le droit de le dire, moi qui en ai souffert pendant presque toute ma vie, moi qui suis son élève et qui n'ai d'instruction que celle qu'elle m'a donnée.

» Mon père, qu'un emploi lucratif eût pu mettre dans l'aisance, par des habitudes de désordre, vivait dans une sorte de pauvreté ; ma mère était morte peu de temps après la naissance de mon jeune frère ; une vieille servante la remplaçait près de nous.

» Notre logis avait toute l'apparence de l'aisance et même d'une sorte de luxe, et nous avions quelquefois des bouffées d'opulence pendant lesquelles l'argent se dépensait avec une ridicule prodigalité ; puis, pendant longtemps, on retombait dans un état voisin de l'indigence : mon frère et moi, nous étions mal habillés et mal nourris, souvent nos souliers étaient percés, nos pantalons déchirés et rapiécés et notre linge sale.

» On nous envoyait à l'école, et nos petits camarades nous méprisaient ; le maître d'école lui-même nous punissait plus que les autres : mon frère, qui était plus jeune que moi (nous étions alors tout petits), avait pour tout cela une entière insouciance.

Je crois le voir encore avec ses yeux bruns petillants, ses bonnes grosses joues, ses cheveux blonds, fins comme de la soie et tout bouclés : il était si gai, si joueur, qu'on lui pardonnait le plus souvent sa pauvreté, le maître lui montrait quelque affection, et ses camarades jouaient volontiers avec lui ; mais moi, j'étais fier et je sentais douloureusement retomber sur mon cœur le mépris qu'on laissait percer pour nous; il s'amassait en moi de longs ressentiments, et la moindre chose m'exaspérait et me mettait en fureur ; j'étais à l'affût de toutes les humiliations, et je n'en laissais pas passer une.

» Comme nous étions mal habillés, s'il venait des parents voir les élèves, on nous faisait mettre derrière les autres et dans le coin le plus obscur. Le dimanche, tous les autres enfants avaient des habits de fête ; nous, c'est tout au plus si l'on nous mettait une chemise blanche, et le maître nous donnait des punitions pour avoir un prétexte de ne pas nous mener à la promenade avec les autres; mon frère profitait de cela pour courir après les poules et atteler les lapins à de petits chariots; moi, je pleurais dans un coin. Il venait m'embrasser et me disait : « Qu'as-tu donc, Stephen ? »

» Tous les autres enfants apportaient des paniers bien garnis de nourriture et de friandises pour leur repas du milieu du jour; nous, très-souvent, nous n'avions pas suffisamment pour nous nourrir. Mon petit frère était si joli, si gai, le voir souffrir m'aurait déchiré le cœur horriblement; une larme de lui m'aurait donné envie de me tuer; je faisais semblant de n'avoir jamais faim pour lui en laisser davantage ; et puis, comme il n'était pas comme moi hargneux et querelleur, ses camarades partageaient avec lui des friandises ; il m'en apportait la moitié; mais pour rien au monde, tout petit que j'étais, je n'aurais consenti à profiter de la libéralité de nos camarades que je n'aimais pas.

» Encore, quand on jouait, quand on luttait, je me tenais à l'écart; je refusais obstinément de prendre part aux jeux des autres, parce que je savais que mes vêtements, déjà vieux et usés, se déchiraient facilement et que je n'en avais pas d'autres pour les remplacer ; les autres disaient que j'étais poltron et que je n'osais ni lutter ni jouer avec eux. Jamais nous n'avions les livres nécessaires pour apprendre les leçons que l'on nous donnait; mon frère les apprenait mal ou point, et souvent ses camarades lui donnaient des livres; moi, j'étais forcé d'emprunter un livre et d'apprendre pendant le temps de la récréation. Quelquefois on ne voulait pas m'en prêter; alors je ne savais pas ma leçon : rien n'aurait pu me décider à dire que nous n'avions pas d'argent pour acheter des livres; la pitié des autres m'aurait fait mourir : je disais que je les avais perdus ou déchirés, et l'on me mettait en prison, et là je pleurais encore.

» Et mon pauvre petit frère, à travers les fentes de la porte, venait me consoler et rire, et me raconter les bons tours qu'il jouait aux camarades, et je tâchais que ma voix ne trahit pas que je pleurais, car il aurait pleuré aussi, et les larmes n'allaient pas à sa bonne petite figure si gaie; je me sentais fort, et j'aurais mieux aimé porter du chagrin pour deux que de lui en voir à lui.

» Ainsi je n'ai pas eu d'enfance : le bon rire, les jeux, l'insouciance, je ne connais rien de tout cela.

» Plus tard, j'ai vécu avec Edward dans une pauvreté bien gaie; mais depuis, seul, j'ai senti la faim, la faim qui déchire la poitrine, qui abat et décourage, qui fait voir le soleil et les jours ternes, qui ôte toute la force de sentir, qui empêche de croire à des jours meilleurs.

» Et c'est ma pauvreté qui a causé la mort de mon frère, de mon Eugène !

A ce moment, Stephen, qui avait commencé son récit presque gaiement, s'arrêta, mit son mouchoir sur sa bouche; mais bientôt des sanglots convulsifs s'échappèrent; il se leva, demanda sa voiture et s'enfuit.

CXXIII

Un matin, Stephen reçut d'Edward un billet dans lequel il lui apprenait qu'un rhume très-fort le retenait chez lui et l'empêchait de faire la partie qu'ils avaient projetée d'aller patiner ensemble.

Stephen se trouva contrarié ; il patinait fort bien et Edward pas du tout, et il n'avait proposé cette partie que pour prendre sur Edward un avantage aux yeux de Magdeleine : non qu'il pensât qu'une femme se décide à aimer un homme parce qu'il patine mieux qu'un autre, mais il était persuadé que tout *triomphe*, quelque petit, quelque momentané qu'il soit, intéresse toujour une femme, et que, ne pouvant y prétendre par elle-même, elle aime à s'associer à ceux des hommes et à mettre sa tête sous la même couronne, qu'elle soit en or ou en gazon ; et, d'ailleurs, une suite de petites impressions finit par faire comme la goutte d'eau qui, tombant sans cesse, creuse le marbre le plus dur.

Il arriva chez Edward, et, à dessein, avait choisi le vêtement qui lui seyait le mieux.

Edward, en effet, avait la tête enveloppée de bonnets et de serviettes, et il était impossible de ne pas faire involontairement une comparaison entre lui et Stephen, bien fait, svelte et dégagé.

— Il fait un temps superbe, dit Edward, et je suis bien fâché de priver Magdeleine du spectacle des patineurs. Si tu étais bien bon, Stephen, tu la conduirais.

Stephen fut fâché de cette marque de confiance ; il lui sembla qu'il combattait un ennemi sans armes, et il cherchait un prétexte de refus quand Edward, attirant Magdeleine à lui, les deux époux s'embrassèrent tendrement.

Cet aspect ralluma son ressentiment, et il répondit qu'il serait plus convenable de l'accompagner seulement à cheval, et, pendant que l'on apprêtait la voiture d'Edward et que Magdeleine se revêtait de fourrures, il alla faire seller son cheval, son beau cheval gris.

Puis il accompagna Magdeleine, chevauchant à la portière de sa voiture ; et les gens les plus considérables de la ville le saluaient, et les femmes lui souriaient avec complaisance.

Il ne patina pas ; Schmidt, le cousin de Madeleine, les aborda et lui dit :

— Pourquoi donc ne patinez-vous pas, Stephen ? vous effaceriez les plus habiles de tous ceux qui sont ici.

Il fit une réponse évasive ; mais Magdeleine comprit que c'était pour ne pas la quitter.

Au retour, les yeux s'arrêtèrent sur son beau cheval, qu'il maniait avec autant de grâce que d'adresse ; plusieurs personnes l'abordèrent, tout le monde paraissait l'aimer et le vénérer.

Il dit à Magdeleine :

— Le pauvre Edward a dû s'ennuyer ; je le plains surtout d'être obligé de s'affubler ridiculement de bonnets et de serviettes ; il ne pourrait se regarder dans une glace sans rire de lui-même.

Il salua Magdeleine et partit en caracolant, fort content de l'impression qu'il laissait.

Le lendemain il alla trouver Schmidt.

CXXIV

POURQUOI STEPHEN ALLA TROUVER SCHMIDT AUX CHEVEUX BLONDS, LE COUSIN DE MAGDELEINE

Voici pourquoi Stephen alla trouver Schmidt aux cheveux blonds, le cousin de Magdeleine.

Schmidt n'était pas un méchant homme ni un homme de mauvaise foi ; ce n'était pas un querelleur, ni un menteur, ni un fat.

Ce n'était pas non plus un calomniateur, ni un voleur, ni un traître.

C'était pire que tout cela.

Schmidt était un homme nul, sans caractère à lui, sans individualité, semblable à un mauvais miroir qui reproduit tout ce qui passe devant lui en l'altérant et le gâtant.

Comme il n'était pas un homme complet, il prenait un peu de l'individualité de l'un, un peu de celle de l'autre, imitant et copiant servilement ceux qui lui semblaient avoir des succès dans le monde.

Depuis longtemps, Stephen l'avait séduit, et surtout depuis que, suivant sa résolution de reconquérir ses droits sur Magdeleine, il s'était placé au premier rang de la société.

Il empruntait à Stephen sa démarche, sa mise, ses idées, ses inflexions de voix et jusqu'à ces tournures de phrases et ces mots que l'on affectionne sans le savoir et dont on se sert habituellement.

Ses vêtements étaient semblables à ceux de Stephen, ses cheveux arrangés, sa cravate nouée de la même manière ; il s'emparait de ses opinions politiques et littéraires, de son jugement sur tout.

Il était devenu le reflet de Stephen.

De sorte que beaucoup de gens trouvaient qu'ils se ressemblaient, les croyaient deux amis intimes, et jugeaient Stephen d'après Schmidt, accoutumé que l'on est à chercher des rapports d'humeur, de caractère et d'esprit entre deux amis.

Que très-souvent, si Stephen donnait son avis sur quelque chose, on lui disait : « C'est singulier, vous pensez là-dessus comme M. Schmidt, » ou : « Tiens ! vous vous êtes fait faire un pantalon semblable à celui de M. Schmidt. — Vous vous coiffez comme M. Schmidt. — Vous ressemblez prodigieusement à M. Schmidt. — Vous jurez comme M. Schmidt. »

C'est en vain que Stephen changeait ses habits à mesure que Schmidt les imitait ; et, d'ailleurs, il ne pouvait changer ses opinions aussi facilement.

Un jour, Stephen lui avait dit : « Je ne connais rien de bête et de creux comme l'imitation et le plagiat.

Schmidt n'avait pas vu là un reproche ; il n'avait vu qu'une idée dont il pouvait faire son profit.

Quelques jours après, dans un salon, Schmidt lui dit tout haut : « Dites-moi, Stephen, connaissez-vous rien d'aussi bête et d'aussi creux que l'imitation et le plagiat ? »

Stephen rougit d'impatience.

Des assistants pensèrent que c'était de la part de Schmidt une manière de lui reprocher la ressemblance qui existait entre eux et que le plagiaire était Stephen.

Les ridicules qui se trouvaient en Stephen, adoptés par Schmidt et chargés par lui, paraissaient plus évidents et choquaient davantage, et, ne les eût-il pas chargés, il y a tels défauts qui complètent l'ensemble d'une organisation, qui sont la conséquence de telles qualités correspondantes, lesquelles ne peuvent exister indépendamment de ces défauts : ce sont des défauts absolus, mais non relatifs, et on ne s'en aperçoit pas ; mais, si un autre s'en empare et les montre séparés de ce qui les encadrait, ils paraissent laids et nus.

C'est une chose précieuse que l'individualité. Nous ne comprenons pas comment on peut désirer de ressembler à quelqu'un. Il vaut mieux n'être rien et être soi qu'être la charge, ou la caricature, ou même une épreuve pâle d'un grand homme ; il serait désespérant de ressembler à Napoléon, ou à Voltaire, ou à Byron.

Parce que, alors, chaque fois que l'on penserait à vous, on penserait aussi à celui auquel vous ressemblez, et l'esprit, **même** involontairement, ferait une comparaison.

C'est ainsi qu'une femme d'une médiocre beauté ferait mal de se montrer toujours auprès d'une femme extrêmement belle. C'est ainsi qu'il est désagréable de sortir avec un homme haut de six pieds.

Et quand, pour avoir votre individualité à vous, vous avez retranché de vous tout ce qui ne vous appartient pas, vous avez émondé tout ce qui a pu être greffé sur vous, et vous vous êtes fait petit et grêle pour ne pas avoir une hauteur et un embonpoint d'emprunt, il est exaspérant au dernier point qu'il arrive un parasite vous prendre la moitié du peu que vous avez.

Vous n'avez pas voulu ressembler aux gens plus grands que vous en vous élévant jusqu'à eux : il vient un homme qui établit une ressemblance entre lui et vous en vous tirant par les pieds et vous abaissant jusqu'à lui.

Vous n'êtes plus un homme, il faut lui et vous pour faire un individu; il s'attache et s'enlace après vous malgré vous; il marche avec vous dans vos bottes; il entre avec vous dans votre peau, au risque de la faire crever ; il se sert de vos passions, de vos vices, de vos peines, de vos plaisirs; de tout cela, vous n'avez plus que la moitié.

Si quelquefois il ne vous prend pas un tel dégoût de votre nature, qu'il usurpe et fait sienne, que vous aimiez mieux ressembler à un autre qu'à lui et que vous vous glissiez à votre tour dans la peau d'un autre, chassé que vous êtes par un usurpateur de vos habits, de vos goûts, de vos pensées, de vos sensations, de vos défauts, vous êtes comme un limaçon sans coquille.

L'homme qui vous expose à cette affreuse situation est votre plus mortel ennemi ; vous avez le droit de le tuer, car il dérange toute votre vie, il vous rend ridicule à vos yeux, et vous ôte l'esprit de vous-même.

Stephen arriva donc chez Schmidt et lui dit :

— Vous n'êtes pas riche ; j'ai à vous offrir une place de trois mille florins à Baden. Si vous n'acceptez pas, nous nous battrons demain et je vous tuerai.

Schmidt trouva l'offre bizarre, accepta la place et partit pour Baden deux jours après.

CXXV

Un jour, Stephen trouva Magdeleine occupée à écrire à Suzanne : à son aspect, elle cacha la lettre commencée, et ils parlèrent de choses insignifiantes.

Tout à coup les cris de l'enfant, qui était tombé, attirèrent Magdeleine hors de la chambre, et, pendant qu'elle apaisait le petit blessé et lui mettait des compresses, Stephen, qui avait remarqué où elle mettait la lettre, la prit et la lut rapidement.

MAGDELEINE A SUZANNE

« Tu as eu, je le crains trop, ma Suzanne, la prudence du chien de berger qui aboie quand un danger menace, mais qui ne peut dire quel est le danger. Tu avais tort de craindre pour moi la présence de M. Stephen, et c'est avec sincérité que je t'ai entièrement rassurée sur mon compte.

» Mais je ne suis pas aussi tranquille sur lui; il n'a pas, comme moi, des devoirs sacrés pour lui servir de garantie contre l'amour, et il peut ne pas regarder son amour comme un crime.

» Il m'aime encore, Suzanne ; je le crains et je le crois, et je dois prendre tes conseils à ce sujet... »

— Des devoirs sacrés ! dit amèrement Stephen ; tout me rappellera donc ma vengeance? Ses devoirs sacrés, ils sont un crime, un crime affreux qui m'a condamné aux plus longues et aux plus horribles tortures, et cet enfant qu'elle aime, pour lequel elle donnerait cent fois ma chair et mes os, dont un cri l'a fait pâlir !

» Cet enfant, il me rappelle qu'elle a été dans les bras d'un autre, qu'elle l'a conçu dans des transports de plaisir, qu'il est formé d'elle et de lui. Oui, oui, ma vengeance est légitime.

» Elle a peur de moi ; à cette crainte pour ma tranquillité succèdera bientôt la crainte pour la sienne, et que lui ferait ma tranquillité si elle ne commençait pas à m'aimer? Il faut la rassurer pleinement, et qu'elle ne voie le danger que quand elle sera assez enlacée pour ne pouvoir plus y échapper.

Le soir, il revint, et dans un instant, où il se trouva seul avec elle, il lui dit :

— Magdeleine! dans un moment d'égarement heureusement passé, j'avais gardé une de vos lettres ; comme il ne doit et peut plus exister entre nous qu'une bonne et sainte amitié, je vous la rends ; il faut la détruire.

Magdeleine déchira aussi la lettre commencée pour Suzanne.

Elle voulut lui faire part de ses nouveaux sujets de tranquillité et de confiance, mais elle ne put écrire et remit sa lettre à un autre moment.

Peut-être, malgré le plaisir que lui faisait l'assurance du calme de Stephen, était-elle, à son insu, blessée de la mort d'une passion dont elle était fière.

CXXVI

BEETHOVEN

— Les rives de la vie d'abord sont riantes et couvertes de verdure ; l'air est parfumé, les oiseaux chantent au bord dans les oseraies, et le soleil, qui se lève derrière les saules, promet une belle journée. Tandis que votre bateau glisse et que, croyant à l'avenir, vous accusez sa lenteur, votre âme et votre corps jouissent d'un bien-être qui fait trouver plaisir à vivre.

» Mais de loin ceux qui vous précèdent sur le fleuve vous crient, et leur voix rompt péniblement l'harmonie de l'eau qui balance les joncs et le feuillage qui frissonne.

» Ne vous livrez pas à ce plaisir qui charme vos sens : c'est une illusion, c'est une fantasmagorie ; tout cela va s'évanouir.

» Car eux, ils n'ont plus sur les rives qu'une herbe jaune et brûlée, de vieux sapins desséchés, et l'eau qui coule à peine, et les marais qui répandent de fétides exhalaisons ; ils voudraient remonter le courant ; mais aucune force humaine ne le peut ; ils croient que ses belles rives ont fui, qu'elles se sont transformées, non, ce sont eux qui ont passé ; elles restent pour ceux qui viennent après eux, qui passent comme eux. La vie est divisée en zones, espoir, jouissance, regret, et le courant vous entraîne irrésistiblement à travers ces zones, quelque vigoureux que vous soyez, il vous faut passer par où passent les autres. Vous voulez arrêter vos regards sur une plante, respirer l'odeur d'une fleur ; non, le courant vous entraîne, marchez. Le plaisir reste, c'est vous qui fuyez : l'aspect de la plante, le parfum de la fleur, le chant de l'oiseau, il y a derrière vous d'autres hommes qui en jouiront un instant, et qui, comme vous, passeront en les regrettant. »

Stephen, après ces paroles, s'arrêta et se chauffa la paume des mains devant l'âtre flamboyant.

Magdeleine était à l'autre coin de la cheminée ; quelques personnes étaient devant. Edward, au fond du salon, lisait, avec une inquiétude visible, des lettres qui lui étaient arrivées.

— Il faut, dit un des assistants, que vous soyez sorti de votre maison du pied gauche ce matin, ou que vous ayez rencontré une corneille, pour assombrir le coin du feu par des images d'autant plus tristes qu'elles sont vraies.

— Non, dit Stephen en laissant paraître sur sa figure un sourire passager comme un flocon de nuages sur le soleil d'été, je suis sorti à cheval et je n'ai rencontré personne qu'une jolie fille avec son amoureux, ce qui est un aussi bon présage que de voir des tourterelles ; mais ce qui me porte à la mélancolie, c'est une nouvelle que j'ai apprise hier soir.

Toutes les figures se tournèrent, tous les cous s'allongèrent vers Stephen.

— C'était la mort de Beethoven ; il est mort le 26 mars.

Un nuage passa sur les physionomies.

— Il n'a eu, continua Stephen, qu'un moment de bonheur dans sa vie, et ce bonheur l'a tué.

— Toute sa vie, pauvre, relégué dans la solitude par le mépris des autres et son caractère naturellement sauvage et aigri par l'injustice, il y composait la plus belle musique qu'un homme ait jamais faite. Il parlait dans cette belle langue aux hommes, qui ne daignaient pas l'écouter, comme la nature leur parle par cette céleste harmonie du vent, de l'eau, du chant des oiseaux. Beethoven est le vrai prophète de Dieu, car seul il a parlé le langage de Dieu.

» Et cependant son talent était méconnu à tel point, que lui-même a dû, plus d'une fois, et c'est pour l'artiste la plus atroce fortune, douter de son génie.

» Haydn lui-même ne trouvait pas pour lui d'autre éloge que de dire : « C'est un habile claveciniste. » Autant dire de Géricault : « Il broie bien les couleurs ; » autant dire de Gœthe : « Il ne fait pas de fautes d'orthographe, » ou : « Il a une belle écriture. »

» Il avait un ami, Hummel; mais la pauvreté et l'injustice irritaient Beethoven et le rendaient quelquefois injuste lui-même; il était brouillé avec Hummel, et depuis longtemps ils ne se voyaient plus ; pour comble de malheur, il était devenu complétement sourd.

» Alors Beethoven s'était retiré à Baden, où il vivait, tristement isolé, d'une petite pension qui suffit à peine à ses besoins. Son seul plaisir était de s'égarer dans une belle forêt qui avoisine la ville, et seul, livré à son génie, de composer ses sublimes symphonies, de laisser son âme s'élever au ciel en accents harmonieux, et de parler aux anges une langue trop belle pour les hommes, qui ne la comprenaient pas.

» Mais, au moment où il y pensait le moins, une lettre le ramena malgré lui sur la terre, où l'attendaient de nouveaux chagrins.

» Un neveu, dont il avait pris soin et auquel il s'était attaché par le bien même qu'il lui avait fait, lui écrivait qu'impliqué à Vienne dans une fâcheuse affaire, la présence seule de son oncle pourrait l'en tirer.

» Beethoven partit, et, pour ménager l'argent, fit une partie de la route à pied. Un soir, il s'arrêta devant une mauvaise petite vieille maison et demanda l'hospitalité; il avait encore plusieurs lieues pour arriver à Vienne, et ses forces ne lui permettaient pas de continuer la route ce soir.

» On l'accueillit, il prit part au souper et ensuite se mit au coin du feu sur le siége du chef de la famille.

» Quand la table fut enlevée, le maître ouvrit un vieux clavecin, et ses trois fils prirent chacun leur instrument, attaché à la muraille; la mère et sa fille étaient occupées à quelques travaux de ménage.

» Le père donna l'accord, et tous quatre commencèrent avec cet ensemble, ce génie inné pour la musique que les Allemands seuls possèdent. Il paraît que ce qu'ils jouaient les intéressait vivement, car ils s'y abandonnaient corps et âme, et les deux femmes quittèrent leur ouvrage pour écouter, et sur leurs figures naïves on voyait une douce émotion, on comprenait que leur cœur était serré.

» C'était toute la part que Beethoven pouvait prendre à ce qui se passait, car il ne pouvait entendre une seule note; seulement, à la précision des mouvements des exécutants, à l'animation de leur physionomie, qui faisait voir qu'ils sentaient vivement, il songeait à la supériorité de ces hommes sur les musiciens italiens, machines musicales bien organisées.

» Quand ils eurent fini, ils se serrèrent la main avec effusion, comme pour se communiquer l'impression de bonheur qu'ils avaient ressentie, et la jeune fille se jeta en pleurant dans les bras de sa mère.

» Puis ils semblèrent se consulter et reprirent les instruments ; ils recommençaient ; cette fois, leur exaltation était au comble; leurs regards étaient humides et brillants.

» — Mes amis, dit Beethoven, je suis bien malheureux de ne pouvoir prendre part au plaisir que vous éprouvez ; car, moi aussi, j'aime la musique; mais, vous vous en êtes aperçus, je suis sourd au point de n'entendre aucun son.

» Permettez-moi de lire cette musique qui vous fait éprouver une si vive et si douce émotion.

» Il prit le cahier, et ses yeux s'obscurcirent, sa respiration s'arrêta, puis il se mit à pleurer et laissa tomber le cahier;

» Car ce que jouaient les paysans, ce qui les enthousiasmait, c'était l'*allegretto de la symphonie en* la *de Beethoven*.

» Toute la famille se rassembla autour de lui, lui exprimant par signes leur étonnement et leur curiosité.

» Pendant quelques instants encore, des sanglots convulsifs l'empêchèrent de parler; puis il leur dit : « Je suis Beethoven. »

» Alors ils se découvrirent et s'inclinèrent avec un respect silencieux, et Beethoven leur tendait les mains, et les paysans lui serraient et lui baisaient les mains, comprenant que l'homme qu'ils avaient parmi eux était plus qu'un roi.

» Et ils le regardaient pour voir ses traits et chercher l'empreinte du génie, une glorieuse auréole autour de son front.

» Beethoven leur tendit les bras et ils l'embrassèrent tous, le père, la mère, la jeune fille et ses trois frères.

» Puis tout d'un coup il se leva, s'assit devant le clavecin, fit signe aux trois jeunes gens de reprendre leurs instruments, et il joua lui-même ce chef-d'œuvre. Ils étaient tout âme, jamais musique ne fut plus belle ni mieux exécutée.

» Quand ils eurent fini, Beethoven resta au clavecin et improvisa des chants de bonheur, des chants d'actions de grâces au ciel, comme il n'en avait pas composé dans toute sa vie.

» Une partie de la nuit se passa à l'entendre.

» C'étaient ses derniers accents.

» Le chef de la famille le força d'accepter son lit, mais la nuit Beethoven eut la fièvre ; il se leva, il sentait le besoin d'air ; il sortit nu-pieds dans la campagne. La nature alors exhalait aussi une majestueuse harmonie ; le vent faisait entre-choquer les branchages, ou s'engouffrait dans les allées, ou tournoyait en mugissant et rompant tout sur son passage. Il resta longtemps dehors. Quand il rentra, il était glacé. On alla à Vienne chercher un médecin ; une hydropisie de poitrine s'était déclarée. Malgré tous les soins, le médecin, après deux jours, déclara que Beethoven allait mourir.

» Et en effet, à chaque instant sa vie s'en allait.

» Comme il râlait sur son lit, un homme entra : c'était Hummel, Hummel son ancien, son seul ami. Il avait appris la maladie de Beethoven ; il lui apportait des soins et de l'argent, mais il n'était plus temps : Beethoven ne parlait plus ; un regard de reconnaissance fut tout ce qu'il put dire à Hummel.

» Hummel se pencha vers lui, et à l'aide du cornet acoustique au moyen duquel Beethoven pouvait entendre quelques mots prononcés à haute voix, il lui fit part de la douleur qu'il ressentait de le voir dans cette situation.

» Beethoven parut se ranimer, ses yeux brillèrent, et il dit :

» — *N'est-ce pas, Hummel, que j'avais du talent?*

» Ce furent ses dernières paroles : ses yeux restèrent fixés ; sa bouche s'entr'ouvrit et la vie s'exhala.

» On l'a enterré dans le cimetière de Dobling. »

CXXVII

OÙ L'AUTEUR PREND LA PAROLE

— Crier ainsi ! vraiment, c'était à supposer
Que l'on vous égorgeait. — Mais ne peut-on causer
Sans que vous supposiez quelque débat tragique ?
— Mais vous criez enfin ! — Nous parlions politique.

ÉLÉONORE DE VAULABELLE.

Pour nos amis et pour ceux qui ne le sont pas, nous jugeons convenable de dire deux mots de la politique du jour, dont le bruit parvient à nous jusque dans notre chambre, quelque bien fermée que nous ayons soin de la tenir.

En politique, nous pensons que les moyens ne signifient rien ; les résultats seuls sont bons ou mauvais ; les résultats ne sont que de deux sortes, succès ou défaite ; le plus fort a raison, quels que soient les moyens qu'il a employés ; le vaincu a toujours tort.

Une fois la lutte terminée, il se fait deux parts.

Tout ce qui s'est fait de grand, de beau et de généreux de part et d'autre appartient au vainqueur ; sur les vaincus retombent les trahisons, les bassesses, les ignominies faites des deux côtés.

De notre temps, il y a en France trois partis :

Les carlistes veulent reprendre ce qu'ils ont perdu ;

Les partisans du juste-milieu, garder ce qu'ils ont ;

Les républicains, avoir à leur tour ce qu'ont eu les carlistes et ce qu'ont les philippistes.

Tous ont d'excellentes raisons personnelles, qu'ils couvrent d'un manteau troué de patriotisme et de désintéressement.

Personne ne croit au patriotisme ni au désintéressement ; peut-être vaudrait-il mieux avouer franchement son but.

Mais cela nous inquiète peu, car l'artiste est en dehors de la politique et nous plus que personne.

Quant à la petite part que nous pouvons quelquefois y avoir prise, nous disons hautement que ce n'est que nullement par notre faute, et chaque jour il nous arrive d'excellentes raisons de nous en tirer tout à fait.

Nous sommes trop paresseux et trop peu habile à pourservir des places pour prendre le soin d'y diriger nos efforts ; et, si nous n'avons pas les bénéfices, il ne serait pas juste d'avoir les charges.

Et si nous étions dans un parti ou dans une fraction de parti, il pourrait arriver que le chef de ce parti ou de cette fraction de parti, jugeât à propos de disposer du parti, comme en Russie on vend une terre avec les paysans.

Et il y a en nous une fierté native qui se révolterait à voir que nous serions un instrument, une machine, un confident de tragédie.

CXXVIII

MAGDELEINE A SUZANNE

Ce chagrin vague que je ressentais, ma Suzanne, était un pressentiment. Edward me quitte ; il m'a traitée indignement.

Il m'a avoué un secret qu'il me cachait depuis longtemps, c'est qu'il est complétement ruiné; des folies incroyables, des spéculations hasardées et inutiles (puisque sa fortune et le peu que je lui en ai apporté suffisaient pour nous faire vivre dans l'aisance) l'ont jeté dans une situation dont il lui est presque impossible de sortir.

Il m'a appris qu'il avait emprunté à ton mari et à Stephen de fortes sommes qu'il lui est impossible de leur rendre, et que, d'ailleurs, il a d'autres créanciers qui exigent un prompt payement.

Croirais-tu, Suzanne, que, loin d'avoir pitié de la consternation où me jetait une nouvelle aussi inattendue, il a eu la basse cruauté de me dire que, sans la folie qu'il a faite d'épouser une fille sans fortune, il ne serait pas où il en est; que moi et mes dépenses exagérées l'avons ruiné.

Et tu sais, Suzanne, si j'ai fait des dépenses exagérées; et, d'ailleurs ai-je jamais hésité à me conformer à ses moindres avis ?

Je suis bien triste, ma Suzanne; je ne sais encore quel parti il prendra; ce qui m'inquiète le plus, c'est le sort de mon enfant.

Crois-moi, Suzanne, ce revers de fortune ne me découragerait pas ainsi sans l'ignoble injustice de mon mari.

CXXIX

MAGDELEINE A SUZANNE

Encore une scène horrible, Suzanne; il veut me quitter, m'abandonner avec mon enfant ; il veut prendre la fuite. Je me suis jetée à ses genoux : malgré mes prières et mes pleurs, il est parti ; il m'a dit qu'il reviendrait dans trois heures; la troisième heure est passée, il ne revient pas.

Depuis hier, j'ai repassé toute ma vie avec amertume, Suzanne; la voilà perdue, cette fortune à laquelle j'ai sacrifié un amour si pur et si vrai, le bonheur et la vie de ce pauvre Stephen, et peut-être aussi mon bonheur à moi, car je l'aimais, Suzanne, et quel homme jamais mérita plus d'amour? Tout le monde l'aime et l'honore, et moi seule, moi à laquelle il avait donné toute sa vie, en échange de tant d'amour, je l'ai abreuvé de douleurs, que je comprends mieux à présent que je suis malheureuse.

Je t'écris, ma Suzanne, car il faut que ma douleur s'épanche dans un cœur ami, et je n'ai que toi au monde.

CXXX

M..... offre à ses créanciers rien pour cent.
Léon Gorlay.

MAGDELEINE A SUZANNE

Comment se fait-il, Suzanne, que tu ne me répondes pas? Ton silence me donne les plus grandes inquiétudes : es-tu malade ou es-tu encore plus éloignée de moi? Les affaires de ton mari t'ont-elles entraînée à l'autre extrémité de l'Allemagne, ou peut-être hors de l'Allemagne ?

Je frémis à la pensée de ton éloignement, car je vais bientôt être seule et abandonnée, et j'aurai bien besoin de toi.

Les affaires d'Edward ont si mal tourné, qu'il a été forcé d'avoir encore une fois recours à Stephen, auquel il doit déjà de très fortes sommes. Stephen a eu la générosité de faire de grands sacrifices, et les dettes sont à peu près payées.

Il y a quelques jours, il a dit à Edward : « Ce n'est pas tout, il faut maintenant que tu reconstruises ta fortune; l'électeur a besoin d'un homme habile pour une mission commerciale; je vais aller à la résidence pour te la faire obtenir. »

Huit jours après est arrivé un paquet cacheté de noir et scellé d'un cachet que je lui avais donné autrefois; il renfermait les instructions pour Édward.

Je ne sais pourquoi, chère Suzanne, la vue de ce cachet m'émut d'une manière extraordinaire. Depuis que je le revois, j'ai remarqué qu'il se sert toujours de cire noire, et ce cachet, je me rappelle encore dans quelle occasion je le lui ai donné : il était blessé, il avait fait une grande route à pied pour venir me voir un instant dans le jardin de mon père; je ne pus y descendre et lui jetai une lettre dans laquelle j'avais mis ce cachet pour que le vent ne l'emportât pas.

Je ne sais s'il a eu par ce symbole l'intention de me faire un reproche, de me montrer à la fois et ce qu'il a souffert pour moi et le bien qu'il me fait; mais, quelle que soit son intention, le reproche est entré dans mon cœur.

Edward ne peut m'emmener avec lui : il part dans un mois. Dans cinq semaines, je serai auprès de toi; c'est près de toi que j'attendrai son retour.

De grâce, ma Suzanne, réponds-moi sans différer.

CXXXI

MAGDELEINE A SUZANNE

Voici deux lettres que tu recevras presque en même temps.

Pour t'écrire, je me suis enfermée; mon cœur est encore serré de la journée d'hier.

Il faisait hier beau soleil; à peine faisait-il jour, que Stephen arriva avec sa voiture; il réveilla tout le monde dans la maison, et, parvenu à notre chambre, fit lever Edward et me pressa en se retirant de me lever aussi. Il voulait nous faire voir sa petite maison sur le bord de la rivière.

Ils sortirent tous deux et je m'habillai; la figure de Stephen était toujours devant mes yeux.

Il était entré en riant; mais, quand il s'était trouvé près de notre lit, probablement par un bizarre effet de lumière, sa figure avait paru horriblement contractée d'un sourire cruel, et ses yeux flamboyants semblaient plus pénétrants que l'acier; mais il se retourna, et il avait encore le même air riant qu'il portait sur son visage en entrant. Quoi qu'il fût bien évident que l'obscurité avait causé cette illusion, j'en étais frappée d'autant plus qu'il me semblait me souvenir que déjà, dans une autre circonstance, j'avais vu sur sa figure le même sourire; j'y pense aujourd'hui encore, et j'attribue cela à une erreur de mes yeux, car Edward, qui le regardait, ne s'en est pas aperçu.

Quand je fus prête, nous trouvâmes dans la cour une voiture pour Edward et pour moi, et pour lui son cheval.

Je regardai souvent Stephen; il avait l'air heureux; son teint était clair, et ses yeux doux et calmes.

Il semblait éviter de parler et se tenait presque toujours en avant ou en arrière.

Un moment Edward, qui conduisait, faillit jeter la voiture dans un fossé. Stephen nous rejoignit rapide comme l'éclair, et d'un

ton de colère s'écria : « Maladroit! » Puis à moi avec intérêt :
« Vous n'avez pas eu de mal, n'est-ce pas? »

Le danger que nous avions couru d'une chute grave l'avait ému, mais presque aussitôt il reprit son air d'indifférence et partit en avant.

De loin il nous montra sa maison; elle est presque entièrement cachée par de gros arbres dont le feuillage, à cause de la saison peu avancée, est encore d'un vert tendre et transparent; elle est petite et jolie, blanche, avec des volets verts. Il me revint à l'idée qu'une fois, longtemps avant que je visse Edward pour la première fois, nous étions convenus, Stephen et moi, que nous aurions une maison blanche avec des volets verts. Ce souvenir me jeta dans une rêverie qui ne se dissipa qu'en arrivant devant la maison; elle est délicieusement placée sur un coteau au pied duquel coule la rivière.

Stephen, à la manière des bateliers, héla : *Ohé ! Fritz !*

Un bateau se détacha de l'autre rive. Pendant que le batelier traversait la rivière, je me rappelai ce nom de Fritz; il me l'avait écrit un jour en me parlant de l'attendrissement que lui avait causé la vue de Fritz entouré de sa famille; alors, ce pauvre Stephen pensait aussi à une famille.

Fritz arriva, ils se serrèrent la main avec amitié. Je crus même remarquer, et avec peine, plus d'affection en Stephen pour Fritz que pour Edward.

— Stephen, dit Fritz, il y a longtemps que nous ne vous avons vu, et le domestique que vous m'avez envoyé hier a été bien reçu.

A ce moment, une autre barque se détacha de la rive opposée.

— Allons, dit Fritz, ce sont les enfants; la mère n'a pu les retenir, ils vous ont reconnu. Regardez l'aîné, Jehan, il n'a pas encore quatorze ans, et c'est déjà un vigoureux rameur.

Les enfants abordèrent, et tandis que Fritz allait ouvrir la maison, ils entourèrent Stephen et l'embrassèrent.

— Bonjour, Stephen, je te remercie bien des beaux habits que tu nous as envoyés. — Et moi, des jolis moutons. — Tu verras ma chèvre : elle me suit partout; elle voulait venir avec moi, mais maman n'a pas voulu. — Maman nous a dit de t'embrasser pour elle.

Et ils s'empressèrent de débrider son cheval.

— N'est-ce pas, Stephen, que *Freischütz* n'est pas méchant?
— Non, dit le plus grand des garçons ; et, d'ailleurs, il me connaît bien.

Et ils conduisirent le cheval à l'écurie.

Stephen se retourna vers nous et dit :
— Ils m'aiment bien.

Nous arrivâmes dans le jardin, une table était toute dressée pour le déjeuner ; il y avait des couverts pour nous, pour Fritz et tous les enfants, et un de plus.

— Fritz, dit Stephen, où est donc votre femme?
— Elle va venir, dit Jehan, l'aîné des garçons ; elle va venir avec la petite sœur : elles se font belles toutes deux. Je vais aller les chercher.

Pendant que l'on attendait la femme de Fritz, Stephen me fit voir le jardin. Edward s'occupait de déboucher les bouteilles et aidait Fritz pour la disposition des plats.

Il me montra d'abord un petit berceau, et sous le berceau un banc étroit.

« — Madeleine, me dit-il, je l'avais fait pour nous deux.

Puis nous passâmes près d'un bassin entouré d'un treillage.

— C'était, me dit-il, pour que nos enfants ne tombassent pas dans l'eau... C'est vous qui en aviez eu l'idée, ajouta-t-il.

Puis, en approchant de la maison, je vis un parterre planté de tulipes et de jacinthes et d'anémones : « C'était pour M. Müller, me dit-il, qui devait être notre père, à vous et à moi. »

J'étais émue au dernier point ; je n'osais entrer dans la maison. Il me fit signe d'entrer : il y avait dans son regard quelque chose de tendre et d'impérieux à la fois. Je cédai involontairement.

« En bas, dit-il, la cuisine et la salle à manger. C'est vous qui m'aviez donné le plan de cette maison. » Au premier étage, il n'ouvrit qu'une porte. « C'est mon cabinet de travail. » Et plus haut : « Voici la chambre destinée à M. Müller, et celle-ci était pour mon frère, qui est mort. » Sa voix était profonde et touchante comme chaque fois qu'il parle de son frère. Nous descendîmes. Il s'arrêta devant la porte qu'il n'avait pas ouverte ; il l'ouvrit, et nous entrâmes. Il referma la porte et ne me dit rien ; mais je vis que cette chambre avait été préparée pour lui et pour moi. Elle est tendue de bleu, ma couleur favorite, et il y a dedans une foule de choses à l'usage d'une femme. Mon cœur était plein de larmes ; je levai les yeux sur lui, et je crus voir ce sourire du matin. Un froid mortel me courut par tout le corps. Mais c'était une illusion, car d'une voix calme il me dit : « Allez rejoindre Edward. »

La femme de Fritz était arrivée; on se mit à table. Le déjeuner fut gai et abondant.

Stephen nous dit, en parlant de Fritz et de sa famille : « Ils étaient mes amis quand j'étais pauvre et malheureux; ils ne m'ont jamais abandonné. » Ce mot me fit mal. C'était un reproche juste, car je l'ai abandonné, je l'ai lâchement abandonné.

— Grâce à vous, dit Fritz, notre petite maison est rebâtie, j'ai un beau bateau neuf; moi, ma femme et mes enfants, nous sommes nippés comme des princes, et j'ai des filets comme aucun pêcheur n'en possède à trente lieues à la ronde. Voyez ces beaux pigeons blancs qui voltigent sur notre toit! Et encore, il y a deux vaches dans notre étable et des lapins derrière la maison. C'est à vous que nous devons tout cela.

Et, à ce souvenir, les enfants se levèrent et vinrent l'embrasser. Fritz et sa femme lui pressèrent les mains.

— Nous sommes bien heureux, dit-elle, et nous voudrions bien vous voir aussi heureux que nous. Il faut vous marier, avoir une femme belle comme madame, dit-elle en me désignant, une femme qui vous aimera comme j'aime mon Fritz. Eh! qui ne vous aimerait pas ? dit-elle.

— Oui, dit Jehan, l'aîné des garçons, tu auras des enfants, je leur apprendrai à nager et à ramer, comme tu nous l'as appris, et nous les aimerons bien; ce seront des frères de plus pour jouer avec nous et danser le dimanche; nous leur donnerons les plus beaux fromages et les plus beaux fruits, et nous aurons bien soin d'eux pour qu'il ne leur arrive pas d'accidents.

La femme de Fritz fit signe aux enfants de se taire, car Stephen pleurait.

Oh! Suzanne, quel reproche pour moi! Comme ces gens m'auraient maudite s'ils avaient su que c'est moi qui ai privé leur ami d'un bonheur pour lequel il était si bien fait!

Je ne pouvais plus rester, j'étouffais. Heureusement, Stephen, aidé de Fritz, alla remettre les chevaux à la voiture; puis il embrassa tout le monde et remonta sur son cheval gris, que les enfants lui amenaient et qu'ils caressaient et embrassaient aussi.

CXXXII

A MAGDELEINE, LE MARI DE SUZANNE

Ma chère Magdeleine,

Suzanne a été dangereusement malade ; l'extrême irritabilité de ses nerfs a engagé les médecins à me recommander d'éloigner d'elle la moindre émotion. Aussi, je lui ai dit que vous voyagiez avec votre mari, et je garde pour le moment où elle sera rétablie une grande quantité de lettres que j'ai reçues de vous pour elle.

Cependant, j'ai pris la liberté d'en ouvrir une au hasard, quoique je sois loin de vouloir m'immiscer dans les secrets de votre amitié; c'est celle où vous dites à Suzanne que vous serez près de nous dans cinq semaines. Ce sera pour elle une heureuse convalescence, et je vous en serai pour ma part très-reconnaissant. Mais je crains que Suzanne ne soit pas assez forte pour porter cette joie. Retardez de quinze jours votre arrivée, et puis restez avec nous le plus longtemps possible, et soyez persuadée que vous aurez deux bons amis qui béniraient presque les malheurs qui vous pourraient arriver pour l'occasion qu'ils leur donneraient de vous prouver leur attachement et leur affection.

CXXXIII

C'était la veille du départ d'Edward, par une belle soirée de printemps.

Dans la maison, on faisait les malles.

Magdeleine était mélancolique et très-abattue; Edward, indifférent et presque gai. Il y a pour l'homme un grand charme à changer de place : au départ de la diligence, ceux qui partent sont toujours animés et joyeux, quand ils quitteraient leurs parents et même leurs amis; pour celui qui reste, le départ même d'un indifférent attriste et donne envie de pleurer.

Pour Stephen, il était sombre et fiévreux ; ses yeux étaient ardents et enfoncés dans leur orbite. Néanmoins, il affectait un grand calme et parlait plus que de coutume, ainsi qu'il arrive à un homme ivre.

Comme on devisait de choses et d'autres, on vint à parler d'une femme de chambre que Magdeleine avait chassée.

— Pourquoi? demanda Stephen.

Magdeleine voulait dire qu'elle s'était abandonnée à un jeune homme de la ville avant le mariage ; elle chercha une tournure et dit :

— Elle a manqué scandaleusement au premier devoir de son sexe.

Stephen sourit et dit :

— Je sais toute l'histoire; seulement, l'expression consacrée dont vous vous servez est au moins bizarre.

» Il est assez adroit de vous être fait un devoir de ce qui n'est qu'une dégradation de votre seul devoir, à vous autres femmes, de l'amour;

» D'avoir donné le nom de vertu à ce qu'il y a de plus vil et de plus ignoble.

» Voyez, en effet, avec impartialité ce qu'il y a de plus grand et de plus beau dans deux exemples que je vais vous citer :

» Une femme qui, sans parler mariage, s'abandonne aux caresses d'un homme, par son abandon lui dit : « Je me donne à toi parce que je t'aime; je ne te demande aucun prix de ton amour, ni aucune garantie de la durée du tien. Je sais que tu m'abandonneras quand je ne serai plus belle et quand une autre te plaira davantage, parce qu'elle sera plus belle ou seulement parce qu'elle sera une autre. Si je te demandais de m'épouser, ce serait te faire acheter par la contrainte et les chaînes de l'avenir le bonheur du présent : l'amour ne vend pas, il donne. Je me donne à toi pour ton bonheur et pour le mien, et pourtant je m'expose à rester flétrie et déshonorée à tel point qu'un autre homme ne voudra pas de moi. Pour un moment de ta vie que tu me donnes, je te donne toute la mienne, car de tes caresses peut-être aurai-je un enfant dont la naissance et l'amour seront une honte pour moi. Pour l'amour d'un seul, pendant quelques instants, je m'expose au mépris de tous pendant toute ma vie ; mais le plaisir que je te donne est assez payé pour celui que je reçois. »

» Voilà ce que dit la concubine.

» Écoutez l'autre maintenant :

» Je t'aime si peu, que, moi, faible femme, je modère mes

désirs et les fais céder au soin de mes affaires ; voilà ce que je t'offre. Tu veux me posséder, tu veux avoir mon corps, il faut l'acheter.

» Pendant toute ma vie, tu me nourriras, tu me vêtiras, tu renonceras à tous les plaisirs que je ne puis partager avec toi. Je serai vieille et ridée quand tu seras encore jeune et vigoureux, n'importe, tu m'aimeras ou du moins tu n'en aimeras pas d'autre.

» Tu auras mon corps pendant qu'il est jeune, ferme, rose. Tu me donnes en échange le tien, jeune, ferme et vigoureux ; mais ce n'est pas assez : il faut que tu t'engages à m'aimer encore et à me caresser quand je serai vieille et que tu seras encore jeune.

» Maintenant, comme tu trouves peut-être que je me vends un peu cher, moi qui ne t'aime pas, je vais tranquillement allumer tes sens et exciter tes désirs par des grimaces décorées du nom de pudeur, par des demi-caresses, par une parure menteuse qui me montre plus belle que je ne le suis. Tu ne sauras ce que tu achètes que quand le marché sera irrévocable.

» Voilà ce que dit la demoiselle à marier.

» Vous voyez la différence : la concubine se donne, l'autre se vend. La demoiselle à marier fait une bonne affaire, l'autre en fait une mauvaise ; la première est vertueuse et honorée, l'autre méprisée et coupable.

» Que vous en semble ?

» La prostitution est-elle autre chose que l'union des sexes sans amour ?

» Vous voyez que la femme mariée s'est presque toujours prostituée, et que cette fille que vous méprisez n'a pu le faire.

CXXXIV

L'ÉCHÉANCE

Un vent tiède secoue les parfums des fleurs sur les gazons et balance les panaches verts des arbres, et le soleil caresse la terre, toute rose de bruyères fleuries.

Edward est parti depuis le matin et traverse, pendant l'ardeur du jour, une forêt où les oiseaux se sont réfugiés ; mais la route est large, et un côté seul a de l'ombre.

Magdeleine est allée s'enfermer dans la maison de son père, jusqu'au moment où elle ira joindre Suzanne.

Et Stephen est parti pour la résidence.

Mais, tandis qu'Edward chevauche lentement, le trot d'un cheval le fait retourner ; c'est Stephen qui le rejoint. Stephen est pâle, il a marché vite, et son beau cheval gris a les oreilles et le cou baissés.

— Je ne suis pas allé à la résidence, dit-il à Edward, j'ai préféré faire avec toi une partie de la route.

Et tous deux, au pas, suivent la grande route dans la forêt.

Un vent tiède secoue les parfums des fleurs sur les gazons et balance les panaches verts des arbres, et le soleil caresse la terre, toute rose de bruyères fleuries.

— Que cette nature est riche, dit Stephen, avec son soleil, ses arbres verts, son ombre fraîche et ses fleurs aux brillantes couleurs et aux suaves odeurs, plus belles que des cassolettes d'or et d'émeraudes et de rubis.

» Que ce vent est bon dans les cheveux ! que ce silence est majestueux ! La nature est le seul ami qui ne nous abandonne jamais, le seul bonheur qui nous reste fidèle.

» Tous les bonheurs, tous les plaisirs changent d'aspect à chaque pas que nous faisons dans la vie. On ne peut goûter le même bonheur deux fois : à la seconde fois, il est fade et décoloré.

» Mais chaque printemps nous ramène la nature en habits de fête, toujours la même et nous donnant toujours les mêmes impressions.

» J'envie le bonheur de ces brillants insectes qui meurent ou s'engourdissent lorsque tombent les feuilles et se fanent les fleurs ;

» Qui meurent du premier froid qui tue les fleurs, d'un même coup, d'une même mort.

» Chaque fois que je vois l'été, il me semble que je ne pourrai me résigner à supporter aussi un hiver. L'hiver est un long et pénible enfantement du printemps qui doit suivre.

» Mais cette nature, qu'elle doit sembler belle cette année à l'homme qui ne doit plus la revoir, au criminel condamné à mourir ! »

En prononçant ces derniers mots, il regarda Edward avec ce ricanement muet qui avait fait tant de peur à Magdeleine.

Un vent tiède secoue les parfums des fleurs sur les gazons et balance les panaches verts des arbres, et le soleil caresse la terre, toute rose de bruyères fleuries.

— Comme il serait cruel, ajouta-t-il, de mourir au milieu de cette belle fête que la nature donne à l'homme! Vois, Edward, comme tout cela est beau ! Vois dans le gazon touffu les fleurs blanches et les fruits rouges des fraisiers! Respire les parfums qui s'exhalent autour de nous, et sous nos pieds, et sur nos têtes, et ce concert harmonieux du vent dans les feuilles, du bourdonnement des abeilles et des oiseaux qui chantent à demi-voix !

» Vois toutes ces fleurs : un manteau de roi avec ses pierres précieuses en broderie est bien pâle auprès.

« N'est-ce pas qu'il serait bien cruel de mourir avant l'hiver ?

— Il y a, dit Edward, quelque chose de plus beau encore ; c'est l'amitié, et c'est elle qui occupe en ce moment mes pensées. Sans toi, je serais honteusement ruiné et fugitif, tandis que j'ai un espoir fondé de rétablir promptement mes affaires.

— Oui, répondit Stephen, c'est une belle chose que l'amitié, c'est la chose la plus sainte de toutes, après l'amour ; elle rend la vie légère à porter, car deux amis partagent toutes leurs souffrances et tous leurs bonheurs. N'est-ce pas, Edward, chacun met son bonheur dans celui de l'autre et s'efforce de prendre la plus grosse part des souffrances et la plus petite des plaisirs ! Deux amis voient à découvert dans l'âme l'un de l'autre ; ni la fortune ni l'ambition ne peuvent les séparer, ce sont deux existences enlacées. Jamais un ami n'écraserait sous ses pieds le cœur de son ami, ne se jouerait de ses plus naïves affections, ne tuerait sa félicité et sa vie, ne lui déroberait son bonheur, ne viendrait recueillir comme un voleur ce que l'autre aurait semé de joies pour le reste de sa vie ; il ne voudrait pas rendre à son ami l'existence si amère, que le pauvre homme ait envie de la cracher chaque fois qu'il respire ; il ne voudrait pas laisser son ami dé-

pouillé de croyances et nu au milieu des ronces, n'est-ce pas ?
Et encore il ricana amèrement.

Un vent tiède secoue les parfums des fleurs sur les gazons et balance les panaches verts des arbres, et le soleil caresse la terre, toute rose de bruyères fleuries.

Edward est distrait; Stephen continue.

— Mais plus les choses sont saintes, plus celui qui les profane doit être puni; la loi est plus sévère contre l'homme qui vole une patène d'étain que pour celui qui vole une soupière d'argent.

» Il n'y a rien de si méprisable que le faux ami, celui qui accepte tous les dévouements, tous les sacrifices, et qui n'a rien de pareil dans son cœur à donner en échange.

» Mais que dire de celui qui profite de ce qu'on lui montre une poitrine nue pour frapper plus sûrement au cœur? de celui qui ne se contente pas de frapper au cœur, mais le déchire lentement avec les dents et avec les ongles ? Celui-là, il faut le tuer, parce qu'on n'a rien trouvé de pire que la mort, ou plutôt parce qu'il n'y a pas d'âme que l'on puisse à son tour déchirer avec les dents et les ongles et broyer sous les pieds. N'es-tu pas de mon avis, Edward?

Edward, depuis quelques instants, le regarde avec étonnement, car Stephen est pâle comme une figure de marbre, et ses yeux jettent du feu.

— Qu'as-tu, Stephen ?

— Rien; mais dans ton esprit repasse notre vie, vois ce que je t'ai donné et ce que tu m'as rendu; moi, une vive et franche amitié, le dévouement le plus complet; toi, la perfidie et la trahison.

» Tu m'as pris la femme qui faisait ma joie et mon espoir, pour laquelle j'avais subi la pauvreté, et les humiliations, et la faim. Tu me l'as prise sans te soucier si avec elle tu m'arrachais le cœur et les entrailles; et encore peut-être t'aurais-je pardonné si tu l'avais rendue heureuse : mais tu l'as condamnée à la ruine et à la misère; après tout ce que j'avais souffert, il m'a fallu endurer ses souffrances à elle, plus douloureuses peut-être que les miennes propres.

» Et, ajouta-t-il en ricanant, tu croyais que, pour prix de tout cela, je te ferais heureux et riche, que je serais comme le chien qu'on bat et qui rampe en léchant le pied qui l'a frappé...

» Non, non, tu vas tout payer!

Edward, étourdi, voulut articuler quelques mots; Stephen continua :

— Tu vas tout payer!

» D'abord, je voulais te tuer avec mes mains; je ne voulais pas la longueur d'un fer entre toi et moi, je voulais sentir les coups que je te porterais; mais on appellerait cela un crime, on me mettrait en prison, on me tuerait, et j'ai encore quelque chose à faire, pour quoi j'ai besoin de ma vie et de ma liberté.

» Je te laisse quelques chances.

En disant cela, il déroule son manteau et en sort deux épées.

— Je vais te donner une de ces deux épées : tu te défendras si tu peux; mais tu vas signer ce papier, dont j'ai besoin si l'on trouve ton corps après que je t'aurai tué.

Et il lui présente un papier à signer. Il est ainsi conçu : « Je me bats avec Stephen à armes égales. »

— Si tu refuses de signer, je ne te donnerai pas l'épée et je te tue sans défense.

Edward signe et veut parler.

— Silence! dit Stephen; défends ta vie si tu veux, mais tu ne le pourras, je vais te tuer; il y a un an que j'ai résolu de me venger, et chaque jour j'ai passé quatre heures à m'exercer avec cette arme.

» Dis adieu au soleil, à la verdure, à tout ce que tu aimais : tout cela est perdu pour toi.

— Je ne me battrai pas avec toi, dit Edward.

— Si, car je te tuerai, répond Stephen.

— Eh bien, puisque tu le veux, nous nous battrons; mais cette escrime m'est familière autant qu'à toi.

Ils ôtent leurs habits et se mettent en garde, assurant bien leurs pieds sur la terre, silencieux et les regards sanglants.

Un vent tiède secoue les parfums des fleurs sur les gazons et balance les panaches verts des arbres, et le soleil caresse la terre, toute rose de bruyères fleuries.

Les fers se croisent et se choquent, se cherchent et se fuient et se trompent.

Edward, en effet, est habile, mais la fureur calme de Stephen l'écrase; il se bat avec désespoir, deux fois Stephen a fait couler son sang.

Alors Edward devient un lion, il bondit en rugissant et presse Stephen, qui est forcé de reculer.

Stephen tourne lentement, le fait marcher, et Edward peut voir son ricanement, car Stephen est arrivé à son but : Edward reçoit les rayons du soleil dans les yeux, il est ébloui, aveuglé, il se défend au hasard en reculant et Stephen lui plonge son épée dans la poitrine ; il tombe et le sang ne s'écoule pas, il s'épanche au dedans et l'étouffe.

Stephen remonte à cheval, pâle et les cheveux hérissés, et s'enfuit, enfonçant les deux éperons dans les flancs de son cheval.

Un vent tiède secoue les parfums des fleurs sur les gazons et balance les panaches verts des arbres, et le soleil caresse la terre toute rose de bruyères fleuries.

CXXXV

WERGISS-MEIN-NICHT

C'est d'après le conseil de Stephen que Magdeleine était allée habiter la maison de M. Müller ; là, elle resta quatre jours seule : elle retrouva le nom de Stephen et le sien gravés sur l'écorce du tilleul ; elle retrouva tous les souvenirs de son naïf et poétique amour pour Stephen.

Pour lui, il avait besoin de ce temps pour se remettre de l'émotion violente qu'il avait éprouvée, et, d'ailleurs, il voulait laisser à Magdeleine quelques jours de solitude à se livrer sans défiance à ses souvenirs.

Car c'est surtout quand il n'est pas là qu'une femme aime l'amant auquel elle ne s'est pas donnée, parce qu'alors elle n'a rien à craindre de lui, elle s'abandonne sans restriction à l'ineffable douceur d'aimer.

Et en effet, c'est un bonheur d'aimer tel, qu'il nous semble étonnant de voir des femmes demander de la reconnaissance pour l'amour qu'elles donnent, comme si elles n'étaient pas assez récompensées, non-seulement par l'amour qu'elles inspirent, mais aussi par celui qu'elles éprouvent.

C'est pour profiter de l'effet de cette solitude sur le cœur et l'esprit de Magdeleine que, le quatrième jour, qui était le jour de naissance de Magdeleine, il envoya devant lui un homme chargé de lui porter de l'aubépine et des wergiss-mein-nicht, en souvenir de leur ancienne amitié.

Ce jour-là, il voulut repasser aussi ses souvenirs, et il alla voir la petite chambre qu'il avait occupée quand il était professeur, quand il était si pauvre et si heureux d'espérance, si riche d'avenir!

Puis, en s'en allant,

Couché au soleil, près de la haie, il vit Wilhem Girl, qui fumait tranquillement sa pipe.

Il avait pris ses précautions pour arriver près de Magdeleine peu de temps après son messager; il la trouva sous l'allée de tilleuls, tenant à la main le bouquet qu'elle venait de recevoir; livrée à une vive émotion, et, sans s'en apercevoir, laissant couler ses larmes.

A son aspect, elle les essuya et lui dit : « Edward ? »

Stephen sentit ses dents grincer en entendant que c'était le premier mot qu'elle eût à lui dire; mais il répondit doucement : « Il doit être en route et à moitié chemin; » puis il s'assit près d'elle, et ils restèrent longtemps sans parler; l'enfant d'Edward et de Magdeleine le reconnut. Il lui donna quelques friandises.

Un long silence régna encore.

— Magdeleine, dit Stephen, ce jour ne vous rappelle-t-il rien?

— Oh si! et il n'est pas généreux à vous d'avoir ranimé ce triste souvenir en m'envoyant ce bouquet.

— Pourquoi, Magdeleine? Si votre vie présente appartient à votre époux, votre vie passée est à moi; il n'y a rien dans ces souvenirs qui blesse vos devoirs. Ce jour que nous nous rappelons tous les deux, nous étions ici, sous ces mêmes arbres, près l'un de l'autre comme aujourd'hui. Oh! Magdeleine, que la vie alors était belle pour moi! que j'étais fort avec votre amour!

Il y eut encore un silence, pendant lequel tous deux recherchèrent leurs souvenirs sans se les communiquer.

Puis Stephen :

— Oui, c'était beau! mais, plus tard, quelle amère déception, quelles horribles souffrances! Je ne sais, Magdeleine, mais je crois que, pour votre bonheur propre, vous avez eu tort; vous avez dans le cœur trop de noblesse et de poésie; le cœur de celui que vous avez choisi pour votre époux n'est pas en harmonie avec le vôtre.

» Et moi, je vous aimais tant, je vous aurais tant aimée! toute ma vie n'aurait été employée qu'à vous rendre heureuse.

Il se leva et fut plusieurs jours sans revenir.

Il lui avait conseillé de ne voir personne, sous un prétexte de bienséance, mais, en vérité, pour la laisser dans la solitude, livrée entièrement à ses souvenirs et aux émotions qu'il lui laissait.

CXXXVI

— Oui, Magdeleine, dit-il un jour, j'ai bien souffert; toute ma force, toute mon énergie se sont usées dans les larmes et les nuits sans sommeil.

» Vous avez été envers moi plus cruelle mille fois que si vous m'aviez assassiné à coups de couteau.

» Vous ne compreniez pas l'amour, Magdeleine; vous ne sentiez pas que lui seul commande; que les lois divines et humaines, devoirs, bienséance, patrie, honneur, amis, parents, tout s'évanouit devant lui.

» Vous auriez été si heureuse, Magdeleine! Jamais divinité n'a été adorée comme je vous adorais; je n'avais pas d'autre religion que vous; vos regards fécondaient mon âme plus que soleil ne féconde la terre.

» Oh! Magdeleine, si vous m'aviez aimé!

» Pour vous j'avais arraché de mon cœur tous les amours, toutes les pensées, et, pour prix de tout cela, vous m'avez fait éprouver des tortures qu'il m'est impossible d'exprimer. Vous m'avez fait perdre ma croyance à l'amour.

CXXXVII

UNE NUIT

Une nuit qu'avait précédée une conversation de ce genre, Magdeleine ne dormit pas; la pauvre femme, depuis longtemps, quand elle dormait, c'était d'un sommeil fatigant et agité; elle comprenait l'amour et elle le ressentait avec d'autant plus de force et de désespoir qu'elle le voyait impossible et qu'elle ne se défendait pas de ses émotions, parce qu'elle se comprenait bien coupable envers Stephen.

— Oh! se dit-elle, il a raison, l'amour est plus fort que tout : que sont auprès de lui les vaines exigences du monde, cette richesse à laquelle j'ai sacrifié lui et moi? Malheureuse! je le comprends trop maintenant, ce bonheur qu'il m'offrait et que j'ai repoussé; et lui, l'infortuné, que de mal je lui ai fait! que de reproches amers me font son regard triste, ses joues creuses, son front sillonné de rides, et les larmes qui quelquefois roulent dans ses yeux!

» Oh! si je pouvais par le sacrifice de ma vie effacer toutes ces douleurs, avec quel bonheur je mourrais, car je l'aime, je l'aime de toutes les forces de mon âme! Il est si grand, si noble, son esprit et son âme sont si élevés au-dessus des autres hommes! son regard a tant de feu et d'amour! et, plus que tout cela, il m'aimait tant! il m'aime encore!

» Oui, oui, j'ai un devoir à accomplir; lui et moi, nous souffrons, nous souffrons horriblement; il n'y a pas de remède à nos maux, car je suis mariée.

» Mais nous pouvons réunir nos douleurs, les supporter ensemble; je veux lui dire que je l'aime que je l'adore,

» Et implorer sa générosité.

» Il n'abusera pas de mon cœur; nous souffrirons, nous pleurerons ensemble, et il sera moins malheureux, il croira encore à son amour; il aura une âme sœur de la sienne, une âme qui le comprendra.

Et le lendemain, quand Stephen vint, elle lui dit :

— Je vous ai fait bien du mal, Stephen, et je comprends tout ce que vous avez souffert; mais vous êtes vengé, car je souffre bien aussi.

» Je suis mariée, je suis mère;

» Et je vous aime; oui, Stephen, je vous aime et jamais je ne serai à vous.

» Je vous aime, et mon amour est un crime, un crime qui déshonore, moi, mon mari et mon enfant.

» Maintenant, mon ami, réunissons nos douleurs et portons-les ensemble, élevons-nous par le courage et la vertu au-dessus du sort qui nous a si rigoureusement frappés.

— Du courage! de la vertu! dit Stephen; à quoi bon? où en est la récompense? Oh! Magdeleine, tu m'aimes; que les préjugés des hommes ne viennent pas encore se placer entre nous!

Il la pressa sur sa poitrine, leurs lèvres se touchèrent, mais Magdeleine devint glacée d'effroi. Stephen s'en aperçut et la quitta.

CXXXVIII

SOUS LES TILLEULS

Quelques jours se passèrent ainsi. Magdeleine était bien malheureuse : le baiser de Stephen brûlait sa bouche, et son cœur, et ses entrailles.

Épouse d'Edward, elle connaissait les plaisirs des sens; mais elle ne savait pas tout ce que l'âme y ajoute de céleste.

La nuit, il n'y avait plus de sommeil pour elle ; les désirs la dévoraient; elle se roulait en pleurant sur son lit, invoquant, contre le feu qui la brûlait, Dieu et la mémoire de son père.

Stephen, qui longtemps avait eu des maîtresses qui ne lui inspiraient pas d'amour, avait étudié froidement les femmes ; aussi s'apercevait-il, à la fatigue et à la pâleur du jour, du désespoir et des tourments de la nuit. Il excitait cette impression par des caresses qui ne pouvaient alarmer Magdeleine, ne voulant rien risquer et attendant qu'elle s'abandonnât tout à fait.

Il mettait son esprit à la torture pour comprendre comment elle pouvait garder tant de réserve avec lui ; enfin, il avisa que près de lui l'idée de ses devoirs et la crainte de succomber étaient assez fortes pour annuler son amour au moral et ses désirs au physique, et qu'ils ne reprenaient leur empire sur elle que lorsque, seule, elle croyait pouvoir s'y abandonner sans danger.

Un jour, il resta avec elle jusqu'au soir; il parla avec éloquence, avec entraînement, et, la pressant sur son cœur, posa ses lèvres sur celles de Magdeleine.

— Oh! Stephen, lui dit-elle, je vous en prie, laissez-moi ; allez-vous-en, je vous en supplie !

Stephen obéit.

Et alors, seule, elle se prit à pleurer, prononçant à voix basse le nom de Stephen, et couvrant de baisers l'arbre sur lequel il avait posé la main, le gazon sur lequel il avait marché.

— Oh! Stephen, disait-elle, je t'aime, je t'aime, je t'adore !

Et elle tomba mourante sur l'herbe.

Stephen, qui avait escaladé le mur, était auprès d'elle; il la reçut dans ses bras et la couvrit de baisers.

— O Stephen! mon ange, grâce! grâce! aie pitié d'une pauvre femme qui n'a plus de force pour te résister!

» Oh! ce serait lâche d'abuser de ma faiblesse! je te haïrais, je te mépriserais... Laissez-moi, laissez-moi, homme vil! Je vous hais, je vous méprise!...

» Non, non, grâce!

— Sois à moi, dit Stephen; au milieu du monde, seuls tous les deux, que nous importe l'univers?

Et il lui donnait les noms les plus tendres.

Et son éloquence et ses baisers vainquirent Magdeleine.

— A toi, Stephen, je suis à toi!

Et Stephen la prit dans ses bras, et, sous ces mêmes tilleuls où autrefois elle avait promis d'être à lui, elle tint sa promesse.

Stephen avait alors oublié ses projets de vengeance : il mourait dans les bras de Magdeleine.

Mais elle, des mots s'échappèrent de ses lèvres avec ses baisers : « Mon âme! ma vie! » Stephen fut glacé, il la repoussa avec fureur; mais elle était presque évanouie et ne s'en aperçut pas.

Malédiction! ces mots étaient ceux que Stephen avait entendus à travers la cloison le jour du mariage de Magdeleine.

Et la pauvre femme, quand, revenant à elle, elle chercha le sein de Stephen pour y appuyer sa tête et y répandre les larmes qui l'oppressaient, elle ne vit qu'une horrible figure avec ce ricanement satanique qui l'avait déjà tant effrayée.

— Stephen, s'écria-t-elle, qu'as-tu? Calme ce délire; tu me fais peur.

— Ah! ah! dit Stephen, femme deux fois adultère, car tu étais ma fiancée à moi, as-tu donc été assez folle pour croire que je voulais un baiser sur ta bouche, salie par les baisers d'un autre; que je voulais presser dans mes bras ton corps, souillé par d'infâmes caresses?

» Non! non! mon amour était trop pur et trop céleste; il n'était pas fait pour une femme qui s'est honteusement prostituée, qui a vendu son corps et ses caresses à un mari riche.

» Il t'a achetée, tu es à lui; je n'achetais ton amour que par de l'amour et d'horribles souffrances, et le don de toute ma vie; tu m'as repoussé comme un chien. Tu t'es mise à l'enchère; il t'a achetée avec de l'argent, une voiture, des châles, et tu t'es vendue !

» Va voir comme je te l'ai fait, ton maître, ton propriétaire : il n'avait trahi que l'amitié, je l'ai tué ; mais toi, tu as trahi l'amour, je ne te tuerai pas, tu souffriras plus que lui.

» Ah! ah! tu avais dit : « Il est bon, il m'aime, je puis déchirer son âme, il pleurera, il sera malheureux, et voilà tout. »

» Mais il y avait encore en moi de l'énergie, et je suis vengé!
Il disparut sous les tilleuls et passa par-dessus la muraille.
Magdeleine était tombée par terre évanouie.

CXXXIX

MAGDELEINE A STEPHEN

Vous vous êtes conduit comme un homme vil ; je ne l'aurais pas cru : vous m'avez lâchement assassinée, car c'est au moment où, oubliant pour vous tous mes devoirs, je me donnais à vous sans restriction, corps et âme, présent et avenir, que vous m'avez foulée aux pieds comme une bête venimeuse.

Malheur à vous ! cet amour pour lequel vous aviez autrefois donné votre vie, vous l'avez perdu ; il n'a pas été remplacé par la haine, ce serait encore de l'amour, mais par le mépris.

Je vous ai cru grand et noble ; vous étiez vil et petit ; ce n'est pas à vous que j'ai donné mon amour, c'est à celui que je vous croyais être.

Vous avez cru m'écraser et j'ai relevé la tête : votre puissance sur moi ne venait que de mon amour.

Votre mépris ne peut me souiller, car c'est vous qui vous êtes rendu méprisable. Ne faut-il pas un grand courage, une sublime énergie pour ramper comme le tigre qui guette une proie !

Et quand vous auriez réussi à me flétrir, quel bien vous en reviendrait-il de n'avoir plus rien à aimer ni à regretter sur la terre ?

Vous êtes un misérable ; ma honte retombe sur vous tout entière. Je vais rentrer dans le monde, où mon âge et ma beauté me rappellent, et vous étoufferez de rage de me voir aimée, admirée et respectée.

Ou, si votre lâche haine me poursuit encore là, si ce monde me refuse son estime et son respect, eh bien, je me laisserai aller au courant, je deviendrai une femme perdue et méprisable, telle que vous avez voulu me faire ; je remplirai la ville de mon déshonneur et de mon infamie ; je serai citée entre les prostituées, car, moi aussi, j'aime la vengeance ; et, quand vous verrez où sera tombée une créature née pure et chaste, une âme où il y avait du bon et de l'honnête, un cœur assez noble pour comprendre et sentir l'amour tel que vous feigniez de le sentir, mon avilissement et ma dégradation vous humilieront : les crachats que l'on jettera sur moi rejailliront sur vous.

Car c'est vous qui m'avez avilie et dégradée à mes propres yeux ; c'est vous qui avez jeté sur moi le premier crachat. Vous m'avez jeté de la boue ; je vais m'y rouler, et, s'il vous reste assez de cœur pour comprendre ce que je souffrirai, moi si fière, vous aurez de la pitié et des remords.

CXL

MAGDELEINE A STEPHEN

J'ai bien pleuré depuis hier, et ma fièvre s'est calmée.

Aujourd'hui, je suis tranquille et raisonnable, car j'ai pris une résolution, une résolution inébranlable. Vous avez eu tort, Stephen ; vous avez pour vous et pour moi arrêté l'avenir, et cependant j'y voyais du bonheur : je rachetais l'égarement qui m'avait éloignée de vous par le sacrifice de ma réputation, de mes devoirs, de ma famille, de mes amis.

Car ce n'était pas clandestinement que je voulais me donner à vous ; j'étais à vous tout entière, et j'aurais été à vous aux yeux de tous, car mon amour pour vous ne m'humiliait pas ; je me croyais si digne d'être aimée et vous m'avez tant aimée !

Et vous m'aimez encore ; je comprends maintenant tout ce qu'il y a d'amour dans cette atroce vengeance. Oh ! pourquoi avoir ainsi rendu l'amour impossible entre nous ! J'avais tant d'amour à te donner en échange du tien ; j'avais amassé tant de bonheur pour toi ; je rêvais avec volupté à tout le mal que tu avais éprouvé à cause de moi, car j'avais à te rendre autant de baisers que tu avais versé de larmes : j'avais dans mon âme du baume pour toutes tes plaies. Dans ce qui nous restait à vivre ensemble, n'eût-ce été qu'un jour, j'aurais su te donner du bonheur autant qu'il peut en tenir dans la vie la plus longue.

Mon cœur déborbait d'amour, et cette union qui t'a fait tant de mal ne t'aurait rien dérobé, car pour toi j'aurais eu un cœur et des sens de vierge ; avec toi j'aurais recommencé la vie.

Nous nous serions enfuis tous deux ensemble, et dans un coin solitaire, seuls au milieu du monde, nous aurions épuisé l'amour ; et, après avoir vidé la coupe jusqu'à la dernière goutte, nous serions morts ensemble.

Vrai, Stephen, il y avait encore du bonheur pour nous, et il faut laisser la coupe pleine, car nous ne pouvons revenir sur le passé. Tu es plus malheureux que coupable ; tu trouverais toujours entre toi et moi l'homme que tu as bien sévèrement puni ; tu me verrais toujours flétrie par son amour, et je ne puis offrir à ton cœur une femme flétrie ; en vain tu voudrais chasser cette image, elle te poursuivrait.

Je t'aime, Stephen ; je t'aime encore, et ma dernière pensée, mon dernier soupir sera pour toi : je pleure avec toi tout ce que nous perdons de bonheur.

Quand tu recevras cette lettre, je serai morte ; je meurs sans désespoir, calme et tranquille, parce que ma vie doit finir là où il n'y a plus pour moi de bonheur possible ; seulement, je voudrais mourir sans trop souffrir : mes sens se révoltent à l'idée de cette mort violente et de ses dernières angoisses ; depuis hier, je cherche quel genre de mort je dois choisir pour supporter les douleurs les moins longues et les moins aiguës.

Je meurs et je te laisse de moi encore un souvenir d'amour : c'est une consolation en quittant cette vie, qui pouvait encore être si belle.

Peut-être, dans ton désespoir, tu voudras aussi mourir, car tu m'aimes, et ta vengeance me l'a dit plus que tout le reste.

Mais j'ai un legs à te confier : c'est mon fils, c'est le fis d'Edward.

Ne le hais pas, il est innocent ; pardonne-lui le crime de sa mère, car, je le comprends maintenant, c'était un crime : je sais aujourd'hui tout ce que tu as dû souffrir. Tu as tué son père : sa mère va mourir ; ne le laisse pas seul et isolé dans la vie ;

donne-lui un asile et du pain, donne-lui l'amitié, qui est encore plus nécessaire.

J'ai encore une grâce à te demander : quand je serai morte, viens dire adieu à mon cadavre ; viens me donner un baiser d'amour sur ma bouche morte, un baiser de pardon et d'adieu, car le seul que j'aie jamais reçu de toi était un baiser de haine et de vengeance.

Et maintenant que je suis près de la mort, il n'y a plus que mon âme qui te parle, écoute-la ; elle est pure ; elle n'a jamais été qu'à toi ; mon corps seul a été souillé, et déjà elle s'en détache. Adieu, Stephen, adieu !

Je te remercie, car tu m'as bien aimée. Oh ! j'ai encore un espoir : si notre âme vit après notre corps, nos deux âmes se réuniront pour ne jamais se séparer ; elles se confondront en une seule, car elles étaient sœurs.

Si j'en étais sûre, je te dirais de te tuer pour venir me joindre. Mais non, pense à mes dernières volontés.

Adieu, Stephen ! adieu ! le dernier battement de mon cœur va être pour toi, ma dernière parole pour toi, ma dernière respiration pour toi ; pour toi aussi ma dernière pensée ; et, si au ciel je puis veiller sur ton bonheur, tu seras heureux : mon âme viendra te voir et te donner des baisers la nuit.

CXLI.

RAPPORT DE M. CHRISTIAN LAHZENFELS, DOCTEUR.

Le *** juin 18..,

Sur l'invitation de Pierre Ringer, jardinier, nous nous sommes transporté dans la maison appartenant autrefois à feu M. Müller ;

Et y avons trouvé la dame Edward S..., née Müller, morte et pendue après la flèche de son lit ; après un examen rigoureux, nous n'hésitons pas à déclarer que cette mort est le résultat d'un suicide. Une lettre laissée sur une table était adressée à M. Stephen, riche particulier, fort connu dans cette ville, ainsi que dans la ville de ***.

Les parents, auxquels la lettre a été par nous remise, se sont chargés de la faire remettre à son adresse.

Avons, en conséquence, ordonné l'inhumation de la défunte. En foi de quoi nous avons signé.

Docteur CHRISTIAN LAHZENFELS.

CXLII

Un mois après l'inhumation de Magdeleine, Stephen reçut la seconde lettre qu'elle lui avait adressée, car il n'avait cessé d'errer au hasard comme un insensé.

Alors il demanda un cheval et accourut à la ville. Pendant tout le trajet, il ne dit pas un seul mot; seulement, de temps à autre, il serrait convulsivement les mains, il regardait le ciel : on voyait qu'il priait Dieu.

Quand il fut arrivé, il alla chez le jardinier; le jardinier était vêtu de noir.

Stephen pâlit et tomba assis sur une pierre.

— Oh! monsieur Stephen! dit le jardinier, pourquoi êtes-vous parti aussi brusquement? Vous l'auriez empêchée de se tuer. Elle a dû bien souffrir, car elle était toute défigurée. La famille a fait un superbe enterrement.

Stephen lui fit signe de le suivre et se dirigea vers le cimetière; des ouvriers étaient en train d'élever un tombeau de pierre sur la terre qui la couvrait. Il se mit à deux genoux et baisa la terre, puis il s'éloigna.

CXLIII

— O Magdeleine! pardonne-moi.

» Pourquoi veux-tu que je vive? Qu'y a-t-il pour moi dans la vie maintenant?

» Mais mon âme est avec toi; elle ne pouvait se séparer de la tienne; c'est mon corps seul que tu as laissé ici.

» Qu'ai-je fait!

» Je l'ai tuée ! j'ai tué mon bonheur et ma vie !

» Son regard si doux qui pénétrait le cœur, il est mort; sa voix suave, elle est morte; son corps souple et gracieux, il est mort; ses beaux cheveux noirs, soyeux, ils sont morts: tout est mort !

» Elle était si belle !

» Oh ! pourquoi n'ai-je pas, au lieu de cette atroce vengeance, fait mon bonheur de son bonheur, veillé sur elle comme son ange gardien ! Pourquoi ne l'ai-je pas entourée de mon amour pour écarter d'elle le moindre chagrin, la moindre peine !

» J'aimais tant son sourire; son sourire m'aurait payé de mes souffrances.

» J'aurais renoncé à la vie pour moi, je n'aurais vécu que de la sienne, je n'aurais été heureux que de son bonheur, je n'aurais souffert que de ses souffrances.

» Oui, je me serais élevé au-dessus de l'humanité, et mon âme, divinité protectrice, aurait plané sur elle.

» Mais elle est morte !

» Il faut accomplir ses dernières volontés ; son fils sera mon fils.

» Et ce dernier baiser sur sa bouche morte. . . . .

. . . .

CXLIV

LE CIMETIÈRE

Le temps est pesant et orageux.

Les nuages lourds passent sur la lune, elle ne paraît que par intervalles.

Le cimetière est fermé d'un côté par un haut mur en demi-cercle, de l'autre par la rivière.

A l'entour, les peupliers frissonnent sans qu'il fasse du vent, et le bruit de leur feuillage se mêle à celui de l'eau qui coule lentement.

Hormis l'eau et les feuilles, on n'entend aucun bruit.

Les peupliers, quand par moments le vent s'élève, se balancent et ont l'air de fantômes noirs ; les pierres des tombes sont cachées sous l'herbe; l'herbe épaisse s'élève jusqu'à la ceinture, excepté dans quelques sentiers étroits.

Un bruit se fait entendre, c'est un bruissement de l'eau; il approche, et aborde sur la rive un corps qui se dresse et marche dans l'herbe. La lune s'est un instant dégagée des nuages : il suit un sentier et il cherche.

Il n'est vêtu que d'un pantalon de toile dont l'eau ruisselle, il porte une pioche sur son épaule.

Il cherche et il s'arrête devant une tombe récente, car il n'y a pas d'herbe alentour, et la pierre qui doit la recouvrir est auprès, non encore taillée.

Là, il se met à genoux et il prie.

Puis il prend la pioche et frappe : un coup sourd retentit; il s'arrête. Ses cheveux sont hérissés et ses yeux semblent sortir de sa tête : le son est mort. Il frappe un second coup et se hâte d'enlever la terre.

Un coup a sonné plus creux ; la pioche lui échappe, et lui il tombe sur les genoux ; ce dernier coup a frappé sur la bière, presque sur le corps. Quand le silence est revenu, il enlève la terre lentement et avec précaution, la bière est à découvert.

Avec la pioche il détache une planche, puis deux. Il voit une forme blanche ; le linceul, déchiré, trahit les contours du cadavre ; d'un mouvement convulsif il arrache le drap, qui cède et se déchire : le corps est nu.

Il ne peut respirer, son cœur bat comme un marteau ; un nuage épais cache la lune ; il attend.

Le corps est nu, ce corps si beau, si souple si gracieux, qu'une fois seulement il a tenu dans ses bras. Le nuage glisse lentement.

Cette bouche dont le sourire était si doux, dont les baisers crispaient le cœur ! ces yeux dont un regard avait plus de prix que l'empire du monde !

La lune va bientôt reparaître ; l'extrémité du nuage est bordée d'une frange d'argent.

Ce corps, il vient le prendre encore dans ses bras; ces yeux, il vient les revoir encore; cette bouche, il vient lui donner un dernier baiser, un baiser d'adieu et de pardon.

C'est la dernière volonté de la morte.

Il vient appliquer sa bouche sur la bouche de la morte et lui donner un baiser qu'elle ne rendra pas, qu'elle ne sentira pas.

Le vent souffle légèrement, et fait trembler les feuilles, et achève de chasser le nuage; la lune éclaire tout le cimetière d'une mystérieuse lueur; il se penche sur la tombe; mais il jette un cri et s'enfuit, car il a vu le corps.

Le corps, les chairs tombent en lambeaux, et des vers rongent ses yeux.

Il s'enfuit et court; mais, dans la grande herbe, une tombe sous ses pieds le renverse; il se relève égaré, frénétique; il court.

Dans la grande herbe, encore une tombe sous ses pieds le renverse; il se relève écumant, les yeux hagards : sa tête est perdue, il voit toutes les tombes ouvertes et tous les morts qui, la tête sortie du linceul, le regardent avec des yeux étincelants et le suivent du regard. Le murmure des feuilles lui semble des paroles mystérieuses que les morts s'adressent à voix basse; il est là immobile, roide et froid, comme un cadavre lui-même.

Puis encore il retrouve de la force et s'enfuit; à chaque instant il tombe et se relève; enfin il est au bout. Malédiction ! c'est la muraille. Il prend une autre direction ; encore la muraille. Insensé ! il s'élance contre elle en bondissant comme un chat sauvage; il veut la franchir ; il la frappe du front, et il roule par terre ensanglanté et évanoui. Mais la terre est fraîche ; il reprend ses sens et regarde autour de lui; ses idées reviennent, un frisson de glace court de ses pieds à la racine de ses cheveux.

—N'importe, c'est la volonté de la morte : elle aura mon baiser d'adieu et de pardon.

Il brise un arbre et armé d'un bâton, marche dans l'herbe pour retrouver la tombe.

La voilà, la lune l'éclaire.

Horrible !

Encore les chairs pendantes et les vers dans les cavités des yeux.

— Magdeleine, Magdeleine, est-ce donc toi ?

Il s'agenouille, et prie, et pleure.

Puis il s'incline et pose ses lèvres sur les lèvres du cadavre.

Haletant, il s'appuie contre un arbre, puis il prend la pioche; mais il ne peut refermer la bière, ni détacher ses yeux du corps.

— Adieu, adieu !...

Et il recouvre la bière. Vingt fois il s'arrête : il lui semble qu'il l'étouffe en mettant tant de terre sur elle.

Quand tout est fini, il dit encore : « Adieu, Magdeleine, adieu ! » et il baise la terre qui la recouvre, et il gagne la rivière. Il se retourne encore; mais la lune est cachée, on ne voit plus la tombe.

— Adieu !...

Et il se jette dans l'eau noire, et le bruit de son corps dans l'eau lui semble un ricanement des morts qui le voient partir. Il nage avec force et arrive sur l'autre bord.

CXLV

UN AN APRÈS

« Il y a un an que Magdeleine est morte.

» Et je sens encore sur mes lèvres l'impression du baiser que j'ai donné à son cadavre.

» Hier, c'était son jour de naissance ; je suis allé prier sur sa tombe avec son enfant.

» Cet enfant, le fils d'Edward, je ne croyais pas que je pourrais l'aimer. Il me rappelle d'horribles souffrances ; mais il lui ressemble tant, à elle ! et il m'aime, il m'appelle son père.

» Nous avons cueilli des fleurs sur la tombe de Magdeleine, car je l'ai parée de chèvrefeuille, d'aubépine et de wergiss-mein-nicht.

» Ces fleurs, toute la nuit, je les ai couvertes de baisers et j'ai respiré leur parfum.

» Quand je songe qu'elles tirent leurs brillantes couleurs de son corps pourri !

» Mais cette odeur, il me semble que c'est sa belle âme qui passe à travers la tige du chèvrefeuille, s'exhale et monte au ciel en parfum.

» Quelle vie a été la mienne !

» J'habite la petite maison que j'avais autrefois arrangée pour y passer mes jours avec elle : je cherche à m'entourer d'illusions. Le petit Edward appelle la chambre bleue *la chambre de maman*. J'ai acheté tout ce qui avait été à son usage pour le mettre dedans. On ne l'ouvre jamais. Les fleurs de M. Müller sont bien soignées ; le petit banc et le berceau au-dessus pour Magdeleine et pour moi, je ne laisse personne s'y asseoir : sa place est respectée.

» Jamais il n'entre ici de femme, pas même la femme de Fritz. Ils sont bien bons pour moi ; ils supportent ma mélancolie, et, quand j'ai quelques instants de plaisir courts et fugitifs, c'est au milieu d'eux.

» J'ai bien soin du petit Edward. Hier, il m'a demandé pourquoi on laissait ce grillage autour de la pièce d'eau.

» — C'est, lui ai-je dit, ta mère qu'il l'a fait placer là pour que tu ne tombes pas dans l'eau.

» Ce souvenir a rappelé toute mon histoire, et un instant il m'a semblé revoir Magdeleine jeune fille sous l'allée des tilleuls.

» A tel point que je suis monté à cheval pour revoir la maison de M. Müller; mais j'ai ressenti là une douleur pénible : tout est détruit. J'ai parlé au nouveau propriétaire. On a apporté ici tout ce qui du jardin existe encore.

» Quand je regarde autour de moi, je trouve ma vie déplorable, moi qui avais rêvé de réunir près de moi mon frère et ma femme, Eugène et Magdeleine. Ils sont morts tous les deux ; ils m'ont abandonné dans la vie comme dans une immense solitude, et c'est moi qui suis cause de leur mort à tous deux.

» Je me sens une volupté amère à saisir tout ce qui ravive mes souvenirs.

» Mais probablement je ne souffrirai pas bien longtemps. Ma vie est brûlée par la douleur; tout jeune que je suis, mes cheveux blanchissent et mes yeux s'éteignent. J'ai assuré au petit Edward toute ma fortune après ma mort, et j'ai payé les dettes de son père.

» La nuit, souvent je me réveille et je pense à Magdeleine. S'il pleut, je sors, car je songe qu'elle a froid sous la terre, et je veux avoir froid aussi.

» Ou je pense que son âme plane au-dessus de nous, qu'elle n'a pu s'éloigner de son fils et de moi; et quand, dans l'obscurité, j'entends un léger bruissement, je suis persuadé que c'est elle qui vient silencieuse entr'ouvrir les rideaux du lit du petit Edward pour le bénir pendant son sommeil. Et peut-être me bénit-elle aussi, car j'ai exécuté ses dernières volontés, et je l'ai bien aimée : toute ma vie a été à elle.

» Et j'espère qu'au jour où, moi aussi, je mourrai, elle viendra chercher mon âme pour la conduire là où est la sienne, et où je retrouverai aussi mon frère : tous trois, nous nous sommes trop aimés pour ne pas être réunis au sein de Dieu.

A MADAME ***, NÉE CAMILLE

Il n'est pas, madame, que vous n'ayez gardé quelque souvenir de *Stephen*, ou, du moins, j'espère n'avoir pas besoin de vous rappeler le nom sous lequel vous l'avez connu.

Je ne sais si vous avez eu la curiosité ou le loisir, en l'état d'heureuse tranquillité où vous passez doucement votre vie, de lire ce livre, où j'ai retracé quelques-unes de ses souffrances, quoique j'aie eu le soin de vous envoyer le premier exemplaire que j'ai pu me procurer, pensant — peut-être à tort — qu'il serait de quelque intérêt pour vous de retrouver en ce récit des personnages ou des faits que vous avez autrefois connus.

Car, outre *Stephen*, vous savez aussi qui est *Magdeleine*; vous connaissez et vous aimez d'une tendre et filiale affection le bon *M. Müller*, et aussi cette Suzanne, *si blanche et si jolie*, comme je l'ai entendu désigner à vous-même, et le frère *Eugène* le soldat.

Je ne sais si vous vous rappelez aussi l'allée des *tilleuls*, aujourd'hui presque entièrement détruite, comme j'ai eu le chagrin de le voir dans un des derniers pèlerinages que j'y ai faits.

Pardonnez-moi, madame, de vous rappeler ces souvenirs sans savoir le degré d'intérêt qu'ils peuvent avoir conservé pour vous.

Quelques-uns, à la lecture de ce livre, publié pour la première fois il y a un an, ont soupçonné que je connaissais les personnages ; mieux que personne, madame, vous pouvez apprécier la réalité de ce soupçon. Vous savez si *Stephen* a aimé *Magdeleine*; si *Magdeleine* lui avait fait, *sous les tilleuls*, des promesses solennelles ; si *Stephen*, pauvre et n'ayant dans la vie qu'un seul but, celui de pouvoir offrir à *Magdeleine* une existence calme et paisible, repoussé de toute part, mais retrouvant du courage et de la force dans un regard, dans un mot tracé au crayon, s'épuisait en efforts infructueux, et, pour voir *Magdeleine* de loin, consacrait à payer sa place au théâtre le peu d'argent destiné à sa nourriture, et le soir s'endormait à jeun, heureux de l'avoir vue, heureux de souffrir pour elle.

Vous pouvez lire aussi d'autres choses qui ne sont pas dans le livre. *Stephen* avait une mère pauvre ; il la prit avec lui, et, pour vivre à moins de frais, se retira avec elle dans une campagne aride. Là, il fut obligé de se livrer à de pénibles occupations, ne dormant que trois heures chaque nuit. Hâve, défiguré, exténué, forcé de se blesser avec un canif pour vaincre le sommeil qui l'accablait au milieu de ses travaux, il prenait encore sur ses trois heures de sommeil pour aller, à une assez grande distance, voir de loin le reflet pâle de la veilleuse qui brillait dans la chambre où *Magdeleine* dormait fraîche et calme. C'est alors qu'on dit à *Magdeleine* que *Stephen* vivait à la campagne avec *une femme* qui portait son nom. C'est ainsi que l'on fit une action coupable d'une bonne action. *Magdeleine* le crut, et c'est une des raisons qui la décidèrent à l'abandonner sans lui dire même adieu.

Un jour, *Stephen*, par son travail, se trouva dans une position honorable dans les lettres. Il partit à cheval pour faire part de cette bonne nouvelle à une tante de *Magdeleine*. En route, son cheval se renversa sur lui. *Stephen*, brisé, remonta à cheval, fit cinq lieues et arriva à V...... Là il apprit que *Magdeleine* était mariée.

Alors il forma des projets de vengeance. Mais, soit qu'il s'efforçât de trouver des excuses à la femme qu'il avait tant aimée, soit qu'il eût, avec l'amour de *Magdeleine*, perdu la force et l'énergie de son âme, il y renonça.

C'est alors que j'écrivis *Sous les Tilleuls*, où je racontais simplement ce qui était arrivé ; seulement, je donnais à *Stephen* une énergie qu'il n'a plus aujourd'hui. Le livre fut envoyé à *Magdeleine*. J'aurais cru qu'elle écrirait à *Stephen* : « Tes souffrances sont horribles, pardonne-moi! » *Stephen* eût été si heureux de pardonner! mais, seule peut-être, *Magdeleine* lut le livre sans émotion.

Cependant, soit amour, soit faiblesse et lâcheté, *Stephen* lui écrivit. Il implorait son amitié, il ne demandait que de la voir, d'assister à son bonheur. Il n'obtint qu'un silence insultant.

N'est-ce pas, madame, cette femme-là n'a pas d'âme?

Depuis ce temps, Stephen fait pitié. Il s'est d'abord jeté dans d'étranges folies : froid et calme, il a eu plus de maîtresses qu'aucun homme de son âge ; il n'a trouvé que dégoût et désespoir. Entre ces femmes, quelques-unes l'ont aimé. Il n'avait pas d'amour à leur donner ; il les a rendues presque aussi malheureuses que lui.

Enfin, il a renoncé à l'amour ; il ne peut ni aimer ni être aimé. Les femmes les plus méprisables sont les seules qu'il recherche quelquefois. Il vit renfermé, seul avec un portrait et des lettres de Magdeleine, sans crainte, sans désirs, sans force.

Sa profession lui offre des satisfactions d'amour-propre. Ardent, énergique, sensible comme il l'était, il pouvait prétendre à la fortune, à la gloire.

Mais l'or est désirable quand il peut servir à parer la femme que l'on aime, — comme les Italiens leur madone, — à étendre de riches tapis sous ses pieds, que blesserait le contact de la terre, à répandre autour d'elle des parfums moins suaves que son haleine. La gloire est désirable quand le poëte peut placer sur la tête de la femme qu'il aime les couronnes qui tombent sur la sienne, quand les louanges que l'on fait de lui arrivent en douce harmonie aux oreilles de son idole.

Mais, pour le poëte sans amour, pour celui dont l'âme a été brisée par les tortures d'un amour trahi, l'or n'est rien que de l'or, — un métal comme le fer ou le plomb, — la louange n'est qu'un fade encens qui fatigue la tête. — Les couronnes de fleurs sont des couronnes d'épines qui couvrent sa face pâle de sang et de sueur.

Et d'ailleurs, il n'est plus ce que la nature l'avait fait. Stephen aurait peut-être entrepris de grandes choses ; il n'est et ne sera qu'un homme ordinaire : il n'a plus d'âme.

Que pensez-vous de *Magdeleine*, madame, de *Magdeleine* qui vit heureuse, tandis que *Stephen* meurt? Êtes-vous de ces gens qui n'appellent crime que ce qui ressort immédiatement de la cour d'assises? Ne trouvez-vous pas *Magdeleine* criminelle?

Dites-moi, et je tiens à votre opinion sur ce sujet, si vous étiez *Magdeleine*, si j'étais *Stephen*, permettez un moment cette supposition, et qu'il me revînt quelque étincelle d'énergie, ferais-je bien mal de me venger? ou, si je restais écrasé et anéanti, n'aurais-je pas le droit de ne conserver pour vous d'autre sentiment que le plus froid mépris?

Eh bien, non! — si vous étiez *Magdeleine* et si j'étais *Stephen*, — voici ce que je vous dirais :

Vous avez cru pouvoir prendre mon amour et le rejeter à votre caprice, comme un jouet qu'un enfant brise quand on lui en offre un autre.

Vous vous êtes trompée.

Je suis à vous.

Vous êtes à moi.

Et cela pour toute notre vie à tous les deux. Vous êtes à moi, car je vous ai achetée par sept ans d'amour et d'angoisses, — par toute une vie de découragement.

Je suis à vous, car sur vous sont toutes mes croyances, tout mon amour, toute ma vie, — et il ne reste rien que je puisse donner à une autre femme en échange de son amour.—Il n'y a pas un mot d'amour que je ne vous aie dit et que j'ose dire à une autre, tant je crains de le profaner.—Il n'y a pas une sensation à laquelle vous soyez étrangère et que je puisse séparer de votre souvenir; — pas un coucher de soleil, — pas une aurore,— que je ne me souvienne d'avoir contemplés en songeant à vous. La mousse des bois : nous avons marché dessus ensemble. — Les fleurs d'églantiers : ensemble, le soir, nous les avons respirées. L'aubépine des haies : je l'ai enlacée dans vos cheveux. — Les liserons : il y en avait dans le jardin des tilleuls. — L'ombre et le silence des bois : je les ai tant désirés, pour cacher notre vie qui devait être si heureuse! — Le vent : je l'ai vu souffler dans vos cheveux. — La rivière : j'ai disparu sous l'eau — en prononçant votre nom, entraîné par un homme que j'ai sauvé pour que vous puissiez être fière de moi. — La mer : j'ai écrit nos deux noms sur son rivage. — La musique : il y a des airs que je vous ai entendue chanter, d'autres que je chantais moi-même quand vous m'aimiez.

Vous le voyez, vous avez tout pris ; la vie n'a plus rien pour moi qui ne soit à vous.

Moi-même, je suis tout en vous : — je suis tout à vous. Donc, rien ne nous séparera. — Vous êtes à moi, triste ou heureuse, pensant à moi ou m'oubliant dans les bras d'un autre : — tout ce qui est en vous, tout ce qui est de vous m'appartient. — Ce qu'on en prend, on me le vole ; je le réclamerai hautement.

Vos larmes, vos sourires, vos caresses, — tout est à moi ! et ne croyez pas que je me laisse arrêter par les considérations sociales ni par le blâme ; — mon amour était plus grand que tout cela. Vous m'avez tué ; mais mon cadavre, mon ombre, car je ne suis plus qu'un cadavre et qu'une ombre, vivront avec vous de votre vie, puisque je n'en ai plus à moi dont je puisse vivre ; — si vous êtes triste dans des nuits sans sommeil, je veux pleurer avec vous. Si vous êtes heureuse au milieu des fêtes, — je couronnerai de fleurs mon front pâle et j'assisterai à vos fêtes : je souffrirai de votre mal, je serai heureux de votre joie, puisqu'il n'y a plus pour moi ni joie ni douleur personnelle.

Vous êtes à moi ! et mes lèvres froides reprendront jusque sur les lèvres roses de votre enfant les baisers que vous lui donnez et qui m'appartiennent.

Je suis à vous, — et votre nom sera en tête de tous mes ouvrages, — bons ou mauvais, — loués ou blâmés, — comme il a été au fond de toutes mes actions, de tous mes désirs, de toutes mes craintes, — quand j'avais des craintes, quand j'avais la force d'agir.

Voilà ce que je vous dirais, madame, si vous étiez *Magdeleine*, si j'étais *Stephen*.

J'ai l'honneur d'être, madame, votre très-humble, très-obéissant serviteur.

ALPHONSE KARR.

FIN

TABLE

		Pages
I.	Magdeleine à Suzanne	1
II.	Magdeleine à Suzanne	2
III.	Edward à Stephen	4
IV.		5
V.	Où l'on apprend combien il y a de variétés de jacinthes	7
VI.	Anxiété	10
VII.	Edward à Stephen	11
VIII.	Eugène à Stephen	13
IX.	Faute contre les usages	15
X.	Comment Stephen rentra en grâce auprès de M. Muller et de sa fille	17
XI.	Où l'auteur prend momentanément la parole	21
XII.		22
XIII.	Vergiss-mein-nicht	26
XIV.	Suzanne à Magdeleine	28
XV.	Sous les tilleuls	31
XVI.	Stephen à Magdeleine	34
XVII.	L'aubépine	34
XVIII.	Stephen à Magdeleine	37
XIX.		39
XX.	Magdeleine à Stephen	41
XXI.	Stephen à Magdeleine	42
XXII.	Magdeleine à Stephen	43
XXIII.		43
XXIV.	M. Muller à Stephen	45
XXV.		45
XXVI.		47
XXVII.	Le départ	50
XXVIII.	Magdeleine à Stephen	52
XXIX.	Magdeleine à Stephen	53
XXX.	Stephen à Magdeleine	54
XXXI.	Où l'auteur prend la parole. — Des parents en général et des cousins en particulier	55
XXXII.		58
XXXIII.		62
XXXIV.	Magdeleine à Stephen	64
XXXV.	Stephen à Magdeleine	66
XXXVI.		67
XXXVII.	Stephen à Magdeleine	68
XXXVIII.	Installation	69
XXXIX.	Eugène à Stephen	70
XL.	Un ami	70
XLI.		72
XLII.	Où l'on démontre l'avantage de ne pas avoir de meubles	74

		Pages
XLIII. —	Dilapidation des deniers	76
XLIV. —	Séduction	80
XLV. —		81
XLVI. —	Une nuit	83
XLVII. —		83
XLVIII. —	La carte à payer	90
XLIX. —		95
L. —		96
LI. —	Marie	98
LII. —	Suzanne à Magdeleine	99
LIII. —		99
LIV. —	Stephen à Magdeleine	100
LV. —		102
LVI. —	Magdeleine à Stephen	104
LVII. —	Un bon dîner	105
LVIII. —		106
LIX. —	Où l'auteur prend la parole. — Sur un proverbe	106
LX. —	Magdeleine à Stephen	107
LXI. —	Pourquoi Stephen était arrivé tard au théâtre	108
LXII. —	Eugène à Stephen	109
LXIII. —	Stephen à Magdeleine	113
LXIV. —		115
LXV. —	L'émeraude	116
LXVI. —	Gazette du ... décembre. Nouvelles de l'armée	120
LXVII. —	Stephen à Magdeleine	120
LXVIII. —		121
LXIX. —	Un bonheur	122
LXX. —		124
LXXI. —		127
LXXII. —	Une noce et les conséquences d'icelle	129
LXXIII. —		131
LXXIV. —	Sous les tilleuls	133
LXXV. —	Stephen à Magdeleine	137
LXXVI. —	Stephen à Magdeleine	138
LXXVII. —	Magdeleine à Stephen	139
LXXVIII. —	Stephen à Magdeleine	140
LXXIX. —	Magdeleine à Stephen	142
LXXX. —	Stephen à Magdeleine	143
LXXXI. —	Magdeleine à Stephen	143
LXXXII. —	Stephen à Magdeleine	144
LXXXIII. —	Magdeleine à Stephen	145
LXXXIV. —	Le tort d'avoir raison	146
LXXXV. —		149
LXXXVI. —		152
LXXXVII. —	Où l'auteur prend la parole	156
LXXXVIII. —		159
LXXXIX. —		161
XC. —	Que l'inconséquence est une conséquence nécessaire des passions	164
XCI. —	De la musique	165
XCII. —	A M. Stephen, propriétaire, M. Walfurst, homme de loi	168
XCIII. —		169
XCIV. —		171
XCV. —	Hurren-Hauss	172
XCVI. —	Suzanne à Magdeleine	173
XCVII. —	Suzanne à Magdeleine	174
XCVIII. —		175
XCIX. —		179
C. —	Ce qui se passa dans la maison préparée pour Magdeleine	182
CI. —	D'un déjeuner où il se dit des choses quasiment raisonnables	184
CII. —	Où l'auteur prend la parole. — Des jardins. — De la gloire. — Du bonheur	190
CIII. —		196
CIV. —		198

TABLE

		Pages
CV.	—	198
CVI.	— Où l'on retrouve Magdeleine.................	199
CVII.	—	201
CVIII.	— Histoire de la voisine à la robe grenat.......	203
CIX.	— Histoire de la grande brune vêtue de blanc....	213
CX.	— Histoire de la jeune femme si gaie, si insouciante, qu'il ne peut y avoir eu jamais rien de sérieux dans sa vie........	230
CXI.	— Un orage dans une vie paisible................	243
CXII.	— Sous les tilleuls...............................	253
CXIII.	—	257
CXIV.	—	258
CXV.	—	258
CXVI.	—	261
CXVII.	— Un ami...	265
CXVIII.	—	267
CXIX.	— Magdeleine à Suzanne.........................	267
CXX.	— Suzanne à Magdeleine.........................	268
CXXI.	— Magdeleine à Suzanne.........................	269
CXXII.	—	270
CXXIII.	—	272
CXXIV.	— Pourquoi Stephen alla trouver Schmidt aux cheveux blonds, le cousin de Magdeleine................	274
CXXV.	—	277
CXXVI.	— Beethoven.....................................	278
CXXVII.	— Où l'auteur prend la parole...................	282
CXXVIII.	— Magdeleine à Suzanne.........................	283
CXXIX.	— Magdeleine à Suzanne.........................	284
CXXX.	—	285
CXXXI.	— Magdeleine à Suzanne.........................	286
CXXXII.	— A Magdeleine, le mari de Suzanne............	290
CXXXIII.	—	290
CXXXIV.	— L'échéance....................................	292
CXXXV.	— Vergiss-mein-nicht?...........................	297
CXXXVI.	—	299
CXXXVII.	— Une nuit......................................	299
CXXXVIII.	— Sous les tilleuls.............................	301
CXXXIX.	— Magdeleine à Stephen.........................	303
CXL.	— Magdeleine à Stephen.........................	304
CXLI.	— Rapport de M. Christian Lahzenfels, docteur...	306
CXLII.	—	307
CXLIII.	—	307
CXLIV.	— Le cimetière...................................	308
CXLV.	— Un an après...................................	311
	A Madame ***, née Camille.....................	313

Imprimerie D. Bardin et Cie, à Saint-Germain. — 1496-82

www.ingramcontent.com/pod-product-compliance
Lightning Source LLC
Chambersburg PA
CBHW070529160426
43199CB00014B/2232